教育部人文社会科学基金青年项目(19YJC630083)
盐城工学院学术著作出版资金　资助

社会网络视角下的游客体验价值共创行为研究

李如友　著

中国矿业大学出版社
·徐州·

内 容 提 要

本书通过理论分析与实证分析相结合、质性研究与定量研究相结合的方法,探索移动互联网时代背景下游客体验价值共创行为的维度结构,分析游客参与体验价值共创的前因、行为及结果,阐释游客参与体验价值共创的内在机理,并总结上述研究结论对政府及旅游企业支持和促进游客参与体验价值共创的指导意义。

图书在版编目(CIP)数据

社会网络视角下的游客体验价值共创行为研究 / 李如友著. — 徐州:中国矿业大学出版社,2023.9
ISBN 978-7-5646-5981-3

Ⅰ.①社… Ⅱ.①李… Ⅲ.①游客—消费心理学—研究 Ⅳ.①F713.55

中国国家版本馆 CIP 数据核字(2023)第 191812 号

书　　名	社会网络视角下的游客体验价值共创行为研究
著　　者	李如友
责任编辑	史凤萍
出版发行	中国矿业大学出版社有限责任公司
	(江苏省徐州市解放南路　邮编 221008)
营销热线	(0516)83885370　83884103
出版服务	(0516)83995789　83884920
网　　址	http://www.cumtp.com　E-mail:cumtpvip@cumtp.com
印　　刷	苏州市古得堡数码印刷有限公司
开　　本	710 mm×1000 mm　1/16　印张 13.25　字数 260 千字
版次印次	2023 年 9 月第 1 版　2023 年 9 月第 1 次印刷
定　　价	52.00 元

(图书出现印装质量问题,本社负责调换)

前　言

体验是旅游消费的核心，游客遍访旅游地的每一个角落，就是为了寻求体验机会，以获得真实和令人难忘的旅游体验。在传统的旅游活动中，游客出于对个体自由和身心愉悦的渴求，离开自己的惯常环境，在旅游世界与旅游产业内多个主体的互动中享受或建构旅游体验。旅游企业作为旅游产品和服务的主要提供者，主导了旅游消费活动的过程以及旅游体验的结构和内容。然而，信息技术的发展使人们之间的互动交流更加频繁和高效，游客的角色及行为模式也随之发生了变化：他们从台下走向台上，从浅见薄识变得见多识广，从被动适应转向积极主动，从彼此孤立趋于紧密联系。有经验、有能力的游客不再满足于被动地接受旅游企业提供的标准化产品，而希望通过积极的参与行为影响旅游产品的设计和服务传递过程。

游客需求和消费观念的改变引起旅游体验价值创造方式发生革命性的变化。在此背景下，旅游地和旅游企业必须重新审视和定位自己的角色，积极为游客参与体验价值共创创造条件，引导和支持他们利用个体资源进一步扩展旅游产品的消费价值。但是，旅游体验价值共创是近年旅游发展中涌现出的新现象和新变化，相关理论研究尚不深入，学界对游客为何及如何进行体验价值共创等关键问题的认识还不够全面，在实践指导中具有较大的局限性。毋庸置疑，生活中每个人都无法脱离社会网络而存在，个体"原子化"的假象无法遮蔽人们对社交和认同的渴望。旅游体验的形成在于游客内在认知、情感和意志与外在自然、人文社会环境的互动，必然受到其生活世界中关联个体或群体的影响。换言之，旅游体验不仅是游客个体的能动过程，更是社会建构的结果。所以，旅游体验不单可以从个体游客的角度来理解，还可以从关系主义的视角进行解读。因此，基于社会网络视角，探讨游客参与体验价值共创的前因、行为、结果及其关系，剖析游客参与体验价值共创的内在机理，无疑具有重要的理论和现实意义。

本书分析了旅游体验价值共创的内涵、参与者及过程，并聚焦于游客这一旅游体验价值共创核心主体，探讨了游客体验价值共创行为的结构和内容，进而以"前因—行为—结果"为主线，分别构建了游客参与体验价值共创的前因与行为、行为与结果之间关系的理论模型，以解析游客参与体验价值共创的内在机理。本书着力解决以下五个问题：① 社会网络环境下旅游体验价值共创的内涵、特点及过程如何？② 游客在体验价值共创过程中实施了哪些行为，其维度结构如何？③ 社会支持对游客体验价值共创行为产生怎样的直接和间接影响？④ 游客体验价值共创行为对旅游体验价值和游客满意度产生怎样的影响？该影响作用是否受到社会支持的调节？旅游体验价值是否在游客体验价值共创行为与游客满意度之间发挥中介作用？⑤ 既然游客积极参与体验价值共创已渐成潮流，政府部门和旅游企业应分别采取哪些措施，以支持和引导游客体验价值共创行为？

为回答上述问题，本书主要从下述五个方面展开研究。

第一，旅游体验价值共创的理论探讨。游客参与体验价值共创是一项复杂的活动，既涉及生产环节，也涉及消费过程；既可以发生于旅游过程中，也可以发生于旅游前和旅游后阶段。本书从旅游体验的特性出发，并结合已有研究成果，提出了旅游体验价值共创的概念，即以游客为核心的多元主体在旅游活动的各个阶段，通过互动与合作来实现资源交换、整合与利用，共同创造旅游体验价值的动态过程。根据服务主导逻辑，游客作为体验价值共创的核心主体，通过整合各方资源共创体验价值，而在体验价值形成的过程中，价值共创网络的其他成员也发挥了重要作用。于是本书提出，旅游体验价值共创的参与者包含三类主体，即游客、原生支持力量以及衍生支持力量，并根据旅游活动的阶段性特征,探讨了三类主体在旅游体验价值共创过程中的角色和作用,以及在游前、游中和游后阶段形成的旅游体验价值的结构和内容。

第二,游客体验价值共创行为的维度结构。旅游体验价值共创根植于游客在多个环境中的具体实践,形成于价值共创的多个阶段和动态过程。在旅游活动的不同阶段,游客体验价值共创行为的方式和内容存在明显差异。本书基于旅游活动的特性,结合已有文献对游客体验价值共创行为特征进行分析,提出了游客体验价值共创行为具有多维属性。进而,基于扎根理论的三步编码方法,借助半结构式访谈所获取的文本资料,提炼出22个范畴并进一步归纳为9个副范畴和2个主范畴,从而明确了游客体验价值共创行为的维度结构,即游客体验价值共创行为包含游客参与行为和游客公民行为两个维度。其中,游客参与行为表现为旅游前和旅游中的信息搜集、信息传递、产品设计、责任行为及服务监督等;游客公民行为则表现为旅游中和旅游后的意见反馈、体验分享、帮助行为以及推荐行为等。最后,利用探索性因子分析法和验证性因子分析法,验证了游客体验价值共创行为二维结构的科学性和稳定性。

第三,游客参与体验价值共创的前因。社会支持作为社会网络的一项重要功能,不仅能够向个体提供客观、可靠的信息,同时还帮助个体获取心理利益,是游客参与体验价值共创的支撑条件,对游客体验价值共创行为意愿及效果产生重要的影响。本书基于计划行为理论,依托"刺激—机体—反应"(S-O-R)理论框架,构建了社会网络视角下游客参与体验价值共创的前因理论模型,提出社会支持(信息性支持和情感性支持)影响游客体验价值共创行为意向(游客参与行为意向和游客公民行为意向),以及行为态度、主观规范、感知行为控制分别在社会支持与游客体验价值共创行为意向关系中发挥中介作用的研究假设,借助问卷调查获取的样本数据,对上述理论模型和研究假设进行实证检验。结果显示,除了主观规范对游客公民行为意向的影响作用未通过显著性检验之外,其他研究假设都获得了实证支持。

第四，游客参与体验价值共创的结果。已有研究表明，游客体验价值共创行为有助于提升旅游满意度；也有学者提出，游客体验价值共创行为并非总是产生积极的结果，但并未对游客体验价值共创行为为何以及如何形成截然不同的结果作出回答。本书基于社会网络视角，依托 S-O-R 理论框架，建立一个被调节的中介模型，提出游客体验价值共创行为的两个维度（游客参与行为和游客公民行为）分别影响游客满意度，旅游体验价值在游客体验价值共创行为与旅游满意度的关系中发挥中介作用，以及社会支持的两个维度（信息性支持和情感性支持）分别在游客体验价值共创行为与旅游体验价值关系中发挥调节作用的研究假设，以解释游客体验价值共创行为可能存在的"双刃剑"效应。借助问卷调查获取的样本数据，对上述理论模型和研究假设进行实证检验。研究发现，社会支持是游客体验价值共创行为对旅游满意度影响效应的"门阀"，影响游客体验价值共创行为对旅游满意度的作用结果。

第五，促进游客参与体验价值共创的对策。基于上述研究结果，本书认为，在当前游客积极参与体验价值共创已渐成潮流的态势下，引导游客发挥"兼职员工"的作用是提升旅游地和旅游企业影响力与竞争力的有效策略。政府部门有必要采取一系列科学的策略和方法，对游客体验价值共创行为进行支持和管理。具体而言，可搭建公共信息平台，提高信息支持质量；可开展目的地营销，讲好地方文旅故事；可鼓励居民积极参与，构建和谐主客关系；可完善旅游制度建设，预防体验价值共毁。同时，本书建议旅游企业将促进游客体验价值共创行为置于企业战略的高度，将之纳入整个营销管理体系，不断提升自身在旅游体验价值共创网络中的贡献度和作用。具体而言，需转变传统经营理念，重新定位自身角色；需创新旅游产品供给，优化旅游体验方式；需完善信息传递渠道，创造价值共创空间；需塑造良好企业形象，引导游客主动参与。

本书基于社会网络视角考察了游客参与体验价值共创的内在机理，取得了具有一定创新性的研究进展，主要特色体现在以下方面。

其一，诠释了旅游体验价值共创的内涵，并梳理了旅游体验价值共创的多元参与主体及其行为表现。尽管旅游体验价值共创已引起较多关注，但现有相关研究较为零散。本书提出，旅游体验价值共创是游客协同原生支持力量和衍生支持力量在旅游活动的各个阶段，通过互动与合作来实现资源交换、整合与利用，共同创造旅游体验价值的动态过程。这一认识丰富了旅游体验价值共创理论成果，并为相关研究提供了有益的启示。

其二，识别了游客体验价值共创行为的维度结构，并对其稳定性与合理性进行了实证检验。旅游体验价值共创涉及旅游活动的全过程，在旅游活动的不同阶段，游客体验价值共创的行为呈现多样性和动态性特征，这决定了该行为的多维结构。本书利用扎根理论，提炼出游客体验价值共创行为的二维结构，反映出移动互联网时代游客行为的现实特征。

其三，实证检验了游客参与体验价值共创的内在机理，拓展了游客体验价值研究的新视角。社会关系隐而不显，却真实地存在于我们的现实世界，深刻地影响嵌入其中的每一个人的认知、偏好和行为。本书基于社会网络视角，实证检验了游客参与体验价值共创的前因与行为、行为与结果之间的作用机理。同时，本书还考察了社会支持在游客体验价值共创行为与旅游体验价值关系中的调节作用，反映了源于个体所嵌入社会网络的社会支持，不仅作为驱动因素对游客体验价值共创行为的产生构成影响，还在游客体验价值共创行为后效的形成中发挥作用。

尽管本书提出了一些有价值的观点和建议，但并不意味着与旅游体验价值共创相关的问题都得到了解决。随着体验价值共创成为当前旅游研究的一个基本问题，该领域还有许多议题值得花费精力做进一步的研究。具体而言，本书仅基于社会网络视角，探讨了社会支持对游客体验价值共创行为的影响，但在现实情况下，该行为的驱动因素不止如此。未来需对该行为的前因进行全面系统的研究，并探寻游客个体特征及外在环境因素对游客参与体验价值共创的前因、行为及结果之间关系的调节机制。本书对游客参与体验价值共创的机理进行了一般性的探索,未重点关注在不同类型的旅游活动中,游客参与体验价值共创的前因、行为及其结果的差异。但事实上,这种差异是可能存在的。未来需针对不同类型的旅游活动以及游客参与旅游活动的形式,对游客参与体验价值共创的前因、行为及结果之间的影响作用进行针对性和具体化的研究,更为深入地诠释游客参与体验价值共创的内在机理。

本书是在教育部人文社会科学基金青年项目"社会网络视角下游客参与体验价值共创机理及促进对策研究(19YJC630083)"的资助下完成的,本书的出版也获得盐城工学院学术专著出版基金的资助,作者对此表示由衷的感谢。受作者理论水平与研究视野的限制,本书在研究范围和研究深度上都有一定的局限性。对于书中可能存在的疏漏和不妥之处,恳请各位专家和读者批评指正!

目　录

第一章　绪论 ··· 1
　第一节　研究背景与问题提出 ··· 1
　第二节　研究目的与意义 ·· 11
　第三节　研究思路、内容与方法 ·· 14

第二章　理论基础与文献回顾 ··· 18
　第一节　价值共创理论及其研究进展 ···································· 18
　第二节　旅游体验价值共创研究进展 ···································· 27
　第三节　社会网络理论及其研究进展 ···································· 43
　第四节　简要述评 ·· 52

第三章　旅游体验价值共创的理论探讨 ································· 54
　第一节　旅游体验价值共创的内涵 ······································· 54
　第二节　旅游体验价值共创的参与主体 ································· 61
　第三节　旅游体验价值共创的过程 ······································· 65

第四章　游客参与体验价值共创行为的维度结构 ····················· 71
　第一节　游客体验价值共创行为的维度分析 ··························· 71
　第二节　游客体验价值共创行为维度的质性分析 ····················· 77
　第三节　游客体验价值共创行为维度结构实证检验 ·················· 87

第五章　游客参与体验价值共创的前因分析 ·························· 100
　第一节　问题的提出 ·· 100
　第二节　理论基础与研究假设 ··· 101

第三节 研究设计 …………………………………………… 110
   第四节 分析与结果 ………………………………………… 113
   第五节 本章小结 …………………………………………… 119

第六章 游客参与体验价值共创的效应分析 ………………… 122
   第一节 问题的提出 ………………………………………… 122
   第二节 理论基础与研究假设 ……………………………… 123
   第三节 研究设计 …………………………………………… 129
   第四节 分析与结果 ………………………………………… 131
   第五节 本章小结 …………………………………………… 136

第七章 促进游客参与体验价值共创的对策 ………………… 139
   第一节 政府层面的支持对策 ……………………………… 139
   第二节 旅游企业层面的支持对策 ………………………… 145

第八章 结论与展望 …………………………………………… 150
   第一节 研究结论 …………………………………………… 150
   第二节 研究创新 …………………………………………… 154
   第三节 研究局限与展望 …………………………………… 155

附录一 游客参与体验价值共创前因调查问卷 ……………… 158

附录二 游客参与体验价值共创结果调查问卷 ……………… 161

参考文献 ……………………………………………………… 164

第一章 绪　　论

第一节　研究背景与问题提出

一、研究背景

（一）理论背景

1. 旅游体验研究视角发生转变

旅游体验研究兴起于 20 世纪 60 年代。进入 21 世纪后,旅游体验研究逐步成为旅游学术界核心研究领域之一,并显示出对充实旅游学基础理论研究的长远意义(龙江智,2010)。从 Boorstin 的"虚假事件论"到 Mac Cannell 的"旅游体验的本真性"理论,再到 Turner 的"远方中心论",一直延续到 Cohen 的"旅游体验模式论"以及 Urry 的"旅游凝视"理论,学界对旅游体验的研究呈现多元理论视角,研究日趋系统、深入。这在一定程度上诠释了旅游体验内涵的丰富性,同时也折射出旅游作为一种多元化社会现象的复杂性(陈才等,2011)。

从旅游体验理论的演进过程来看,研究者们大多倾向于从"主体性"出发构建旅游体验理论,侧重于旅游世界中"人"与"物"、"主"与"客"之间关系的研究,即游客面对旅游对象物,或与旅游地[①]社区居民、服务人员及其他游客互动过程中获得怎样的体验。在"人—物"关系研究中,旅游吸引物是由一系列符号所组成的系统,游客则被认为是附属于无处不在的旅游吸引物系统、对旅游吸引物的符号意义进行"解码"并追求早已失去的真实意义的人(Mac Cannell,1976)。基于该认识,旅游体验实质上是一种符号互动现象,形成于旅游者[②]对符号的解读

[①] 本书中旅游地、目的地、旅游目的地三者含义类同,不作严格区分。

[②] 根据世界旅游组织的定义,游客与旅游者是不同的概念,二者的区别在于,前者对在非惯常环境的停留时间没有限定,后者则为超过 24 小时。但是在旅游统计上,二者统称为游客。随着旅游消费升级和新一代消费主力的崛起,"微度假""微旅游"日益流行,旅游体验价值共创现象在此类旅游活动中非常普遍。为体现研究对象的完整性,本研究选用"游客"称谓。但是,在文献回顾与评述中,本研究为忠于原文,仍沿用文献中原本称谓。故文中存在二者混用的情况。

过程(谢彦君,2005a)。在"主—客"关系研究中,关于游客与旅游地社区居民之间关系的著述颇丰,如 Smith(1977)对东道主与游客关系的研究,Unruh(1980)对游客从陌生人变为局内人的分析,Cohen(1984)对主客关系中"相遇"问题的深入探讨,以及 Ryan(1993)对游客的特殊身份的解析。随着旅游体验研究的不断深入,游客群体内关系和群体间互动对旅游体验的影响,逐渐引起研究者的兴趣和重视。例如,Lee 等(2021)分析了团队旅游中游客之间的融洽关系对游客满意度的重要意义;Han 等(2021)研究了游客之间的社会互动在旅游体验价值共创或共毁中的作用;Lin 等(2022)提出,游客之间的互动是游客环境责任行为的重要前因;龙潜颖等(2022)发现,同伴作为旅游过程中个体最为亲密的交往对象,对个体旅游体验产生积极的影响。

消费是个体自身、社会组织、社会关系和社会系统的再生产活动(王宁,2001),旅游消费行为则是游客个体社会关系的再生产活动。作为一种消费行为和社会行为,旅游活动具有鲜明的社会属性(彭丹,2013)。一旦社会关系建构成为旅游活动的重要内容和价值体现,旅游活动便被赋予了强烈的情感和社会意义。在旅游过程中,游客离不开与他人的互动,并在此过程中建构各种社会关系,这种社会关系对旅游体验的质量产生重要的影响。换言之,旅游体验不仅是游客个体的能动过程,更是社会建构的结果(孙九霞,2019)。以"抽象个人"作为研究起点来探讨旅游体验的种种特征和表现,通常是建立在某种静态假设或孤离假设的前提之下,是不真实的或不现实的,研究结论不能涵盖全部旅游体验现象(谢彦君等,2016)。因此,旅游体验研究不能忽略具有内在有机结构或逻辑的消费性社区或群体,应关注可感触的共通情感产生的联结作用,以及交织的集体主义、自目的性和非理性因素(孙九霞,2019)。

近年来,许多学者开始注意到旅游体验现象的复杂性及形成过程的动态性,研究视角从孤立转向系统,研究对象从个体游客体验扩展至社会网络中的游客体验以及群体游客体验。尽管从表面上看,旅游体验是游客的主观感受,指向深层的和超越性的自我理解(马凌,2022),但实际上,旅游体验受其所接受的教育、所处环境以及旅游地相关因素的影响,是旅游者"观看方式"和旅游地相关因素共同作用的结果(马天等,2015)。旅游体验不仅可以从旅游者个体视角切入,还可以从集体主义和关系主义视角进行解读(孙九霞,2019)。因此,旅游体验研究的深化,在方向上必然要兼顾另一面,即对情境中的互动性群体体验进行深入研究和阐释(谢彦君等,2016)。彭丹(2013)对旅游活动中人与人之间社会关系的研究,马天等(2015)从社会建构的角度对旅游体验建构主体、建构过程和建构对象的深入探讨,朱竑等(2020)对微信时代旅游体验新特征及建构模式的分析,以及龙潜颖等(2022)对旅游同伴影响个体旅游体验机制的研究,都强调了旅游体验的社会性和情境性。这些研究在丰富旅游体验理论成果的同时,将旅游体验研究引入早期学者有所触及、但仍有待进一步挖掘的开阔空间。

2. 价值创造研究视角不断拓展

价值到底是由谁创造的,一直是营销学研究的焦点之一。随着信息技术的快速发展以及顾客权力的日益增加,学者们对该问题的认识不断深化。传统的价值创造观认为,价值是由企业单方面创造并传递给大众顾客的,顾客只是价值的消费者和毁灭者,游离于价值创造活动之外。2000年,Prahalad和Ramaswamy两位管理大师提出了"价值共创"(value co-creation)思想,认为以个体为中心,由顾客与企业共同创造价值,是企业未来获取竞争优势的来源。此后,学界开始对"价值到底是谁创造的"这一问题进行了新的革命性的思考。

2004年,Vargo和Lusch首次提出服务主导逻辑的概念,并认为这一全新的服务范式将取代产生于传统工业时代的商品主导逻辑。商品主导逻辑观中,企业首先创造产品价值,然后通过交换行为将价值传递给顾客,顾客是产品的使用者或消耗者。而在服务主导逻辑下,顾客角色发生了变化,他们从彼此孤立到联系在一起,从无知到见多识广,从被动到积极主动。换言之,顾客不再是消极的购买者,已经转变为积极的行动者,对价值创造具有重要的作用。在Vargo和Lusch早期的研究中,顾客被认为是价值的"共同生产者"(Vargo et al.,2004)。2006年,他们对这一命题进行了反思,认为共同生产仍属于商品主导逻辑范畴,并提出新的命题"顾客通常是价值的共同创造者"。该命题的提出推动了价值共创理论研究的深入和发展。2016年,他们从服务生态系统的视角对服务主导逻辑基本命题进行了修订,提出"价值是由多个参与者共同创造,总是包括受益人"这一全新表达,认为所有参与者在复杂的松散耦合的动态系统中,通过服务交换和资源整合共创价值(Vargo et al.,2016)。

价值共创理论阐释了顾客怎样积极参与产品、服务和体验的设计与开发,以及如何与企业或其他价值共创主体在消费领域共创价值(Payne et al.,2008)。根据该理论,顾客已经从被动接受价值的台下走到了台上,通过参与行为创造出完全新形态的产品和价值。企业开始积极地寻求与顾客对话,信息传递的方式从单向转为双向,进而转变为多层次的沟通与接触,因此,顾客的意见和要求在价值创造中发挥了越来越重要的作用。随着现代科技尤其是信息技术的飞速发展,信息获取与传播更加便捷,顾客的自主性和能动性得到了极大的释放,有学识、有能力的顾客既可以作出更为科学的购买决策,还可以为其他顾客提供创新性的消费方案,从而更为广泛、深入地参与价值的共同创造。这一现象的逐渐普及,为价值共创理论研究提供了新的理论视角和实践空间。

价值共创本质上是一个互动的、递归的和以关系为导向的动态过程,体现在多个参与者之间的互动和协作中(Vargo et al.,2008a)。旅游是一种高度体验化的活动,互动是体验价值创造的核心,因而价值共创思想非常符合旅游体验的特征和旅游活动的方式(Sfandla et al.,2013)。因此,旅游业被视为价值共创的理想环境(Shaw et al.,2011),为价值共创理论的深入研究提供了肥沃的土壤(Liu et al.,2022)。近年来,越来越多的学者将价值共创思想延伸至旅游研究领域,旅游体验价值共创俨然成为当前旅游研究的一个基本问题(McLeay et al.,2019)。相关研究议题以旅游体验为中心,主要关注不同主体之间的互动过程及价值创造,特别是游客与旅游地、游客与游客、游客与社区居民之间的关系和价值共创(宋晓等,2022)。

（二）实践背景

1. 新旅游者崛起并成为旅游发展的主导力量

20世纪90年代,英国著名旅游学者克里斯·库珀(Chris Cooper)在其经典著作《旅游学:原理与实践》中指出,未来的旅游目的地受多种因素的影响,其中,技术和"新旅游者"的需求是支配性的。近年来,随着物质上的富有、精神上的独立以及文化意识的增强,旅游者的消费理念更为成熟,旅游需求呈多元指向特征,旅游消费的多样化、层级化越发突出,越来越多的旅游者开始追求自主化、品质化的旅游体验。在此背景下,传统的标准化旅游日渐式微,个性化、情感化旅游消费日益盛行。

旅游需求和消费观念的转变催生新旅游者。新旅游者不愿意被简单地引导,而是要力求主导;不满足于炫耀式消费,而是要感受自在乐趣;不想游离在旅游地社区之外,而是期待融入其中;不再按部就班、重复别人,而是更为注重探新求奇(许峰,2006)。在旅游过程中,他们每个人都是独立的决策者,强调在"场"并成为"场"的中心,从而获得"视域融合"和主客互动(马波,2014)。概言之,新旅游者不是一群有着同样需求的标准化消费群体,而是大众旅游向"新旅游"转型发展的推动者和践行者,他们具有较强的旅游活动自组织能力,并希望成为旅游体验设计者和创造者。随着新旅游者的崛起,旅游市场也正在变得越来越细分化和层次化,需要旅游服务提供者充分关注旅游活动对不同旅游者的意义,更加重视旅游者个体的旅游体验,以及旅游活动与旅游者个人目标、身份认同、生活质量之间的关系,以适应旅游者不断增长的多样化需求(McCabe et al.,2015)。

传统大众旅游方式过于依赖自然资源和生态环境等要素,其文化含量不足、创新意识不够等弊端凸显,与体验经济时代旅游者追求的极致旅游体验相去甚远。知识逐渐丰富、视野日趋开阔的新旅游者为获得极致旅游体验,积极参与旅游产品的开发与设计过程,在旅游决策和旅游活动中投入更多的个体资源以彰显旅游活动的差异化和独特性,同时加强对服务传递过程的控制,从而提高旅游体验价值。近年来,在技术进步和需求变化的双重驱动下,以个性化设计、自组织实现和深度化体验为特征的自助式旅游,成为现代旅游活动转型的重要趋向。正如 Poon(1993)所言,传统主流旅游形式会被新旅游模式所取代,对大众旅游的"扬弃"和对个性化旅游的"追逐",将成为旅游发展转型的显著特征。自助游作为"新旅游"的具体表现形式,一方面打破了僵化、肤浅的"到此一游"式的旅游传统,突出旅游体验的个性化;另一方面使游客感受到旅游过程的自在乐趣,满足游客更高精神层面的自我实现需求。尤其是乡村体验游、主题公园游和动漫主题游等旅游产品,由于参与度高、娱乐性强,而且创意丰富,因而更受游客的推崇和欢迎(汪德根等,2014)。受到新冠疫情的影响,人们对旅游地的选择更加谨慎,"远行"不再是最优选择,"近游"越来越受到青睐,游客的旅游需求从注重效率的观光游、猎奇游向注重慢生活、细体验的微旅游、微度假转变,他们的出游意向也越发模糊,来自社交网络、自媒体平台的信息对旅游目的地选择及消费决策产生重要的影响。

2. 社会网络对旅游消费行为的影响越发突出

消费体验是一种群体性行为,在顾客结构社区化和网络化背景下,顾客的购买决策、购买行为及消费体验不可避免地受到其他顾客的影响(Grönroos,2012)。相较于西方注重个人自我(personal self)而言,中国人更加关注社会自我(social self),以及与他人之间的社会关系因素,因此,顾客消费行为的社会关系取向更为明显。后现代社会中,人们将旅游活动视为确认和选择身份的工具,通过旅游活动将自己区别于他人或归属为某个特定群体,并与他人建立认同关系,逐步确定自己在这一社会文化秩序中的个体角色,从而满足更高层次的心理需求(潘秋玲等,2007)。发生于非惯常环境的旅游活动,有助于游客重构其与同伴之间的角色和地位关系,促进彼此间的友好共处和社会认同,寻获内在心理回报和额外的效用,由此成为缓解社会疏离的新途径(王宁,1999)。特别是在具有浓厚家庭意识的中国文化背景下,旅游过程中家庭成员间的互动可以增进相互之间的情感,在维持家庭关系、促进家庭和睦、提升家庭共同兴趣等方面,带来额外的效用(白凯等,2011)。

旅游体验不只是旅游过程中发生的事情,还包括旅游前与旅游返回后。游客在旅游决策时,不仅依靠自己的信息集,其信念还会受到他人言行的修正,他人关于某旅游地一致的好评或差评,可能促使游客忽略自己直接获得的信息。特别是在旅游地属性绩效不明确、潜在游客接受信息不对称的情况下,游客的信息搜寻会呈现类比学习特征,即游客为了避免决策带来的麻烦并有效降低社会心理风险,往往会通过征询密切关系群体的意见来进行旅游目的地的选择(蔺国伟等,2015)。因此,在 Boorstin 看来,大众游客是不懂得如何体验旅游真谛的乌合之众(Boorstin,1964)。旅游行程结束后,如果游客在游览过程中获得了深度体验,他们往往会通过朋友间的互动交流,以及虚拟社区、微信朋友圈等平台向他人展示自己的旅游经历和体验。这一过程不仅仅是一个沟通或炫耀的过程,更是一个体验强化与体验建构的过程(李森等,2012)。在此过程中,游客的关注重点从外在文化和景观转向自我主体,他们的畅爽感受得以延伸并形成新的旅游偏好和期望(朱竑等,2020)。同时,游客利用社交媒体构建旅游目的地的形象和内容,成为知识的生产者和传播者,还会进一步影响他们身边的其他个体和群体的旅游决策和消费行为。例如,2003 年,一位中国台湾的电脑工程师将旅游希腊的体验在网上发布,这篇题为"我的心遗留在爱琴海"的网文在短短一个半月内创下超过 100 万人次点阅的纪录,此后,《我的心遗留在爱琴海》先后在台湾地区和大陆出版,激起了海峡两岸无数人对爱琴海的向往,从而引发中国游客赴希腊旅游的热潮。

对游客体验施加影响的社会网络,并不限于基于地缘和血缘的现实关系网络。在当前的移动互联网时代,规模庞大、互动频繁的虚拟社区(如马蜂窝社区),以及许多主题性突出的共趣社群(如驴友社群)吸引众多游客的关注和参与,旅游信息在这些"弱关系"中高效地流动,传播速度和效率大大超过基于地缘和血缘的"强关系",从而对游客决策和消费行为产生重要的影响。相对于企业的促销广告,来自社会网络的推荐与评价被认为具有更高的可信度和参考价值,对顾客购买决策的影响作用更强。据统计,67% 的顾客会考虑虚拟社区中其他成员的意见,并据此制定购买决策(Liang et al.,2011)。随着虚拟社区和共趣社群的流行,虚拟社会网络与现实社会网络彼此重叠,游客不再是孤立地在电视机或报纸前依靠企业广告进行旅游决策的个体,而成为通过越来越复杂的社会网络相互连接的有机整体。通过线上和线下的交流,大家对某一旅游地或旅游产品的投诉或抱怨、纠错或表扬,可以使社会网络成员之间的关系更为融洽,且对旅游地或旅游产品会有更加深刻的认识(王跃伟等,2016)。同时,游客还通过社交互动以及网络平台的自我呈现行为,实现关系自我与集体自我的建构(黄骏等,2021)。因此,蕴藏丰富信息资源的社会网络已日渐成为游客消费决策和旅游体验的关键影响因素。

3. 信息技术发展改变了旅游信息的传播方式

随着互联网和移动终端设备技术的发展,人与人之间的互动交流变得更加容易和便捷,通过微博、微信、社交网站、论坛等新媒体互动平台,游客与企业之间、游客与游客之间互动的机会增加、频率提高,消费行为模式也因此发生改变。

第一章 绪　论

根据中国互联网络信息中心(CNNIC)发布的第50次中国互联网络发展状况统计报告,截至2022年6月,我国网民规模为10.51亿,互联网普及率为74.4%,网民人均每周上网时长为29.5个小时;手机是目前我国网民上网的最主要设备,使用手机上网的占比达99.6%;即时通信、短视频、网络新闻用户使用率分别为97.7%、91.5%和75.0%。由此可见,社交网络正发展成为"连接一切"的生态平台。

旅游产品的无形性、异地性以及生产与消费的同步性等特征,使旅游消费决策的风险和不确定性大大增加,游客更需要借助各种信息源来搜寻目标产品信息,以辅助制定旅游决策,从而降低风险和不确定性(胡兴报等,2012)。信息技术的进步和互联网的普及使游客与旅游企业及其他游客互动式的信息交流成为可能,并为个性化旅游体验的获得提供了先决条件。网络信息凭借内容丰富、兼具声像、成本低廉等优势,取代传统旅游信息传播媒介,成为最便捷、最可靠的旅游信息源,对游客决策及消费行为产生越来越重要的影响。基于网络媒体的口碑传播,信息传递的边界逐渐消失,潜在顾客购买的初始环节与现实顾客购后的口碑评价互相衔接,游客可以依据自身的感知和喜好评价所消费的旅游产品,并将之即时传递给其他潜在购买者。中国旅游研究院发布的《2022中国旅游度假发展报告》显示,"旅游+科技"创新发展趋势使人民群众的旅游方式日趋智能化、数字化,新媒体(包括微信、QQ、小红书等)和亲朋好友已成为游客获取休闲度假型旅游信息的重要来源,占比分别为58.13%和46.62%。概言之,游客单纯地依靠企业获取旅游信息的时代已一去不复返。

旅游网络化与社会化趋向将游客带入一个全新的领域,用户生成内容(user generated content,UGC)改变了信息传播模式,并进一步改变着顾客的信息接收习惯。依托网上交流平台,游客除了可以获取各种旅游信息,还可以主动与旅游企业沟通,表达自己的真实诉求,从而提高旅游体验的质量,使个性化旅游需求得到满足。通过Facebook(脸书)或Twitter(推特)等社交平台,正在旅游地游览中的游客可以自由地与朋友、同伴和旅游服务提供者分享旅游体验,或对他人的观点进行评论(Tussyadiah et al.,2009)。同时,移动信息技术使游客在网络环境里保持永恒在线的状态,在现实世界体验旅行的同时,保持了在线空间的连接以及与地理上遥远环境的互动(华成钢等,2020)。个性相似、兴趣相同的游客,还可以通过网络社区共享资源、交换思想、交流情感。这些网络虚拟社区是旅游信息的汇集地,能够使社区成员摆脱地域和时间的束缚,在地球的任何角落都可以自由地利用移动设备与其他游客进行交流,分享各自的旅游体验,或咨询关于旅游活动的疑问。越来越多的游客从被动的接受者转变为信息的提供者,在网络虚拟社区或自媒体平台展示旅游经历、分享旅游体验,影响其他游客的旅游目的地选择和体验价值感知。因此,信息技术与旅游的交叉应用,不仅深刻地改变着旅游企业的商业模式、旅游产品的分配和促销方式,同时也给游客的信息交流方式和消费方式带来根本性的变革。

4. 企业在旅游体验价值创造中的角色发生了根本性变化

在游客的主体意识逐渐增强和信息技术快速发展的背景下,游客权力正在不断地得到强化,游客的消费特征也随之发生显著的变化:旅游需求从单一转向多元,信息获取方式从被动接收转变为主动搜索,决策及消费形式从零散的个体转向网络化的社群。传统高度同质化的旅游产品以及以产品为核心的营销方式无法满足游客的需求,游客满意度及旅游企业的利润水平越来越低。一方面,旅游企业提供的传统旅游产品大多为大众化、标准化的观光型或展示型产品,与日益多元化、个性化的旅游需求相去甚远,在市场竞争中缺乏竞争优势,利润空间有限;另一方面,游客既关注旅游产品外在功能效用带来的实用价值,还追求个性化的旅游体验以及旅游消费带来的象征和符号意义,这对旅游企业的产品开发及营销活动都提出了更高的要求。不仅如此,随着游客行权意愿和能力的提升,在消费过程中的角色也随之发生巨大的变化,在顾企互动中获得越来越多的主动权,逐渐成为旅游体验价值创造的主导者。他们通过与服务提供者、旅游地及个体社会网络进行持续性的互动与对话,建构个性化的旅游体验,同时为自己和参与旅游体验价值共创的其他个体或组织创造价值。

在新的市场形势下,企业在旅游体验价值创造中的核心地位逐渐丧失,游客取而代之成为旅游体验价值共创的决定性力量。尤其是 Web 2.0 时代的到来,UGC 现象迅速流行,各类虚拟社区、共趣社群及微信、微博等已成为游客日常生活的一部分,旅游体验价值创造逐步脱离旅游企业控制的范围,发生在游客的日常生活之中。中国旅游研究院与马蜂窝联合发布的《2021 全球自由行报告》显示,游客越来越追求旅行体验的深度,出行偏好向短、频、快的"微度假"转变,这为旅行赋予了全新的意义,玩法开始取代目的地成为影响人们旅游消费决策的主要因素。近年来,以设计和生产综合性旅游产品为业务重点的旅游企业(如旅行社)举步维艰,而支持游客实现旅游体验的自主设计、自由选择和自我生产的旅游平台和虚拟社区(如途牛、去哪儿网和马蜂窝社区)正呈蓬勃发展之势。为应对旅游市场的新变化,提升旅游企业竞争力,旅游企业将角色转变为游客体验价值共创的伙伴,即不再独立地设计和生产旅游产品,而是通过创造有效的互动平台和共创环境,在旅游前、旅游中和旅游后等不同阶段的多个触点上,为游客进行旅游体验价值共创提供资源和支持。

二、问题提出

"以顾客为中心"是服务型企业一向秉持的基本原则。但是,传统价值创造观下的旅游企业将之仅仅理解为围绕游客需求生产产品、提供服务,只要将产品和服务传递给游客,就能够为游客创造价值,且价值创造过程就此结束。因此,旅游企业在价值创造中运用单向性的思维模式居于主导地位,游客只是被动地接受旅游企业提供的标准化、大众化旅游产品。这一局面在体验经济和信息技术时代发生了巨大的改变,游客在旅游服务中的地位大幅提升,其角色由被动的服务接受者转变为主动的服务设计者、价值创造的主导者和创新体验的享受者。与实践中顾客角色发生转变这一现实相呼应,学界对传统价值创造观进行了批判性的思考,服务主导逻辑取代商品主导逻辑成为现代营销学研究的主流范式,价值共创也成为目前营销学的研究前沿之一。但是,将价值共创理论应用到旅游研究的成果却较为零散,结合游客需求及其价值感知的特性,探讨游客参与体验价值共创机理的系统性研究更是缺乏。

不可忽视的现实是,"没有一个自我是孤零零的岛屿,每个人都存在于关系网络之中,而这个网络比过去任何时候都来得更复杂、更流动"(Lyotard,1984)。社会关系隐而不显,却真实地存在于我们的现实世界,深刻地影响嵌入其中的每一个人的认知、偏好和行为。尤其是在顾客触点丰富多变的移动互联网时代,顾客之间的联系比以往任何时候都更为密切,社会关系呈网络化发展趋势,顾客群体拥有驱动言论方向、打造口碑经济和颠覆企业品牌的巨大主动权和影响力(卜庆娟等,2016)。每位游客都拥有一个以自我为中心、不断向外延展的社会网络,海量信息沿着关系链自由地流动。在信息技术的支持下,游客可以便捷地与社会网络的其他节点进行信息交换,一方面优化自己的旅游决策和消费行为,成为个性化旅游体验的设计者和创造者;另一方面通过社会互动或社交媒介,向身边的亲友圈或更广阔的"网民"群体分享旅游体验,建构其他潜在游客的预期体验。所以,旅游体验不仅是个体的主观感受,也是一种"集体意识",旅游体验受到共同体的规训和约束,在遵守集体规则的前提下实现个体有限的自主性(孙九霞,2019)。因此,对游客参与体验价值共创现象的研究不能剥离社会网络因素,而应充分关注社会网络在其中的影响作用。

游客在参与旅游体验价值共创过程中,需投入时间、精力、知识、金钱等各种类型的个体资源,发挥旅游企业的"兼职员工"和"志愿者"的作用。作为旅游产品的消费者,游客为何会主动承担本应由服务提供者完成的价值创造任务?已有的研究结果表明,消费者是价值共创中最为重要的主体,他们对价值最大化的执着追求主导了价值网络的所有行为(Basole et al.,2008)。那么,作为一种特殊体验产品的消费者,游客在参与体验价值共创过程中实施了哪些行为?其主导作用是如何实现的?李丽娟(2012)从游客参与价值共创的深度和层次这两个角度概括了游客参与价值共创的行为维度:在游客参与价值共创的深度方面,将游客体验价值共创行为划分为主动参与和被动参与;在游客参与价值共创的层次方面,将游客体验价值共创行为划分为浅层参与和深层参与。Xie等(2020)提出,游客体验价值共创行为包含身体上参与和精神上参与这两个维度。Mvondo等(2022)则将游客体验价值共创行为划分为信息寻求、信息分享、责任行为和个人互动4个维度。在移动互联网时代和社会网络日趋复杂的背景下,这些游客体验价值共创行为维度的划分方式是否能够体现这一行为的全貌?如果不能,那么游客体验价值共创行为的维度结构是怎样的?有何特性?

更进一步地,游客参与体验价值共创的前因、行为以及结果之间的内在作用机理如何?游客参与体验价值共创的前因对游客体验价值共创行为各维度的影响有何不同?游客体验价值共创行为各维度对旅游体验价值产生怎样的影响?已有的相关文献对游客体验价值共创行为与满意度之间关系的认识尚不统一,前者对后者产生正向影响和负向作用的观点兼而有之。那么,什么原因导致游客体验价值共创行为对游客满意度的影响呈现不同的结果,以及旅游体验价值在其中发挥怎样的作用?尽管已有个别文献基于游客感知视角,实证研究了游客参与体验价值共创的动机、行为和结果,如李丽娟(2012)和李琼(2016)的研究,但未能真正体现游客参与体验价值共创的本质。多数以往的相关研究专注于价值共创的二元主体,探讨游客与旅游企业之间的互动、合作、反馈等价值共创行为。但是,旅游体验价值共创本身是一个多维度的复杂过程,发生于旅游活动的各个阶段,如出游之前与家人和朋友商讨出游计划、在目的地体验旅游服务和活动以及回程之后的追忆与回味(Sugathan et al.,2019)。尤其在当前的移动互联网时代,体验价值共创的参与者及其价值共创行为更为多样,以社会网络服务为基础的体验与价值实现,正成为当前消费体验与社会网络研究的热点(王新新等,2011)。既然社会网络既是游客参与体验价值共创的环境与客观条件,也是游客主导体验价值共创活动的支撑性资源,那么,基于社会网络视角,探讨游客参与体验价值共创的前置因素、行动方式及其对旅游体验价值的影响,更为合乎理论逻辑和社会现实。

本研究的主要议题正是基于上述问题提出的。

第二节 研究目的与意义

一、研究目的

价值共创的概念提出时间较晚,将价值共创思想引入旅游领域的研究还比较少,特别是游客体验价值共创行为研究还有待进一步深入。本研究通过理论分析与实证分析相结合、质性研究与定量研究相结合的方法,探索移动互联网时代背景下游客体验价值共创行为的维度结构,分析游客参与体验价值共创的前因、行为及结果,阐释游客参与体验价值共创的内在机理,并总结上述研究结论对政府及旅游企业支持和促进游客参与体验价值共创的指导意义。具体而言,本研究的研究目的主要包括以下三个方面:

第一,探讨游客体验价值共创行为的特征及维度结构。目前,学界对顾客价值共创行为维度结构的认识尚不统一,不同研究领域和不同理论视角下的观点大相径庭。尽管有学者参考顾客价值共创行为的维度结构,提出了游客体验价值共创行为的构成及特征,但是,作为典型服务型产品的消费者,游客体验价值共创行为的内涵是否与具有一般性的顾客价值共创行为相一致,同时,在移动互联网时代背景以及复杂社会关系网络的影响下,游客体验价值共创行为的结构和特征是否有所变化,这些问题在已有的相关研究中都未能得到有效解决。基于社会网络视角,分析游客参与体验价值共创的行为表现及维度结构,是本研究的第一个目的。

第二,剖析游客参与体验价值共创的内在机理。基于社会网络视角,构建游客体验价值共创行为前因理论模型,分析社会支持作为社会网络的一项重要功能,对游客体验价值共创行为的影响作用;进一步地,构建游客体验价值共创行为结果理论模型,分析游客体验价值共创行为与旅游体验价值和游客满意度之间的关系,以及社会支持在游客体验价值共创行为与旅游体验价值关系中的调节作用。利用问卷调查获取的样本数据,对上述两个理论模型和相关理论假设进行实证检验,以揭示游客参与体验价值共创的内在机理。这是本研究的第二个目的。

第三,基于前两项研究,总结研究结论对政府部门、旅游企业制定旅游发展政策和旅游市场营销策略的指导意义。游客参与体验价值共创作为一种新的消费现象和未来趋势,势必为旅游行业发展以及旅游企业经营理念带来颠覆性的变化,同时也为游客获取极致旅游体验提供新的思路。基于上述理论分析,总结政府部门、旅游企业支持和促进游客积极参与体验价值共创的对策建议。这是本研究的第三个目的。

二、研究意义

（一）理论意义

1. 丰富旅游体验研究，深化旅游体验理论

旅游体验自被纳入旅游学研究之后，已逐渐成为一个重要且热门的术语，由此带动的相关领域学术研究成果也日益丰富（魏遐等，2010）。与早期的旅游体验研究相比，近年来相关研究的范围和深度都有了显著突破，许多研究已经超越了早期研究的基础框架，进入旅游体验更为具体而深入的研究层次（谢彦君等，2016）。同时，大数多学者基于主体性原则探讨旅游体验的本质、结构及形成机理，在此过程中，社会经济发展影响下游客需求的变化，一直是推动旅游体验研究不断走向深入的外在动力。随着旅游需求的社会化趋向以及信息技术的深刻影响，旅游体验打破了固有的时空限制，其建构方式也产生了新变化（朱竑等，2020）。一方面，除食、住、行、游、购、娱等基本旅游需要外，游客的情感、认知等方面的收益对旅游体验产生越来越重要的影响，游客对旅游体验价值的感知内容及评价方式发生了深刻变化。另一方面，游客在旅游体验价值创造过程中拥有越来越多的主动权和控制力，为了获得极致的旅游体验，游客主动地在旅游前、旅游中和旅游后等不同阶段投入个人资源（如时间、精力、知识等），参与旅游产品的设计与生产，或在社会关系网络中互动交流和分享自己的旅游体验，这一行为使得游客不再是传统意义上被动的价值消费者和毁灭者，旅游体验价值的创造方式发生了根本性变化。因此，价值创造已不是旅游企业的特权，销售过程也不是旅游体验价值传递的唯一渠道。针对以上两种变化，研究当前时代背景下游客体验价值行为的内容，以及该行为对提升旅游体验价值和游客满意度的贡献，有助于丰富现有旅游体验研究的理论成果，同时能够深化学界对旅游体验价值创造机理的认识。

2. 拓展传统专注于孤离假设下游客体验的理论视角

传统关于旅游体验的研究大多基于孤立个体视角，认为旅游体验是一种主观的、个体性的、具有高度异质性的内心感受，将研究重点放在游客的主体性上，忽略游客在社会网络中所处的位置以及由此形成的结构对旅游体验的影响。然而，社会网络正逐步成为旅游体验产生的环境与客观条件，游客总是嵌入自己的社会关系之中，这种关系网络作为一种重要的社会资源，是游客获得品质化、个性化旅游体验的重要条件。个体是群体的一部分，每个群体都有自己的集体特性（如共同的价值观念和共享的行为规范），正是这些集体特性，使得群体中的个体在行为上不可思议地保持一致。换言之，个体始终无法脱离社会而存在，个体

经验的有限性需要群体经验加以补充,个体的旅游体验也必然受到群体体验的影响(孙九霞,2019)。以顾客体验为导向的研究不应该再以单一顾客为研究对象,而应该以顾客群体为主要研究对象(Earls,2003)。因此,旅游体验研究需要关注基于社会网络的旅游体验,立足于社会网络的资源特性与结构特征,来探讨群体环境中旅游体验的形成以及旅游体验价值的创造。本研究结合社会心理学、市场营销学及行为科学等学科的理论和方法,分析社会网络因素对游客体验价值共创行为的影响,以及其对游客参与体验价值的行为与结果之间关系的调节作用,基于此探讨游客参与体验价值共创的内在机理,进一步拓展旅游体验研究的理论视角。

(二)现实意义

1. 为政府部门制定行业发展政策提供借鉴

随着游客消费意识的觉醒、消费能量的释放和消费理念的升级,游客需求日趋个性化、复杂化,传统以食、住、行、游、购、娱为中心的标准化旅游产品和服务已无法满足游客需要。于是,旅游体验价值被重新定义,游客根据自己的个性化需求,通过整合各方资源创造期望的旅游体验,旅游企业、社区居民以及同行游客等个体或组织基于自身需要,参与旅游体验价值的共同创造。在此过程中,旅游体验价值创造的主体及行为方式、价值构成及评价标准都发生了显著变化。旅游地政府作为公共政策和公共服务的提供者,在支持和促进旅游体验价值共创方面理应发挥重要作用。一方面,旅游地政府应通过与各方价值共创参与主体的沟通与合作,积极开展目的地营销活动,为旅游体验价值共创活动提供机会和环境,促进各方主体协同共创价值;另一方面,旅游地政府需制定政策和制度,规范和指导各方主体参与旅游体验价值共创的过程,推动旅游业健康、持续发展。本研究基于社会网络视角,分析游客参与体验价值共创的前因和行为特征,以及游客体验价值共创行为对旅游体验价值的影响,研究结论可为政府部门正确认识游客参与体验价值共创的行为方式以及所需条件和环境,并针对性地制定行业发展政策提供借鉴。

2. 为企业管理游客价值共创活动提供指导

在信息技术的应用已然普及的今天,每一个人都可以便捷地从海量信息中获取感兴趣的内容,游客的自主性和能动性得到极大的释放,他们已不满足于被动地接受旅游企业提供的标准化产品,而是主动地通过旅游前搜寻相关信息、旅游中与旅游服务者互动、旅游后交流分享旅游体验等行为提升旅游体验价值。随着游客参与旅游体验价值创造活动的流行,日益复杂、多元的游客需求对旅游企业的产品开发、服务组织及营销宣传的影响越来越大。特别是移动互联网技术的广泛应用,使得游客的权力意识不断增强,许多具有相同需求或共性特征的个体聚合在一起,形成各种类型的共趣社群和虚拟社区,并逐渐取代传统媒体成为游客的主要信息源。这些变化都迫使旅游企业不得不改变原来的经营策略。但是,旅游体验价值共创毕竟属于新生事物,许多旅游企业对如何应对旅游体验价值创造方式的革命性变化,以及如何引导和支持游客参与体验价值共创以提高旅游体验价值,还未形成清醒的认识,未及时采取针对性的、行之有效的应对策略,迫切需要理论加以指导。因此,本研究有助于旅游企业转换经营理念,并为其采取适当的引导措施,支持和配合游客共同创造品质化、综合化的旅游体验提供参考。

第三节 研究思路、内容与方法

一、研究思路

本研究沿着"基础分析→机理研究→实证检验→对策建议"的思路,依次逐步展开。首先,对研究的理论背景和现实背景进行分析,总结研究的理论价值和现实意义,并通过收集、整理和归纳国内外相关研究成果,确定研究思路和方法。其次,基于社会网络视角,系统分析旅游体验价值共创的内涵、参与主体以及过程,并利用扎根理论、问卷调查以及统计分析等方法,探索游客体验价值共创行为的维度结构。再次,构建游客体验价值共创行为的前因以及结果理论模型,提出相关理论假设,并利用问卷调查获取的样本数据进行实证检验。最后,从政府和旅游企业两个层面,分别提出支持和促进游客参与体验价值共创的对策建议。

本研究的技术路线如图1-1所示。

二、研究内容

本研究基于社会网络视角,对旅游体验价值共创这一议题进行理论探讨,并从旅游体验价值共创的核心参与主体——游客出发,探讨游客体验价值共创行为的维度架构、前因及结果,并具体总结促进游客参与体验价值共创的对策。主要研究内容由以下五部分构成:

第一,旅游体验价值共创的理论探讨。本部分主要包括三方面内容:一是从旅游体验的特性出发,结合已有研究对旅游体验价值共创的相关分析,概括旅游体验价值共创的概念及特点。二是提出旅游体验价值共创的参与者包含三类主体,即游客、原生支持力量以及衍生支持力量,分析三类主体的构成以及他们分别在旅游体验价值共创过程中的角色和作用。三是根据旅游活动的阶段性特征,将旅游体验价值共创的过程划分为旅游前、旅游中和旅游后三个阶段,总结

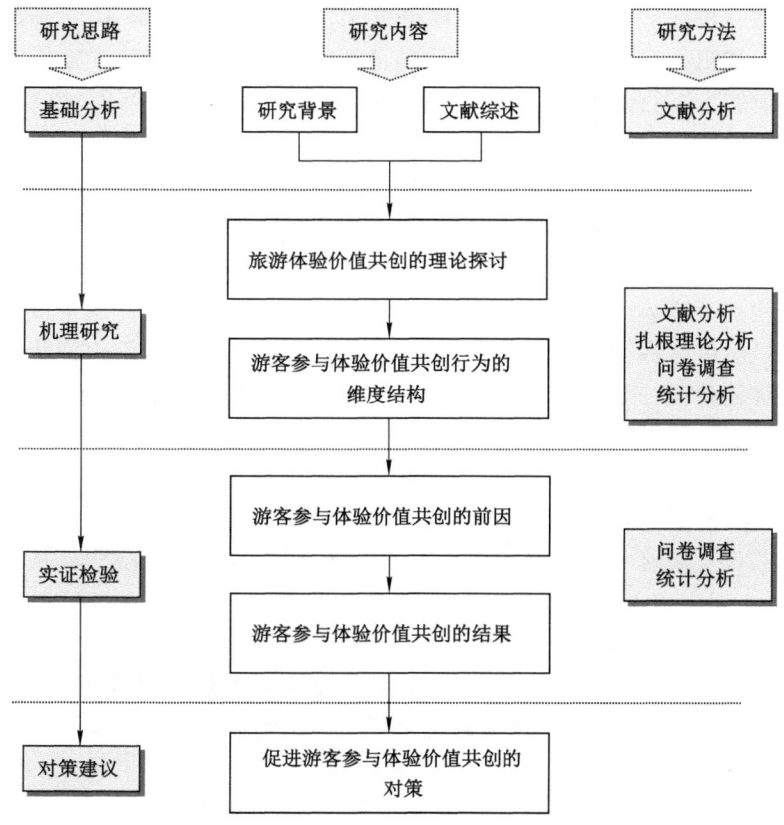

图 1-1 技术路线图

旅游体验价值共创参与者分别在这三个阶段的行为表现,以及形成的旅游体验价值的结构和内容。

第二,游客参与体验价值共创行为的维度结构。首先,基于游客体验价值共创行为的特性,结合已有文献对游客体验价值共创行为的分析,提出游客体验价值共创行为具有多维属性。其次,利用扎根理论,借助半结构式访谈所获取的文本资料,遵循开放式编码、主轴式编码、选择式编码三个核心步骤,提炼游客体验价值共创行为的维度结构,即游客体验价值共创行为包含游客参与行为和游客公民行为两个维度。最后,基于问卷调查获取的样本数据,利用探索性因子分析和验证性因子分析方法,检验游客体验价值共创行为维度结构的科学性,并制定游客体验价值共创行为量表,为后续实证研究奠定基础。

第三，游客参与体验价值共创的前因。基于计划行为理论和社会网络视角，依托"刺激—机体—反应"（S-O-R）理论框架，构建游客参与体验价值共创前因理论模型，提出社会支持（信息性支持和情感性支持）影响游客体验价值共创行为意向（游客参与行为意向和游客公民行为意向），以及行为态度、主观规范、感知行为控制分别在社会支持与游客体验价值共创行为意向关系中发挥中介作用的研究假设，利用问卷调查获取的样本数据，对上述理论模型和研究假设进行实证检验。

第四，游客参与体验价值共创的结果。基于社会网络视角，依托 S-O-R 理论框架，构建游客体验价值共创行为结果理论模型，提出游客体验价值共创行为的两个维度（游客参与行为和游客公民行为）分别影响旅游体验价值和游客满意度，旅游体验价值在游客体验价值共创行为与旅游满意度的关系中发挥中介作用，以及社会支持的两个维度（信息性支持和情感性支持）分别在游客体验价值共创行为与旅游体验价值关系中发挥调节作用的研究假设，利用问卷调查获取的样本数据，对上述理论模型和研究假设进行实证检验。

第五，促进游客参与体验价值共创的对策。基于以上研究结果，从政府和旅游企业两个层面提出促进游客参与体验价值共创的对策。政府层面，主要从旅游公共服务、目的地营销、社区参与引导以及旅游制度建设等方面概括游客体验价值共创行为的支持对策；旅游企业层面，主要从经营理念、产品供给、沟通渠道以及形象建设等方面总结游客体验价值共创行为的促进对策。

三、研究方法

（一）文献分析法

收集和整理国内外关于旅游体验与价值共创相关研究成果，追踪该领域的最新研究进展，把握研究的发展动态和前沿，思考和寻找理论研究的缺口；在消化吸收现有研究成果的基础上，确立研究方向和研究视角，并选择能够实现研究目的的支撑理论和方法，由此构建综合性的理论模型，即基于社会网络视角的游客体验价值共创行为前因和结果理论模型。同时，在实证研究设计中，参考已有文献进行游客参与体验价值共创的前因、行为及结果等变量测量工具的设计。

（二）质性分析法

由于旅游体验价值共创属新生事物，相关研究远未成熟，学界缺乏对游客价值行为构成维度的总结性分析。扎根理论作为一种"自下而上"建构实质理论的定性研究方法，具有一套完备的构建理论的方法体系，在分析理论框架不够完善的问题时容易获得更加全面、准确的结论。基于此，本研究依据扎根理论的研究范式，借助半结构式访谈所获取的文本资料，遵循开放式编码、主轴式编码、选择式编码三个核心步骤展开研究,提炼游客体验价值共创行为的构成要素,为确定游客体验价值共创行为的测量工具以及相关实证研究奠定基础。

(三)问卷调查法

本研究采用传统的演绎式的假设检验型研究范式。作为管理学科的实证研究中应用最为广泛和普遍的方法,问卷调查法在研究推进中扮演着非常重要的角色。本研究的问卷调查包括三个环节。第一个环节,在文献研究和质性分析的基础上,设计调查问卷对游客参与体验价值共创的行为方式进行调查,为检验游客体验价值共创行为的维度结构提供样本数据。第二个环节,依据游客体验价值共创行为前因理论模型,参考已有相关研究,设计模型中各变量的测量量表,为检验游客体验价值共创行为前因理论假设提供样本数据。第三个环节,依据游客体验价值共创行为结果理论模型,参考已有相关研究,设计模型中各变量的测量量表,为检验游客体验价值共创行为结果理论假设提供样本数据。

(四)统计分析法

本研究主要使用描述性统计分析、探索性因子分析、验证性因子分析以及结构方程模型等统计分析方法展开研究。具体而言,本研究采用探索性因子分析方法检验游客体验价值共创行为的维度,采用验证性因子分析方法检验所涉变量量表的信度和效度,采用描述性统计分析方法概括样本的总体情况,采用结构方程模型检验游客体验价值共创行为前因和结果理论模型的合理性。此外,为保证研究结论的可靠性,本研究采用"Harman 单因素检验"和"非可观测潜在方法因子的影响控制"等方法对研究中可能存在的共同方法偏差实施检验。在统计软件应用方面,本研究主要使用 SPSS 24.0、AMOS 24.0 和 Mplus 7.4 软件进行上述统计分析。

第二章 理论基础与文献回顾

第一节 价值共创理论及其研究进展

一、价值共创理论的演进

传统的价值创造观认为,企业是价值创造者,顾客是价值毁灭者。生产与消费是两个相对独立的过程,生产者与消费者之间泾渭分明,两者只是在市场交换中进行交互。随着消费实践的发展,顾客变得日益活跃,越来越多地参与产品的生产过程,进而为企业和顾客带来更多价值。于是,生产者与消费者在合作、互动中共同创造价值,生产和消费过程相互融合,不再彼此独立,具体表现为顾客作为操纵性资源的拥有者加入价值创造系统,而作为生产者的企业则通过提出价值主张、与顾客互动等方式加入价值创造系统。在此背景下,价值共创理论应运而生,并引起了学界广泛的关注和热烈的反响。目前,学界主要围绕三种核心思想对价值共创展开讨论,形成了价值共创理论的三个分支,分别是由 Prahalad 和 Ramaswamy 提出的基于顾客体验的价值共创理论、由 Vargo 和 Lusch 提出的基于服务主导逻辑的价值共创理论以及由 Heinonen 等人提出的基于顾客主导逻辑的价值共创理论。

(一) 基于顾客体验的价值共创理论

顾客体验的价值共创理论由 Prahalad 和 Ramaswamy 提出,认为顾客消费和使用活动是价值创造的最后和关键阶段,顾客参与价值的定义和创造,而共创体验成为价值形成的基础(Prahalad et al.,2000)。

Prahalad 等(2000)认为,顾客通过积极与企业对话,其角色从被动受众变为主动行动者,与企业共同创造个性化体验;企业不能在缺少与顾客互动的情况下,自主设计产品、生产、发布营销信息和控制销售渠道。随着顾客参与的不断深入,他们对商业系统的每个环节都会产生影响,因此,企业未来的竞争将依赖于以顾客为中心的价值共创活动。此后,他们提出了更为明确的观点,认为互动是企业与顾客共同创造价值的重要方式,共创价值形成于顾客与价值网络各节点企业之间的异质性互动(Prahalad et al.,2004)。换言之,顾客与企业之间的互动是价值共创的核心。一方面,价值共创的本质是企业和顾客共同创造顾客的消费体验,企业应当为顾客提供有助于其实现个性化体验的环境和资源。消费体验共创高度依赖于个体,没有个体的参与,企业将无法创造任何价值,而且,个体特性也会影响消费体验共创的过程和结果。另一方面,顾企互动是价值共创的基本方式,体验价值需要通过顾客和企业之间的异质互动来实现,企业应将注意力从内部管理转向顾企互动的过程和质量。概言之,企业和顾客都是价值创造的主体,他们通过积极互动和持续对话共同创造个性化体验,在此过程中,如何提高顾企互动质量以及如何为顾客营造个性化体验环境,是企业关注的主要内容。因此,Prahalad等(2000,2004)的思想被认为是基于顾客体验视角的价值共创(Payne et al.,2008)。

根据 Prahalad 等(2004)的价值共创思想,价值并非源于物质产品,而存在于特定顾客在特定时刻、特定地点和特定的事件背景下共同创造的体验。因此,价值共创是顾客与企业通过有目的的互动创造个性化体验的过程。企业和顾客是价值的共同创造者,二者通过相互合作共同建构个性化的服务体验,共同确定和解决的问题(武文珍等,2012)。由此可见,价值共创贯穿于顾企互动和消费体验形成的整个过程。

(二) 基于服务主导逻辑的价值共创理论

服务主导逻辑起源于 Vargo 等(2004)的研究,价值共创是其核心思想。服务主导逻辑一经提出,便在学界引起了热烈的反响和讨论。许多研究者在早期服务主导逻辑的基础上拓展了多个理论视角,包括服务逻辑、服务科学和服务生态系统视角。各视角之间既有联系又有区别,相关学术争论不断推进服务主导逻辑以及价值共创思想的不断完善。

1. 基于早期服务主导逻辑的价值共创

Vargo 等(2004)提出了服务主导逻辑,认为一切经济都是服务经济,顾客积极参与关系交换和共同生产,价值由顾客决定和共同创造,并提出了服务主导逻辑的8个基本命题。随后,他们对早期提出的服务主导逻辑理论进行了发展和完善,对基本命题从术语到内容进行了3次修订,最终形成了11个基本命题,并突出了顾客在价值共创中的重要角色。此后,服务主导逻辑发展成为价值共创的主要研究视角。

"服务是一切经济交换的根本基础"是服务主导逻辑的核心思想。这里"服务"的内涵已经不再是传统意义上生产者为满足消费者需求而采取的行动,Vargo 等(2004)将之重新定义为:实体为了自身或其他实体的利益,通过行动、过程和行为表现等使用专业化能力(知识和技能)的过程。在他们看来,所有的经济交换都是"服务对服务"的经济交换,而所有的经济都是服务经济。在服务主导逻辑下,服务成为交换的普遍形式,价值共创正是建立在服务普遍性的基础上。同时,服务主导逻辑认为,顾客是价值的共同创造者。在服务主导逻辑下共创的价值并不是"交换价值",而是顾客在消费过程中实现的"使用价值"。在价值共创系统中,顾客作为资源整合者,通过整合利用各方资源来共创价值,价值随着顾客的消费和互动活动而持续、动态地形成。因此,价值总是由产品的消费者用现象学方法来决定(Vargo et al.,2008a)。对于顾客而言,价值形成是与消费情境和需求相关的个性化创造过程,生产者努力将自己置于顾客的消费情境之中,为顾客自主创造价值提供帮助和支持。可见,在服务主导逻辑下,价值共创发生在顾客使用、消费产品或服务的阶段,共创价值是企业与顾客在产品生产和消费过程中共同创造的价值的总和(Payne,2008)。

2. 基于服务逻辑的价值共创

服务逻辑是从早期服务主导逻辑发展的新逻辑,认为服务是顾客日常实践中促进价值创造的互动过程,供应商进入顾客实践环节,实现顾企互动(Grönroos,2008)。

Grönroos(2008)将服务逻辑区分为顾客服务逻辑和供应商服务逻辑,后者以前者为主导。根据供应商角色的不同,价值的创造过程可概括为价值促进和价值实现这两种模型:价值促进模型下,顾客是价值创造者,供应商是价值协助者;价值实现模型下,顾客是价值创造者,供应商兼有价值促进者和价值合作者两种角色,供应商积极参与顾客价值创造过程,通过直接互动成为价值创造者。同时,该学者还基于服务逻辑提出了价值创造相关的5个命题,为服务提供者理解价值创造机制提供全新的视角。Grönroos(2011)进一步指出,供应商创造的是潜在价值,顾客创造的使用价值才是真实价值,企业和顾客的直接互动将有助于企业成为真实价值的共同创造者。Grönroos等(2013)提出,价值创造存在于企业区域、顾客区域和联合区域等三个区域:企业区域内,企业通过传递顾客所需的资源为价值创造作出贡献,这些资源可能发展为顾客的实际价值;顾客区域内,顾客独立使用企业提供的资源和通过其他途径获得的资源进行价值创造;联合区域内,企业和顾客通过互动行为共创使用价值。由此可见,服务逻辑主要强调直接互动对价值共创的关键作用。

服务逻辑是基于服务主导逻辑强调的使用价值而提出的,服务主导逻辑关注价值创造的全过程,而服务逻辑只关注使用价值的共创过程,认为顾客创造的使用价值才是真实价值,供应商创造的只是潜在价值,强调顾客是价值创造者,供应商是价值促进者,供应商和顾客只在联合区域通过直接互动实现价值共创。

3. 基于服务科学的价值共创

服务科学关注服务系统之间的演进、互动和相互的价值共创,在服务系统中,共同创造价值是互动和交换的根本目的(Maglio et al.,2008)。

Spohrer 等(2007)将服务系统定义为"由人、组织和技术构成的动态的价值共创结构",认为服务系统是服务科学的基本抽象,该认识奠定了服务科学的理论视角。Maglio 等(2008)将服务系统的概念修订为"由人、技术、连接内外部服务系统的价值主张和共享信息所组成的价值共创组态",指出服务系统的能力交换是价值共创的基础。该观点说明,价值是由所有参与交换的服务系统共同创造的,从而映射出早期理论视角将价值共创主体限定于企业和顾客是不合理的。Vargo 等(2008b)进一步指出,服务系统的资源包括私有资源、市场资源和公共资源,通过整合现有服务系统和其他服务系统的资源,实现服务系统内和服务系统之间资源互动而共创价值。系统可以使个体或群体通过与其他系统交换和应用资源(特定的知识和技能)而生存、适应和演进,通过与其他服务系统互动来增强适应性和生存能力,为自己和其他成员创造价值(Vargo et al.,2008b)。Maglio 等(2009)基于 Spohrer 等(2007)的研究,提出服务系统中至少有一种操作性资源能够通过作用于其他资源来创造价值,同时,服务系统是动态的,内部存在联合和采纳机制,促使其随着时间的变化而不断演化。

服务科学植根于服务主导逻辑,主要关注服务系统的价值创造(Maglio et al.,2008)。同早期的服务主导逻辑相比,服务科学的视角更为宏观,将早期服务主导逻辑下的顾企二元互动拓展到服务系统内部和服务系统间的网络互动,强调更广泛的系统网络的资源配置和交互行为,以及技术在价值共创过程中的重要作用。

4. 基于服务生态系统的价值共创

服务生态系统视角是服务主导逻辑在当前复杂网络环境下的拓展,继 Vargo 等(2010)提出该概念后,许多学者基于该视角对价值共创的主体及方式进行了深入的理论探讨。

Vargo 等(2010)将服务生态系统定义为"不同的社会和经济行动主体基于自发感知和响应,根据各自的价值主张,以共同生产、服务提供和价值共创为目标,通过制度、技术和语言进行互动的松散耦合的时空结构"。服务生态系统视角超越了服务科学视角下服务系统之间的互动范畴,强调复杂网络系统下的资源互动,认为在服务生态系统中,供应商和受益人、生产者和顾客等所有要素的区别都将消失。服务生态系统通过 A2A(actor-to-actor)为导向的资源整合和共同提供服务来共创价值,强调制度或社会规范是价值共创和服务系统的核心推动力(Vargo et al.,2011)。Lusch 等(2014)进一步将 A2A 导向的服务生态系统重新定义为"由资源整合者在服务交换中通过共享制度和价值共创而相互连接的相对独立的、自我调节的系统",并将Vargo等(2010)关于服务主导逻辑的10个基本命题概括为4个基本原理来解释价值共创。Vargo等(2016)从服务生态系统的视角对服务主导逻辑基本命题进行修订,增加了"原理5:价值共创通过参与者创造的制度和制度安排来协调",强调制度和制度安排在服务生态系统价值共创和服务交换过程中的重要作用。

服务生态系统视角的价值共创将服务主导逻辑强调的顾客和企业的二元视角拓展到更为广泛复杂的动态网络系统。相对于其他视角的观点,服务生态系统更加宏观地认为,一切经济社会参与者都是价值创造的重要主体,在松散耦合的动态系统中,通过服务交换和资源整合共创价值,同时,制度在价值共创过程中扮演尤为重要的角色。

(三)基于顾客主导逻辑的价值共创理论

无论商品主导逻辑还是服务主导逻辑,都认为价值创造均发生于企业所控制的生产过程,其实质是提供者主导的价值共创。随着顾客消费的自主性意愿和创新能力的提升,价值创造脱离了企业的生产过程,发生在顾客的消费过程中,学者们关于价值创造研究的重点从企业生产过程转向顾客消费过程中。于是,有学者认为,价值创造研究范式应从服务主导逻辑向顾客主导逻辑转变(Heinonen et al.,2010)。

顾客主导逻辑认为,顾客将企业提供的产品与其他资源相结合,设计、生产自己期望的产品,顾客在此过程中处于主导地位,是价值的创造者;企业则以顾客如何利用自己的产品达到预期目的为目标进行生产活动(Heinonen et al.,2010)。顾客主导逻辑以顾客消费过程为研究重点,强调价值由顾客与企业共同创造或顾客独自创造,至于价值创造过程到底体现为共创还是独创,则取决于企业是否在顾客消费过程中存在与顾客之间的互动行为。如果价值创造发生于顾客购买产品后的日常消费过程,企业并不参与,与顾客并无互动产生,则为顾客独创价值。在这一过程中,顾客通常具有关于使用产品的经验和知识,基于信息搜寻和消费经验,投入时间、精力、情感等资源为自己创造独特的体验价值。因此,企业提出的价值主张不再重要,重要的是顾客基于何种目的如何使用企业提供的产品。如果企业介入顾客消费过程之中,通过与顾客的合作参与顾客体验价值的创造,则为顾客与企业共创价值。在这一过程中,参与价值创造的主体可能是多元的,他们相互关联、互动与合作,形成价值创造网络,顾客始终处于该网络体系的中心位置,网络的结构、运行规则及价值创造的途径、内容、方式等均由顾客决定,其他共创主体在信息、技术等方面提供支持,帮助顾客创造所期望的价值。

顾客主导逻辑将价值共创视为任务导向和目标导向的过程,顾客有意寻求获得积极的结果(Hansen,2019)。在这个过程中,顾客为了获得期望的消费体验,有意地与服务提供者进行互动交流。但是,顾客的价值创造活动除了发生在服务期间,也可能发生在服务之前和之后,换言之,价值创造不仅与服务过程有关,还扩展到与服务提供者的互动过程之外(Heinonen et al.,2010)。因此,价值共创是顾客主导逻辑下价值创造的一种特殊形式。顾客主导逻辑下,顾客与服务提供者共创的价值内容以体验价值为主,顾客的价值共创行为及其对共创价值的评估依赖于其所处的情境,具有情境依赖性、动态性和多元性等特征。由于顾客的日常消费行为不是孤立的,必然与其他个体相联系,群体力量往往在其中发挥主导作用,所以,共创价值与顾客需求、偏好、习惯和价值观等因素有关,同时受到其在社会结构中的位置、角色及互动水平的影响。

二、价值共创研究视角比较

(一)不同研究视角的关联

学者们关于价值共创的讨论随着营销理论的争论而发展,理论视角的不同导致了学界对多元主体如何共创价值的不同观点和解释。但是,价值共创的几个研究视角不是完全对立的,而是相互补充和衍生的关系,且有一定程度的重叠性(简兆权等,2016)。

尽管不同研究视角在价值共创的焦点、主体及过程上略有不同,但对于顾客参与价值创造这一核心观点的认识是一致的,都认为企业不再是唯一的价值创造者,顾客也不再是纯粹的价值消耗者,他们是价值的共同创造者。服务主导逻辑对价值共创研究的影响非常大,服务逻辑、服务科学和服务生态系统视角都以服务主导逻辑为基础,被认为是服务主导逻辑的拓展。同时,不同研究视角下共创价值的内涵及共创过程也存在一定的关联性。Grönroos等(2015)根据顾客与服务提供者参与价值创造的意识将价值共创分为四种类型(图2-1)。基于服务主导逻辑的观点,这四种类型都应被视为价值共创;服务逻辑仅认同类型A以及类型B中的某些形式为价值共创;顾客主导逻辑则只将类型A视为价值共创。服务主导逻辑认为,一切经济都是服务经济,顾客积极参与关系交换和共同生产,价值由顾客与服务提供者共同创造;服务逻辑和顾客主导逻辑则声称,价值共创是价值创造的一种特殊情况。

(二)不同研究视角的区别

简兆权等(2016)从"价值""共同""创造"等三个核心理念出发,对价值共创的多个研究视角进行了比较分析。从价值内涵来看,顾客体验视角的价值共创认为,顾客体验形成的过程就是企业和顾客共同创造的过程,价值焦点为顾客体

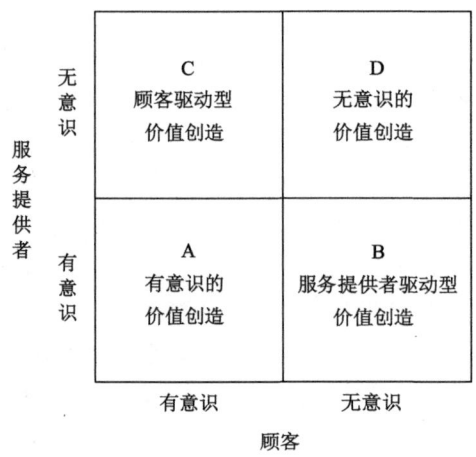

图 2-1　价值创造的不同类型

验价值。早期服务主导逻辑则认为,价值基于由顾客决定和产生的使用价值,价值评价完全取决于顾客所处的情境及其自身的特征,Vargo 等(2008a)更是用情境价值代替使用价值。概括而言,早期的服务主导逻辑强调使用价值和情境价值;服务逻辑视角的价值共创基于使用价值,关注顾客范围内的价值创造。服务科学视角的价值共创认为,价值是在服务系统成员互动整合资源的过程中创造的,因而强调使用价值,同时提出价值由系统的环境情境所决定,因此又强调情境价值。服务生态系统视角的价值共创认为,价值总是受动态情境的影响,因此更为关注情境价值(Chandler et al.,2011)。顾客主导逻辑则认为,顾客与服务提供者共创的价值内容以体验价值为主,但顾客的价值共创行为及其对共创价值的评估具有情境依赖性,因此同时强调情境价值。价值共创研究视角比较详见表 2-1。

表 2-1　价值共创研究视角比较

理论视角	价值内涵与焦点		价值共创主体	价值共创过程
	价值内涵	价值焦点		
顾客体验	体验价值	企业价值 顾客价值	企业+顾客	企业提供体验环境,促进顾客与企业通过互动共创体验,是全方位的价值共创过程
早期服务主导逻辑	使用价值 情境价值	企业价值 顾客价值	企业+顾客	企业提出价值主张,顾客与企业互动共创价值,是全方位的价值共创过程

表2-1(续)

理论视角		价值内涵与焦点		价值共创主体	价值共创过程
		价值内涵	价值焦点		
服务主导逻辑的拓展	服务逻辑	使用价值	顾客价值	顾客：价值创造者；企业：价值促进者	企业参与顾客价值创造过程，通过共享区域的直接互动，从价值促进者转变为价值共创者，是顾客价值共创的过程
	服务科学	使用价值情境价值	服务系统价值	服务系统成员	开放的服务系统内部和服务系统之间的资源整合和服务交换实现价值共创，是全方位的价值共创过程
	服务生态系统	情境价值	服务生态系统价值	服务生态系统参与者	松散耦合的服务系统中，广泛的参与者通过资源整合和服务交换，由制度约束和协调，为自己或其他系统创造价值，是全方位的价值共创过程
顾客主导逻辑		体验价值情境价值	顾客价值	顾客＋企业等多元主体	顾客在消费过程中通过投入时间、精力、情感等资源，以及与企业等多元主体的互动共创价值，是顾客价值共创的过程

资料来源：① 简兆权，令狐克睿，李雷．价值共创研究的演进与展望：从"顾客体验"到"服务生态系统"视角[J]．外国经济与管理，2016(9)：3-20．② GRÖNROOS C，STRANDVIK T，HEINONEN K．Value co-creation：critical reflections[M]// The Nordic School：Service Marketing and Management for the Future． 2015：69-81．

从价值共创主体来看，顾客体验视角的价值共创以顾客为导向，认为顾客对价值创造过程的每个环节产生影响，并与企业共同创造价值。早期的服务主导逻辑同样认为，价值是由企业和顾客共同创造的。服务逻辑关注顾客使用价值的创造，强调顾客是价值创造者，企业是价值促进者，只有当企业参与到交互区域与顾客积极互动，才有可能成为价值共同创造者。服务科学视角将价值共创主体从企业和顾客拓展到更为广泛的服务系统，研究服务系统内和服务系统之间互动共创价值，服务系统的所有参与者（包括个体、团队、家庭和政府）都是自身或他人价值的创造者。服务生态系统强调通过顾客和企业之间的互动实现价值共创，共创主体之间的互动关系是动态的、松散耦合的。顾客主导逻辑则强调顾客是价值创造的主体，价值创造的内容、途径、方式等均由顾客自行决定，企业及其他共创参与者是协作创造者,支持和帮助顾客创造其期望的价值。

从价值共创过程来看,顾客体验视角的价值共创强调,企业的角色只是体验环境的营造者,顾客参与企业价值创造各环节,在消费体验中通过顾企互动共创个性化体验,是全方位的价值共创过程。早期服务主导逻辑将产品和服务统一起来,强调服务是交换的根本基础,认为企业不能传递价值,只是提出价值主张,在顾客体验中通过服务交换和资源整合参与价值共创,因而,价值由企业和顾客共同创造,是全方位的价值共创过程。服务逻辑将价值创造分为三个区域,即顾客区域、企业区域和共享区域,顾客区域对企业是关闭的,企业区域对顾客是关闭的,企业只能在开放的共享区域通过与顾客直接互动和资源整合,实现从价值促进者向价值共创者的身份转变。服务科学视角的价值共创以服务系统为基础,通过服务系统内部和服务系统之间的资源整合和服务交换来实现价值共创,是全方位的价值共创过程。服务生态系统视角则强调服务是交换的基础,服务生态系统是社会经济参与者通过服务交换和共享制度共同创造价值,所有参与者在互动中通过资源整合和服务交换为自己或他人创造价值,是全方位的价值共创过程。顾客主导逻辑认为,价值创造发生于顾客的日常消费过程,需要投入自身的时间、精力、情感等资源,是顾客认知、思考和情感相结合的结果。

从顾客角色认知来看,顾客体验视角的价值共创认为,顾客和企业都是价值的共同创造者,二者之间的互动是价值共创的核心。但是,二者在价值共创中的地位和作用不同,共创体验高度依赖顾客,企业为顾客提供实现个性化体验的环境。换言之,没有顾客的参与,企业将不能创造任何价值。服务主导逻辑不再强调生产者和消费者角色的差异,而是强调顾客是价值创造行动者网络中的一员,并和其他行动者一样通过整合资源实现价值共创。服务逻辑认为,顾客参与价值的共同创造,是因为价值的形成根植于顾客的现实生活和以往经历,而服务提供者则是价值促进者,他们可能会也可能不会参与价值的创造过程,因此,仅仅是一个潜在的价值共创者(Grönroos,2017)。价值共创活动发生于服务提供者领域与顾客领域的重叠部分,共创价值在服务提供者与顾客的直接互动中产生,这种互动也是服务提供者接触和影响顾客价值创造过程的基本途径。因此,顾客(customer)的概念在相关研究中逐渐被消费者(consumer)所取代,其原因便是消费者(consumer)一词并不一定意味着与服务提供者的主体间关系,而这种关系却被认为是顾客(customer)一词所固有的特征(Anker et al.,2015)。顾客主导逻辑并不将顾客视作与服务提供者并列的行为者,而是更关注顾客的生活世界。在倡导顾客主导逻辑的早期文献中,对价值共创参与主体的关注焦点从"顾客"(customer)转变为"人"(person),因为顾客的精神状态和社会网络都应被考虑在内,后来,关注焦点又延伸至组织和家庭。

经过 20 多年的发展,关于价值共创的研究已形成较完善的体系,学者们基于不同的研究视角对价值共创的概念及内涵展开了深入探讨,为企业开展营销实践提供了理论支持。由于服务生态系统视角的价值共创提出价值是由包括受益人在内的多个参与者共同创造的,强调通过社会经济资源整合和服务交换实现价值共创,更加符合当前复杂网络环境的特征及发展趋势(简兆权等,2016),因此,从服务生态系统视角讨论价值共创,逐渐成为当前学术研究的热点问题和实践领域关注的焦点议题。

第二节 旅游体验价值共创研究进展

一、旅游体验研究进展

(一)旅游体验的概念和内涵

旅游体验研究兴起于 20 世纪 60 年代,随着旅游学基础理论研究的拓展与深入,逐渐成为国内外旅游学研究的热点领域。半个多世纪以来,学者们从多重视角诠释了旅游体验的丰富内涵性理论,推动其逐渐从现象学哲学层面走向实证科学(谢彦君等,2010)。尤其是进入 21 世纪后,旅游体验研究逐步成为旅游学术界核心研究领域之一,并显示出对充实旅游学基础理论研究的长远意义(龙江智,2010)。

国外对旅游体验本质的研究主要围绕本真性议题展开(谢彦君等,2017)。Boorstin 被认为是旅游体验研究的开先河者,他在 1964 年把旅游体验定义为"一种流行、庸俗的消费行为",认为大众旅游所体验的都是些肤浅的"虚假事件"(Boorstin,1964)。Mac Cannell(1973)将旅游研究置于社会学主流理论之中,他坚决反对 Boorstin 的观点,认为旅游并非是一种失常现象,游客出于对真实性的追求才选择外出旅游,并在旅游地的"后台"找到了"真实性",实际上,游客的这种追求代表了人类普遍的对于神圣的向往。该观点为旅游体验真实性的研究奠定了基础。Turner(1973)则认为,游客类似于朝圣者去拜谒"远方的中心",从一个熟悉之地旅行到远方,而后又回到熟悉之地,在此过程中游客心怀敬意。只是游客被容许在"远方"嬉戏,能做一些"不严肃"的事情,并非 Mac Cannell 所说的严肃追求真实的人,也不是 Boorstin 所认为的可欺骗的、肤浅的"弱智者"。几个世纪以来,游客热衷于前往神圣的地点,如寺庙、教堂、神圣的景观,或前往新的、陌生的和具有挑战性的地方,寻求真实的自我(Sheldon,2020)。表演和凝视理论的引入将对旅游体验的关注引向表征领域,Urry 的"旅游凝视"理论为解读旅游体验提供了一个基本的分析框架,他认为,"旅游凝视"是旅游欲求、旅游动机和旅游行为融合并抽象化的结果，是游客施加于旅游地的一种作用力，游客对旅游地人文事象的拍摄行为以及各类旅游图片等都是"旅游凝视"的具体化和有形化，从而建构出旅游体验（Urry，1990）。

Cohen（1979）基于现象学角度审视了旅游体验，开创了旅游体验研究的新局面。该学者将旅游体验界定为个人与各种"中心"之间的关系，进而讨论了旅游体验的5种模式：休闲的模式、消遣的模式、经验的模式、实验的模式和存在的模式。对于不同游客或不同旅游目的而言，这些旅游体验模式并不一定全部包括或完整呈现，但多数情况下，游客都会选择其中的一种或多种作为旅游体验的方式。旅游体验5种模式的提出彻底打破了Boorstin所描绘的统一的游客形象，使得旅游体验的研究走向了注重个体性和差异性，标志着旅游体验研究步入了后现代时期（陈才等，2011）。Milman（1998）从体验构成和影响因素角度对旅游体验的本质加以阐释，认为旅游体验包括身体活动与心智活动，这些活动会在游客知觉、意识、想象、推理、思考上产生印象，游客的心理特征、满意度和时间风险等因素对愉悦体验产生重要影响。Ryan（1997）综合了各方观点后指出，对个人而言，旅游体验是一种多功能的休闲活动，可能包括娱乐成分或学习成分，或两者兼而有之。

体验是意识内在地与身体、世界及他人建立联系的过程，只有深刻地认识到体验与身体、世界以及他人的复杂性系统关系，才能发现客观的体验规律（莫里斯·梅洛·庞蒂，2001）。在旅游体验过程中，游客的认知和情感不可能完全脱离旅游情境中的身体而独立存在，因此，基于"身心二元论"、过于关注游客的主观"凝视"，忽略了旅游体验中游客身体的意义，显然无法真实反映旅游体验的内涵。源于现象学的具身理论（embodied theory）试图解释身体与思维之间的不可分离性和系统性，为旅游体验研究提供了一个新的视角和空间（吴俊等，2018）。Prazeres等（2014）对游客体验经历的调查发现，旅游体验是有形的景观观赏（物质维度）与无形的具身感觉（感官维度）的复杂而独特的综合体。Agapito等（2014）认为，旅游体验是游客各种感官体验相互交织而成的整体性体验，并根据游客的感官体验划分了旅游体验的四种类型。Chronis（2015）指出，游客的本体感觉、运动觉和感官体验的相互结合使游客产生身临其境的感受，从而在旅游过程中获得真实和具象化的旅游体验。Packer等（2016）提出，游客体验应不同于"每天的意识流"（the everyday flow of consciousness），无论是在情感强度上，还是在时空框架上。因此，他们将游客体验定义为"个体对其日常环境之外的活动、场景或事件的即时或持续的、主观和个体化的反应"，并强调其主观性和内在性特征。Godovykh等（2020）则将旅游体验概括为，游客在消费前、消费中、消费后阶段所遇到的所有刺激所引发的认知、情感、感觉和意动反应的总和，这些反应受到情境和品牌相关因素的影响。

国内旅游体验研究发展于20世纪90年代末。相较而言,国内学者对旅游体验本质的研究更为注重旅游体验的主体性。如谢彦君(2005a)认为,旅游体验是游客个体通过与外部世界取得暂时性的联系,从而改变其心理水平并调整其心理结构的过程。潘海颖(2012)认为,旅游体验充满着人在旅途的跨文化审美意蕴,它是为了探寻生活溶解在心灵中的秘密,并借由想象获得存在的真实和生命的沉醉。赵刘等(2013)认为,旅游体验是被意识所构造、由意向作用对感觉材料进行统握的结果,换言之,旅游体验是主体在与客体直接作用关系中产生的意识结果,是作为体验流而呈现给主体的。马天等(2015)认为,旅游体验是多主体建构的结果,游客在与媒介、旅游地居民及从业人员的互动中建构自己的旅游体验。孙九霞(2019)提出,旅游体验不仅是个体的主观感受,也是一种"集体意识",游客体验受到共同体的规训和约束,只能在遵守集体规则的前提下实现个体有限的自主性。马凌(2022)则认为,旅游体验的本质是指向深层的和超越性的自我理解,游客作为生活世界现象中的诠释者,面对旅游客体或现象,经过迂回的想象和解释过程,达到对旅行意义的深层理解和向世界的敞开。

樊友猛等(2017)结合具体的旅游行为和相关研究成果,总结出旅游体验的4个基本属性。① 具身性。游客的旅游体验行为需要本体感觉、运动觉以及多感官知觉的共同作用,使身体在旅游活动中产生身临其境的感受,从而获得更真实和具象化的体验。② 情境性。旅游体验是高度主观的,不同游客在面对相似的活动和环境时的体验方式可能不同,即使是同一个游客,体验方式也会随所处情境的变化而改变。尤其是对许多他人在场的旅游体验而言,群体规模、熟悉程度、互动水平等因素都会对旅游体验的满意度和质量感知造成重要影响。③ 流动性。旅游体验贯穿于旅游世界且一直处于动态的变化之中,呈现出多样性、动态性和变化性特征,即便是在同一次旅游活动中,游客的现场旅游体验与旅游后报告的旅游体验也可能存在显著的差异性。④ 生成性。游客不只是旅游产品的被动消费者,他们可以与旅游服务提供者、旅游地居民共同创造旅游体验,具体途径包括建构旅游故事、展示旅游照片、讲述旅途见闻等。这些参与行为既可加深游客对自我的反思性理解,也有助于促进旅游地内涵的展现和形象的传播。

(二) 旅游体验质量及测度

体验是第一人称性质的(朱竑等,2020)。基于体验主体视角,体验可视为一种心理上的结果(Mannell et al.,1987),或情感上的表达(Laws,1991)。Crompton等(1995)认为,体验质量既包含供给者提供的服务品质,还包含顾客参与活动后心理上的感受。旅游体验发生于旅游世界的某种具体情境之中,是游客对体验结果的主观判断，受到游客的消费预期与价值观念的影响。同时，旅游体验质量是游客对其旅游体验过程的回顾性评价，这种评价基于记忆，是事后做出的整体的、心理的评价（马天，2019）。由于旅游体验的复杂性以及质量评价的主观性，我们难以像自然科学那样采用某种或某些客观指标进行测量，目前学界对旅游体验质量的理解及所采用的测量方法尚未形成共识。谢彦君等（2010）从三个方面概括了旅游体验质量的概念：从旅游体验客体的角度看，旅游体验质量是游客的满意度水平，即感受与期望的差异；从旅游体验主体认知的角度看，旅游体验质量是游客心理利益的满足程度；从旅游体验情感表现的角度看，旅游体验质量是游客的情感表现与情感巅峰状态的契合程度。

1. 基于体验客体视角的旅游体验质量测量

基于体验客体视角的旅游体验质量测量方法，主要测度游客的消费感受与期望水平之间的差异，前者越接近于后者或高于后者越多，说明旅游体验质量水平越高。Urry（1990）认为，旅游服务提供者向游客提供的是高接触的、面对面的服务，游客的满意度依赖于提供给他们的服务质量，在这个意义上，满意度与服务质量之间的内在联系，为满意度作为服务质量的测量指标提供了逻辑依据。从实用角度看，区分二者的差别意义不大（Gyimóthy，2000）。Assaker 等（2011）在实证研究中，使用"你会如何描述在目的地停留期间的整体体验"这一题项来对满意度实施测量。无独有偶，李静等（2015）在探讨雾霾对来京旅游者风险感知及旅游体验的影响时，使用满意度和忠诚度指标对旅游体验进行测量。基于该认识，Parasuraman 等（1985）提出了 SERVQUAL 服务质量测量模型，该模型中服务质量包括有形性、可靠性、响应性、安全性和移情性等 5 个维度，每一个服务维度又包含若干个具体的测量条款，每一个测量条款都包含期望与实际质量感知这两个问项，并采用李克特 7 级量表测量。受访者首先根据对所接受服务的实际感受在相应的测量条款上评分，然后用每一个测量条款的服务感知得分减去期望得分，得到该测量条款的服务质量得分，以此类推获得顾客最终的满意度得分。

尽管 SERVQUAL 模型得到了众多学者的认可和广泛应用，但也有学者指出该模型存在缺陷，并基于该模型提出了新的服务质量测量模型。如 Cronin 等（1992）提出了基于服务表现的 SERVPERF 服务质量测量模型，该模型将服务质量作为一个态度来测量，只利用一个变量（服务表现）来测量顾客感知的服务质量，其具体问项与 SERVQUAL 模型基本相同。该模型只需测量游客对服务表现的感知而无须测量感知与期望的差异，在实际操作中的简易性和实用性都强于 SERVQUAL 模型，同时大量的实证研究也表明其具有较好的统计属性，信度和效度也优于 SERVQUAL 模型。Brown 等（1993）在 SERVQUAL 模型的基础上提出了 Nin-difference 测量方法,同样运用与 SERVQUAL 模型类似的测量项目,但对维度划分、项目命名及具体内容进行了调整。

Martilla 等(1977)提出的 IPA(importance performance analysis)方法为服务质量测量提供了很好的借鉴。IPA 方法将服务要素对顾客的重要性与顾客对服务要素表现的感知结合在一起形成一个包含 4 个象限的二维坐标系,横轴表示顾客对服务属性或维度的满意程度,纵轴表示顾客对服务属性或维度的重视程度,由此形成的 4 个象限分别代表继续保持区、集中关注区、低优先区和过度关注区。Chu 等(2000)认为,IPA 方法使用简单的象限分析来显示要素的优劣,容易理解且成本不高,管理者利用 IPA 分析结果能够较容易地制定营销策略,因此可以用 IPA 代替传统的 SERVQUAL 模型。但是,IPA 方法有两个基本假设,即要素表现与要素的重要性相互独立以及要素表现和要素的重要性之间为线性和对称关系,而这两个假设往往不成立。为此,Haemoon(2001)提出了修正的 IPA 模型,即 Kano 二维测量方法。Hogstrom 等(2010)使用 Kano 模型对滑雪场旅游体验质量的测量,以及 Lin 等(2015)使用 Kano 模型对台湾酒店宴会宾客服务设计体验质量的分析,都体现了该测量方法的科学性和实用性。

上述旅游体验质量的测量方法均从服务提供者角度出发,将旅游体验质量看作游客对旅游服务的满意程度,并基于游客群体或游客满意度评价的均值对旅游体验质量进行测量,忽略了游客需求多样性和旅游体验的情境性,难以对每一个游客的体验质量和满意度水平进行准确测量。更为重要的是,满意度和体验是两个内涵完全不同的概念,前者基于比较标准范式,是比较的结果,而后者不涉及这样的比较,只与当下的感受有关,因此,使用游客满意度测量旅游体验质量是不合适的(马天,2019)。

2. 基于体验主体视角的旅游体验质量测量

基于体验主体视角的旅游体验质量测量方法侧重于测量游客心理利益的满足程度,以及旅游体验的情感表现与情感巅峰状态的契合程度。如 Driver 等(1977)认为,旅游体验是游客寻求特殊情境中的特殊活动,其目的是满足自己特殊的心理利益,并开发了休闲游憩体验偏好量表(recreation experience preference scale,REPs),采用李克特 5 级评价尺度让游憩者进行评分,以此判断游憩体验质量。许多学者将游客的情感体验作为旅游体验测量的重点,侧重于对体验质量状态的评价。既然巅峰状态是旅游体验质量的最高层次,那么,游客的心理状态越符合巅峰状态的特征,其所获得的体验质量就越高。基于该认识,Csikszentmihalyi(1975)提出畅爽理论(flow theory),认为当人们在进行某种活动时,如果全身心地投入其中,且过滤掉其他不相关的知觉,便会进入一种畅爽的状态。谢彦君等(2000)认为,畅爽理论不仅适用于那些出自特殊癖好而度假的活动，还可以用来描述某些体验过程，并将期望与感受这两个更具一般性且与旅游体验关系更为直接的维度加入模型之中，发展了"旅游体验挑战—技能改进模型"。

获得巅峰体验是游客的理想，但不是每一次旅游体验都能达到这种状态。在某一具体状态或情境下，游客的体验质量可能有所不同，其水平的高低依赖于游客的主观判断。因此，一些学者认为，只有采用主观变量才能对旅游体验质量予以真实的判断。如Li(2000)提出了旅游体验转换模型，使用正感体验和负感体验来描述游客的体验感受。其中，正感体验形成满足的心态，游客获得的这种感受可称之为满足感；负感体验形成失望的心态，导致很低的满意度。Vittersø(2000)认为，一般的满意度评价方法无法测度游客主观体验的多种差别，并提出了畅爽—单体(Flow-Simplex)模型，认为该模型可以较好地测量不同景区游客产生的多样化的情感反应。谢彦君(2006)认为，旅游体验的目的是获得愉悦，旅游体验遵循的原则为快乐原则，并据此提出了"一元两极多因素影响"模型。所谓"一元两极"，即情感只有一个维度（愉悦度），表现出两个极点（快乐和痛苦）。"多因素影响"是指情感在"痛苦""快乐"这个连续的谱状结构上的最终定位受许多因素的影响。根据该模型，生活世界和旅游世界中都存在两种情感体验的情境状态：真实情境和虚拟情境；也存在两种情感：快乐和痛苦；存在引发两种情感的多种因素："焦虑、烦躁、憎恶、悲哀"和"闲适、回归、认同、发现"。这两种情感并非孤立存在，而是在两个世界之间、一个世界内部的不同情境之中相互依存、相互转化。

3. 基于综合视角的旅游体验质量测量

随着旅游体验研究的不断深入，学者们发现体验的认知成分和情感成分是难以分开的。在测量旅游体验质量时，将旅游体验分解为认知和情感两个泾渭分明的维度并分别加以测量是不合理的，需要从整体上把握旅游体验的丰富内涵。为此，一些学者从综合的视角努力寻找更为合理的旅游体验质量测量方法，如记忆调查、Q方法、隐喻抽取技术等。

（三）旅游体验的影响因素

游客在旅游过程中受到众多因素的影响，这些因素既包括内在的主观因素，也包括外在的客观因素，使得同一旅游活动中不同游客的旅游体验呈现明显的差异。

大多国外文献更为关注影响旅游体验的外部因素。如Ross(1991)认为，旅游体验质量的高低不仅取决于旅游地的各种属性，旅游服务提供者的服务质量也影响游客的体验质量。Ryan(1997)认为，影响旅游体验的因素可概括为三种类型：① 先在因素，包括游客的个性、社会阶层、生活方式、出游动机、以往的经验以及目的地营销因素等;② 干涉变量,包括旅行经验、目的地性质及可进入性等;③ 行为与结果之间的演进关系,主要指游客的感受是否达到预期、游客与同伴及旅游地居民的互动水平等。此外,Faullant 等(2011)认为,游客自身的情绪对旅游体验产生影响。Zatori 等(2018)提出,由于服务提供商创造了旅游体验形成的环境,因而对旅游体验产生重要的影响。Zhang 等(2018)通过实证研究发现,感知形象(包括国家形象和旅游地形象)对难忘的旅游体验具有显著的正向影响。Wei 等(2019)的实证研究结果表明,VR 临场感对主题公园旅游体验以及重游意愿具有积极影响。Trunfio 等(2022)则认为,AR 和 VR 技术创新了博物馆展览内容,允许参观者通过数字故事和沉浸式体验获取知识,从而提升了博物馆游览体验。

国内文献大多基于实证研究总结旅游体验的影响因素。陈水源(1988)从游客的个体因素和外部因素两个方面分析影响旅游体验质量的因素,前者包括游客的性别、年龄、居住地、教育程度等人口统计特征,以及旅游方式、旅游次数等旅游活动的特性;后者包括资源特征、活动项目、环境条件和经营管理水平等。苏勤(2004)认为,旅游者的出游动机各不相同,旅游体验质量因此存在差异,并通过实证研究发现,景观质量、主客关系、旅游服务以及价格等因素影响旅游者的体验质量。李晓琴(2006)认为,影响旅游体验质量的因素包括游客的闲暇时间、购买力、知识背景、接受新鲜事物的能力和态度以及社会关系网络等。同时,白凯等(2006)认为,旅游地形象等因素对入境游客的体验质量产生影响。蔡溢等(2018)通过实证研究发现,遗产地旅游者 Flow 体验的影响因素包括游客的心理活动特征、社会属性、旅游准备以及旅游地的整体环境、旅游资源和开发状况等。此外,蔡礼彬等(2021)在探讨游客环境责任行为的驱动因素时发现,"旅游者—环境"契合度对旅游体验具有显著正向影响。龙潜颖等(2022)还发现,同伴关系亲密度以及感知同伴信息、感知同伴吸引、感知同伴控制是旅游同伴对个体旅游体验的影响来源。

二、旅游体验价值研究

(一)顾客体验价值

顾客体验价值是体验经济背景下随着人们消费活动发展而产生的一种新的顾客价值观。自 Holbrook 等学者系统地研究消费体验以来,消费体验问题引起了广泛的关注。尤其在体验经济思想及相关理论的推动下,学者们越来越重视体验在营销学中的重要地位,对顾客体验价值的研究日益增多。

但是,不同学者对顾客体验价值内涵的认识有所不同,目前存在两种截然不同的观点。第一种观点认为,体验价值为顾客价值的维度之一,是与实用价值相对的一种顾客价值形式。如 Holbrook 等(1982)认为,体验价值是一种顾客价值,消费体验会形成体验消费价值(experiential consumption value),它对应于理性消费价值(rational consumption value),是顾客对消费体验的一种价值判断。Eun-Ju 等(2004)也将顾客价值分为使用价值和体验价值,认为体验价值是顾客在经历娱乐、逃避现实、视觉诉求和互动活动中所得到的利益总和。第二种观点将顾客体验价值等同于顾客感知价值。如 Holbrook 等(1999)认为,顾客体验价值与消费价值、顾客价值等概念并无明显的区别,并将体验价值定义为"相互的、相对的、偏好的体验"。他们认为,体验价值是相互的,其形成源于顾客和产品之间的互动;体验价值是相对的和可以比较的,顾客对体验价值的判断与消费时的情境有关;体验价值是偏好的,顾客在产品价值判断上具有偏好性;体验价值不仅存在于顾客所购买的产品中,更大程度上来自其消费体验过程。在零售环境中,顾客价值更多地表现为顾客体验价值(沈鹏熠等,2019)。随着全渠道零售的发展,体验价值也被赋予了新的内涵,被认为是针对网站和店家提供的商品及服务等引发的对产品和服务绩效感受到的相对偏好程度(向坚持,2017)。

基于各自对顾客体验价值内涵的认识,不同学者从不同的视角对顾客体验价值的概念进行了定义,其中代表性的观点如表 2-2 所示。

表 2-2 关于体验价值概念的代表性观点

视角	作者	观点
顾客主观的消费感知	Holbrook 等(1982)	体验价值是消费体验引起的符号的、享乐的或美感的体验消费价值
	Csikszentmihalyi 等(1992)	体验价值是顾客对外界消费环境刺激所产生的感受,通常来源于对消费过程的亲身参与,随着顾客个体及消费阶段的不同而不同
	Mathwick 等(2002)	体验价值是一种可感知到的(有关产品属性或服务效能的)相对优越感,这种可感知的相对优越感来自顾客在某个促进或阻碍达到其目的的消费情景中的互动
	Eun-Ju 等(2004)	体验价值是顾客在经历娱乐、逃避现实、视觉诉求和互动活动中所得到的利益总和
	黄映瑀(2005)	体验价值是顾客对产品或服务的认知和偏好,经由理性与感性的交互评估而产生的知觉报酬
	纪远(2007)	体验价值是对产品属性或服务绩效的认知及偏好,价值的提升可借由顾客的参与互动达成

表2-2(续)

视角	作者	观点
顾客主观的消费感知	向坚持(2017)	体验价值起始于顾客在线上和线下体验的整个消费体验过程,是针对网站和店家提供的商品及服务等引发的对产品和服务绩效的相对偏好程度
企业单方面的提供物	Pine 等(1998)	体验价值是从服务中分离出来的新型经济提供物,是企业为顾客提供娱乐、逃避现实及视觉享受等活动中所包含利益的总和
企业与顾客在所有触点上的互动	张凤超等(2009a)	体验价值是顾客亲身经历消费过程,与企业共同创造并维系的一系列微妙、多样的价值感觉或知觉状态
	蒋婷(2012)	体验价值是顾客在企业提供的产品和服务消费体验的经历中、在与他人和组织的互动过程中的复杂的、多元的、动态的价值感受与整体评价
	皮平凡(2016)	体验价值是顾客经历的奇妙价值感觉,由顾客与企业共同创造、演绎,并受到来自顾客和企业两方面多种因素影响,是一种新型顾客价值,具有多维性和复杂性特征
	沈鹏熠等(2019)	体验价值是顾客通过全渠道零售商所提供的共创价值环境,在投入自身资源的前提下,经由线上和线下渠道整合互动过程与全渠道零售商共同创造出来的主观感知利益的总和

从表2-2可以看出,学者们主要从顾客主观的消费感知、企业单方面的提供物以及企业与顾客在所有触点上的互动等三个视角来界定顾客体验价值的概念。尽管视角不同,但大多观点都认为体验价值产生于顾客消费过程中,且具有一定的主观情感性。同时,不同概念的侧重点存在明显区别,第一个视角强调顾客主观偏好和情感反应,但对体验价值构成及产品质量重要性的重视不足;第二个视角强调体验价值的载体,但忽视了顾客对体验价值判断的主观性以及消费情境对体验价值的影响;第三个视角则强调互动对于顾客体验价值的重要性,认为体验价值可以由顾客与企业或他人在集体消费体验过程中共同创造。

学者们在顾客体验价值研究中的激烈讨论不仅集中于体验价值的概念,还体现在体验价值的维度结构上。张凤超等(2009b)依据不同的研究视角,把体验价值结构维度模型归纳为内省式、关联式和层次式等三种类型。其中,内省式体验价值结构维度模型根据体验主体的主观感知来剖析体验价值维度,强调顾客体验的主观性和结构性。如Massimini等(1988)根据顾客心理上的感知挑战与感知技能的匹配程度,将体验价值分为流畅、激发、控制、放松、厌倦、冷漠、担忧和焦虑等8个维度;Takatalo等(2008)认为,虚拟环境下的体验价值由身临其境、情境联系和胜任感等三个维度构成。关联式体验价值结构维度模型以顾客与消费情境之间的关联性为分析视角,对体验价值维度结构进行讨论,并开发和设计具有可测量性的模型,为体验价值的定量研究创造了条件。如 Mathwick 等(2001)认为,顾客体验价值取决于顾客与消费情境之间的关联程度,并根据顾客内在(主动)及外在(被动)研究路径,提出体验价值取决于顾客投资报酬、服务优越性、美感和趣味性等四个价值维度;Hsu 等(2007a)认为,消费情境中的顾客与员工的互动关系直接影响投资报酬和服务优越性等外在价值,而消费情境中的现场物理环境直接影响趣味性和美感等内在体验价值。层次式体验价值结构维度模型以需求层次论为参照,认为顾客的体验价值维度具有层次差异性,不同层次的体验价值维度对应顾客不同层次的体验需求。如 Michie 等(2005)将顾客体验价值分为三个层次:实用性价值、享乐性价值和象征性价值;赵云云等(2019)将顾客体验价值的维度结构确定为功能性价值、情感性价值和社会性价值等三个维度;李震(2019)则将顾客体验价值划分为功能体验价值、享乐体验价值和社会体验价值。

人工智能的快速发展重新定义了顾客体验,在线顾客体验价值的内容和结构也发生了新的变化。Chen 等(2021)将在线顾客体验价值划分为外在价值和内在价值,其中,外在价值主要体现在便利性、节省时间和效率,内在价值主要体现在成就感、自主感、新奇感和愉悦感等。周鑫雪等(2022)提出,在信息交互过程中,任务导向与社交导向内容都对顾客的心理感知产生重要的影响,其中,前者主要强调具体的、结构化的任务要求,后者则更注重建立与顾客的情感联系。基于此,他们将顾客体验价值分为两种类型:面向结果的价值,包括实用体验价值、唯一性体验价值和自我表达体验价值;面向过程的体验价值,包括享乐体验价值、创造成就体验价值、社会体验价值、知识体验价值。

(二)旅游体验价值

近年来,国内外学者不遗余力地对旅游体验问题进行了深入探讨,而对旅游体验价值研究的文献却较为鲜见。既有文献(特别是实证研究)大多将旅游视为一种普通的消费行为,运用顾客价值和顾客体验价值理论进行分析,仅有少数学者探讨了旅游体验价值的概念、特征等内容。

顾客对体验价值的感知是通过对产品和服务的直接使用或欣赏而产生的(Mathwick et al.,2001)。在消费过程中,顾客不只存在理性的消费行为,也含有感性的体验,他们会追求产品带来的幻想、感受和乐趣,并且通过整体的消费体验来进行购买决策(Holbrook,1982)。同时,价值是相对的(Björk et al.,2021)。Zeithaml(1988)指出,价值是顾客在综合衡量其"所获得的东西"和"所付出的代价"之后对产品效用的整体性评估。基于以上认识,学者们对旅游体验价值概念的界定主要分为两类：一类是从感知利益角度进行界定，另一类是从感知利益与成本比较的角度进行界定。从感知利益角度，旅游体验价值是游客在消费过程中感知到的总体利益，是游客对旅游消费的心理认知和感受（张成杰，2006）。作为顾客体验价值系统的一部分，旅游体验价值是暂时的和动态的，不仅包括消费前的体验，还包括消费时和消费后的体验（Sánchez et al., 2006）。Prebensen等（2013a）认为，旅游体验价值是由游客从旅行或在旅游目的地停留中的感知收益所构成的，包括游客自身与其他游客、目的地居民共同创造的体验价值。黄杰等（2017）则认为，旅游体验价值是指旅游者在消费旅游产品、体验旅游服务、参与旅游活动的过程中，对众多交互要素所产生的整体性感觉与总体性评价。从感知收益和成本比较的角度，旅游体验价值是顾客价值理论与旅游体验理论相结合的产物，是对服务经济背景下顾客价值的完善和延伸，并将之定义为：游客体验到的旅游利益与其在获取旅游产品或旅游服务时所付出的成本进行权衡后，对旅游产品或旅游服务价值的一种整体体验和评价（魏遐等，2012）。李丽娟（2012）提出，旅游体验价值是游客在旅游消费过程中感知利益与感知成本比较权衡的结果，感知利益包括产品功能效用带来的实用需求的满足，以及在旅游消费过程中获得的心理认知和愉悦情感；感知成本包括货币成本和时间、体力、精力等非货币成本。此外，徐虹等（2016）在实证研究中发现，游客通常使用性价比和是否值得来表达自己感知的旅游体验价值。

有学者认为，由于旅游产品和旅游服务是产品或服务的一个类别，游客从属于顾客，所以顾客价值与顾客体验价值理论也适用于旅游体验价值，体现该理论的可移植性（魏遐等，2012）。但实质上，旅游体验具有区别于普通消费体验的特性，旅游体验价值及评价方式也非一般性顾客价值理论所能完全涵括或解释的。首先，旅游体验发生于相对封闭且独具特色的旅游世界，它既是一个心理过程，也是一个物理过程；既是一个时间现象，也是一个空间现象；既是一种个体行为，也是一种社会行为（谢彦君等，2006）。旅游世界是一个不同于日常生活世界的特殊时空框架（谢彦君，2005b），具有完整的系统和独特的结构，游客在其中经过物理的时间和空间变换之后，消费心理上发生了深刻的变化，并形成了新的体验价值判断标准。其次，旅游体验具有高度主观性。旅游者绝非传统意义上的消费者，而是集生产者与消费者于一身的新型个体（厉新建，2008）；旅游体验也不是旅游者个体纯粹性的生理性体验，而是一个符号解读的过程，旅游者在旅游符号的搜寻与解读中主观地建构自己的旅游体验。不同的旅游者有不同的"观看方式"，而且，"观看方式"受人们的世界观、价值观、态度、倾向性、信念等因素影响，因此，旅游体验是旅游者的"观看方式"和目的地的相关因素共同作用的结果（马天等，2017）。最后，旅游体验价值的结构有其特殊性。旅游体验行为不是一个简单的"刺激—反应"行为,而是环境和个人特征交互的产物,旅游体验价值的维度结构及其对满意度的作用都与顾客体验价值存在一定的区别。

旅游体验本质上是一种心理体验,形成于旅游消费活动过程之中,受到游客的出游动机、体验方式以及产品质量、消费情境等因素的影响(谢彦君,2005a)。作为旅游体验的主体和旅游体验价值的评估者,游客的异质性及有限理性决定了旅游体验价值内涵的多元性和复杂性。因此,从游客角度,旅游体验价值应包含内在价值与外在价值、自我导向价值与他人导向价值、主动建构的价值与被动接受的价值。体验价值取决于游客对需求的满意程度,这种需求不仅包括购买产品或服务的功能需求,还包括情感需求(蒋海萍等,2021)。华成钢等(2020)提出了旅游体验价值层次模型,认为旅游体验价值包含功能性价值、情感性价值、社交性价值以及社会影响价值等四个层次,分别对应移动信息技术参与旅游体验价值共创的不同水平。

三、旅游体验价值共创研究

(一)旅游体验价值共创的内涵

近年来,越来越多的学者开始关注旅游领域中的价值共创,并进行了较为深入的理论和实证研究。价值共创是一个以需求为中心的互动过程,它涉及至少两个有意愿的资源整合行动者,他们参与到特定形式的互利合作中,为自身创造价值(Buonincontri et al.,2017)。其核心思想是行为者与他人合作或受他人影响而创造期望的目标物(Jaakkola et al.,2015)。旅游活动中,游客将自己的资源与目的地的旅游服务提供者的资源整合起来,通过自我建构的方式确定旅游体验的结构和内容(Binkhorst et al.,2009)。在此过程中,游客不仅与所处环境发生相互作用,同时与旅游地居民和同行游客进行社会互动,为旅游活动增加个性化体验(Eletxigerra et al.,2021)。而且,游客在价值创造过程中投入的时间和精力越多,他们越有可能获得一种积极的体验(Prebensen et al.,2013a)。概括而言,旅游体验价值共创的概念界定存在两个分支:行为论和心理论(宋晓等,2022)。

行为论主要关注共创主体的行为表现,认为旅游体验价值共创是游客和服务提供者通过互动的方式共同创造独特旅游体验的过程(Han et al.,2021)。互动是体验过程中发生的个体之间的关系,可以是情感性的,如游客与家庭成员的交流(Bertella,2014);也可以是社会性的,如游客与其他游客的随意谈话(Rihova et al.,2013);或是知识性的,如游客与技术人员以知识获取为目的的互动(Richards,2010)。在旅游体验价值共创的过程中,游客与服务提供者建立起强有力的互动,并使用媒体工具与社交网络保持沟通和联系,与他人分享经验,这不仅有助于提升服务提供者的知名度和影响力,还有助于他人利用这些信息做出明智的旅游决策(Javed et al.,2023)。游客是旅游体验价值共创的核心参与者,许多学者在概念界定中都强调了游客的行为方式和内容。例如,李丽娟(2012)认为,旅游体验价值共创的本质是游客通过与景区的有效互动进行信息交换、知识共享和共同合作,最终创造游客的个性化体验;Hsiao等(2015)将旅游体验价值共创定义为游客在服务交付过程中有意义的合作和参与行为。总而言之,行为论主要强调游客在旅游体验中的具体行为表现,重点关注游客投入对总体体验价值的影响(宋晓等,2022)。

心理论从旅游体验的本质出发,提出应明确共创的目标物是旅游体验还是价值,或者说到底是"共创形成了价值"还是"共创形成了体验"(Majdoub,2014)。根据这一观点,旅游体验价值共创被概念化为"游客内在的心理事件和过程"(Scott et al.,2009)。Minkiewicz等(2014)提出,共同创造的是体验,价值是派生出来的结果。Campos等(2018)认为,旅游体验价值共创是游客在体验环境中通过身体或精神上的参与活动,与其他主体互动过程中所经历的心理事件的总和。Busser等(2018)则认为,旅游体验价值共创是游客基于对共同创造的贡献和实现的意义进行个人评价,或积极参与时的心理状态。由于体验是主观的、无形的和高度个人化的,与游客自身紧密相关,同样的旅游活动在不同的游客身上可以产生不同的体验(Cutler et al.,2010)。如果游客在旅游过程中挑战自己的能力,采用亲身体验的方式,积极参与体验的共同创造,就会获得更高水平的旅游体验(Mathis et al.,2016)。因此,旅游体验是共同创造的还是非共同创造的,这取决于游客在旅游体验过程中所扮演的角色(Campos et al.,2018)。总之,心理论更注重游客在参与和互动时经历的心理感受,认为游客对体验价值的判断源于这种心理感受,而非行为直接导致价值产生(宋晓等,2022)。

近年来,研究者们对旅游体验价值共创的探讨扩展至旅游地"居民—游客"的价值共创以及以地方政府、旅游企业为主体的价值共创。徐彤等(2021)将旅游地"居民—游客"价值共创意愿定义为旅游地居民提供旅游信息并帮助游客提升体验价值的意向。根据这一定义,旅游地"居民—游客"价值共创在一定程度上属于亲社会行为或对游客负责的行为(Ju,2022)。作为一种具有公民道德属性的利他行为,旅游地居民的价值共创行为体现的是居民与人为善、乐于助人等中华优秀传统文化美德,可以为游客提供有价值的社会情感资源(Tu et al.,2022)。郭强等(2022)提出了"双碳"目标下的低碳旅游价值共创,即以政府、旅游企业和旅游者为主体,通过营造低碳旅游价值共创环境、搭建低碳旅游价值共创互动平台,驱动旅游业低碳化转型路径,最终实现旅游业低碳价值、经济价值和体验价值综合效益最大化的目标。

（二）旅游体验价值共创的前因

根据已有的研究，旅游体验价值共创的前因主要体现在四个方面：游客相关因素、社会环境因素、旅游地和旅游企业因素以及促进性技术资源。

1. 游客相关因素

游客是旅游体验价值共创过程中最重要的参与主体，也是直接受益者，许多研究者围绕游客探讨了旅游体验价值共创的前因。游客通过资源整合的方式进行体验价值共创，意味着游客需要积极参与旅游体验的各个阶段，并在体验过程中保持与其他行为者（朋友、其他游客和互联网用户）的互动，分享他们的体验。Buonincontri 等（2017）提出，游客的主动参与是旅游体验价值共创的主要前因，体验价值受到游客的参与能力和参与意愿的影响。价值共创过程中，需要行为者整合可及的资源（包括自己的资源、服务提供者的资源和其他行为者的资源）来共同创造他们的消费体验，如果一个人有强烈的参与价值共创的意愿，就需要知识和技能来支持这种行为（Alves et al.，2016）。因此，时间、精力和技能等个体资源是旅游体验价值共创必需的操作性资源，是旅游体验价值共创的重要影响因素（Eletxigerra et al.，2021）。同时，游客的创造能力决定了他们参与体验价值共创的程度，游客的创造力越强，参与就越积极且越容易获得高水平的旅游体验（Füller et al.，2011）。此外，Morosan 等（2016）发现，顾客对新奇感的寻求以及行为习惯影响他们共创体验价值的程度。

2. 社会环境因素

社会环境因素是旅游体验价值共创的先决条件之一（Carvalho et al.，2023）。游客与旅游地居民在社会互动中建立联系，并从中获得期望的收益。从居民角度来看，他们可以在互动过程中获得经济利益，并将他们的地方文化自豪感外化；从游客角度来看，他们可以获得真实的旅游体验（Bertella et al.，2018）。Kallmuenzer 等（2020）的研究结果表明，关系承诺和社会互动关系对个体价值共创意愿具有重要的影响。其中，关系承诺通过分享利益与互动对象建立持久、有益的关系，双方更愿意参与价值共创；社会互动关系则增加了互动主体之间知识共享的数量，并使服务提供者能够通过调整其产品来响应顾客需求。许多研究表明，顾客的消费行为通常受到其关联个体行为方式的影响。因此，在旅游背景下，社会压力也被看作旅游体验价值共创的一个先决因素。如果游客感知到应参与体验价值共创的社会压力，便会形成体验价值共创的行为意向（Sarmah et al.，2018）。邹蓉等（2022）通过实证研究发现，旅游虚拟社区中，用户的群组依恋和人际依恋对体验价值共创行为具有积极的影响。

3. 旅游地和旅游企业因素

已有研究表明，服务景观是顾客体验价值共创的决定因素（Prayag et al.，

2020)。例如,在邮轮旅游中,公共房间和空间的质量可以促进游客之间的社交活动,游客也更愿意通过与服务人员互动来反馈自己的需求和意见(Brejla et al.,2014)。同时,如果顾客从酒店房间的个性化设计中感受到更高水平的体验,便会推荐给朋友或家人,从而实现体验价值的共创。因此,酒店房间及其属性也是促进顾客体验价值共创意愿的重要因素(Sthapit,2019)。在旅游地方面,游客和当地居民都可能参与旅游体验价值的共创过程。游客在旅游地参观游览的过程中,不可避免地要与旅游地居民进行接触和交流,当居民表现出热情好客等积极情绪、与游客互动良好时,游客的体验价值就会提高;反之,如果居民对游客表现出冷漠或其他负面情绪,游客的消费体验将受到损害,无法实现体验价值共创(徐彤等,2021)。根据Chathoth等(2014)的研究,服务提供者与游客之间的有效沟通也是旅游体验价值共创的重要前提。而旅游地居民参与价值共创的驱动因素却有所不同。Yang等(2022)提出,地方认同将个人和社会身份联系起来,并包含有意识和无意识的想法、价值观、行为倾向,是影响旅游地居民价值共创行为和过程的心理因素。Ju(2022)基于计划行为理论提出,旅游地居民对价值共创的态度越积极,主观规范越强,感知到的行为控制越佳,就越有可能实施价值共创行为。

4. 促进性技术资源

移动信息技术通过给予游客更多的便利条件和影响范围,既增强了传统的旅游体验,也创造了全新的旅游体验(华成钢等,2020)。在一些研究中,移动信息技术被描绘成启用、促进和增强旅游体验的关键工具,并以多种方式创造附加值(Tussyadiah et al.,2009;Wang et al.,2014)。社会媒体和网络工具、移动设备和智能手机支持个体随时随地地与他人进行连接,促进个体自由地参与体验价值的共创(Ramaswamy,2011)。这些连接形成了更丰富、更个人化和更有意义的消费体验,同时为个体与企业或其他游客进行互动、分享体验提供了便利,个体也可以主动邀请并协同其他游客共创旅游体验(McCabe et al.,2012)。Neuhofer等(2014)将其称为"技术增强的旅游体验"。特别是智能手机、社交网络服务、谷歌地图等移动导航应用程序的出现,正在改变游客旅行以及记录、分享经验的方式(Blazquez-Resino et al.,2015)。这些新技术的广泛参与,使旅游体验价值共创在时间和空间两个维度上得到了极大拓展,驱动了旅游体验价值共创活动更加活跃和密集的发生(Smaliukiene et al.,2015)。同时,作为旅行活动的核心工具,移动信息技术直接增强了游客的能力(Gretzel et al.,2009)。刘欣等(2021)还指出,随着服务机器人在旅游领域的普遍应用,旅游服务机器人的拟人化水平通过服务胜任力、感知可爱的双重中介作用于游客的价值共创意愿。

(三) 旅游体验价值共创的结果

服务主导逻辑认为,所有社会与经济活动中的行动者都是资源的提供者与整合者,价值通过受益者与价值网络中其他各方的互动而被共同创造(Vargo et al.,2016)。游客和服务提供者是价值共创活动的主要参与者,同时也是主要受益者。其中,游客通过整合自身及其他行动者的资源获得独特的旅游体验,而服务提供者则通过为游客创造良好的体验环境而获取竞争优势(Andrades et al.,2018)。目前,研究者们对旅游体验价值共创结果的探讨主要围绕游客以及旅游地和旅游企业展开。

1. 游客方面

已有的研究成果表明,游客方面体验价值共创的结果主要表现为感知价值、满意度、重游意愿等。在旅游体验价值共创过程中,游客将自己的偏好融入服务过程的设计与组织,通过自我建构的方式塑造旅游体验,往往会带来更高的满意度(Prebensen et al.,2011)。Buonincontri 等(2017)通过实证研究发现,旅游体验价值共创对游客的满意度、旅游支出水平以及幸福感具有积极的影响。McCartney 等(2020)认为,旅游体验价值共创积极影响游客的满意度、旅游涉入强度以及重游愿望。Solakis 等(2021)提出,酒店顾客可以表达自己的意见、建议抱怨,参与设计适合自身的消费体验,并在平等对话中增进沟通、建立信任,从而有助于顾客获得积极的消费体验和满意度。还有研究表明,当顾客参与共创产品或服务时,便会与产品或服务建立心理联系或情感纽带,获得一种控制感和所有权,这种情感联系会促使顾客产生积极的情感结果(Sugathan et al.,2019)。尤其是当游客购买纪念品时,体验价值共创行为通过纪念品的真实性和游客心理所有权对游客感知价值产生重要的影响(Deng et al.,2021)。此外,作为一类情感事件,旅游地居民价值共创行为将会诱发游客的感激之情,而产生感激之情的游客为了回报所获的社会情感资源,会向家人、同学、同事、朋友等群体推荐该旅游地,即产生游客公民行为(涂红伟等,2023)。

2. 旅游地和旅游企业方面

根据 Grissemann 等(2012)的研究,旅游地和旅游企业可以通过价值共创获得两个方面的竞争优势:一是提高服务效率,服务提供者可以在与游客的互动中了解游客的需求,并根据市场需求的变化做出反应;二是提升产品和服务的有效性,这有助于提高旅游企业的收益、利润和市场占有率。这主要由于,新时期的游客不满足于旅游产品外在功能效用带来的实用价值,更追求个性化的旅游体验;他们不希望被动地接受旅游产品和服务,而希望主动地参与旅游产品的开发过程。在此社会背景下,传统以产品为核心的营销方式已无法很好地满足游客的需求,价值共创日渐成为旅游企业构建竞争优势的新来源。Prebensen 等

(2017a)提出,旅游企业根据游客个性化需求提供差异化的产品和服务,针对性地开展营销活动,有利于提高产品质量及服务效率,进而提升游客的满意水平。Tu等(2018)发现,许多旅游企业的管理者热衷于采用价值共创的方式来提高企业的收入水平,因为这有助于增加顾客对服务的支付意愿。Sugathan等(2019)同样认为,价值共创活动可以使企业感知顾客的真实需求,并针对性地提供更高质量的产品,以支持顾客获得更好的消费体验,从而提高产品绩效。此外,Mvondo等(2022)的实证研究表明,游客的价值共创行为不仅直接加快了品牌传播的速度,还通过顾客增权和情感承诺间接地对品牌传播构成影响。

第三节 社会网络理论及其研究进展

一、社会网络的概念

社交网络是一种基于"网络"而非"群体"的社会组织形式。20世纪40年代,英国学者Radcliffe-Brown提出,既然结构是构成整体的各部分之间的关系,那么社会结构的概念理所当然地包括人类社会各组成部分之间的关系。因此,社会结构即指实际存在的社会关系的网络,是特定时刻所有个体的社会关系的总和(Radcliffe-Brown,1940)。该学者进而指出,由于在任何人类社会中所观察到的社会现象都不是个体的直接产物,而是将个体连接在一起的结构的产物,所以研究社会现象不能孤立地关注个体本身,还要研究群体中的个体所体现的协作方式。但是,Radcliffe-Brown关于"网络"的概念还只是一个隐喻,用以形象地说明社会关系结构,与后来的学者在分析意义上使用的网络概念是有所区别的。20世纪50年代开始,以Barnes、Mitchell为代表的学者围绕"社会网络"的概念进行了大量的研究,他们将结构看作一种"关系网络",并把网络分析的形式化技术与抽象的社会学概念结合起来,这些研究在人类学中开辟了新的研究方向(林聚任,2009)。直至20世纪70年代之后,美国学者Granovetter发表了一系列对网络研究具有理论指导意义的成果,社会网络研究开始走向成熟。20世纪90年代后,社会网络理论在美国社会学与管理学界俱为显学,为许多学科所接受(罗家德,2010)。

早期的社会网络研究大多着眼于人与人之间的关系,在个体社会交往的范畴内界定社会网络的概念。Mitchell(1969)的观点最具代表性,他认为,社会网络是特定的个体之间的一系列独特的联系,既包括人与人之间直接的社会关系,也包括通过物质环境和文化共享所形成的间接的社会关系。但是,随着研究的不断深入,社会网络的概念已超越了个体之间关系的范畴,社会网络的行动者可以是个体,也可以是经济组织和社团等。如 Johanson 等(1987)以企业为研究对象,认为社会网络是指由一群彼此依赖和支持的企业所组成,并通过相互沟通、协调和整合来实现有效联系的组织。Emirbayer 等(1994)认为,社会网络可视为行动者的一系列社会关系或社会联系,是由行动者与社会关系所构成的相对稳定的社会结构。尹志超等(2021)则认为,社会网络是指个人或家庭通过与亲戚、朋友、同事或邻居等互动形成的相对稳定的关系网络,与社会规则、信任一起被认为属于社会资本的范畴。由于社会网络研究涉及的学科众多,学者们从各自的角度对社会网络的概念进行界定,从而形成了众多不同的观点,其中具有代表性的概念如表2-3所示。

表 2-3 社会网络的代表性概念

研究者	社会网络的概念
Mitchell(1969)	社会网络是特定的个体之间的一系列独特的联系
Johanson 等(1987)	社会网络是指由一群彼此依赖和支持的行动者所组成,并通过相互沟通、协调和整合来实现有效联系的目的的组织
Wellman(1988)	社会网络是由某些个体间的社会关系构成的相对稳定的系统
Emirbayer 等(1994)	社会网络是由行动者和社会关系构成的相对稳定的社会结构
Belliveau 等(1996)	社会网络是个体的关系网络与体制中的社会关系
Uzzi(1997)	社会网络是为了有效实现组织间的优质信息转移与共同解决问题等目的,基于彼此信任而建立的相互紧密联结的嵌入性互动关系
Brass 等(1998)	社会网络是行动者及其相互关联,包括行动者之间现实存在关系或潜在关系的集合
Lin(2001)	社会网络是由行动者之间的关系所组成,社会资源嵌入其中并维系集体资源和获取价值的协调体系
Brass 等(2004)	社会网络是指具体包括人与人之间,个人、企业、政府以及其他各类机构之间复杂的相互联系,是一有差别地拥有和分配资源的复杂网络系统
奇达夫等(2007)	社会网络是一组行动者及联结他们的各种关系(如友谊、沟通和建议等)的集合
Scott 等(2011)	社会网络是一群行动者和他们之间的联系
Rainie 等(2012)	社会网络是指组织与组织、人与人、组织与人之间形成的持久、稳定、亲密、特定的相互关系的社会组织形式
刘友金等(2015)	社会网络是指社会个体成员之间因为互动而形成的相对稳定的关系体系

表2-3(续)

研究者	社会网络的概念
向玉琼等(2020)	社会网络是指社会成员之间由互动交流而形成相对稳定关系的集合,内含社会信任关系、社会互惠规范以及社会凝聚力等社会成员彼此间的诸多关系
尹志超等(2021)	社会网络是指个人或家庭通过与亲戚、朋友、同事或邻居等互动形成的相对稳定的关系网络,与社会规则、信任一起被认为属于社会资本的范畴
徐选华等(2022)	社会网络是指社会个体成员之间通过互动关系产生联系而构成的一个交互网络

从上述概念可以发现,尽管不同学者基于各自的研究目的和视角对社会网络概念的理解略有不同,但每个概念都包含两个基本要素:行动者及其相互关系。一方面,行动者是构成社会网络的基本要素,社会网络都包含一定数量的行动者作为节点。早期社会网络研究的对象是人际关系网络,其中的行动者主要为独立的个体,随着研究对象逐渐从人际关系延伸到政治或经济领域,行动者的范围也相应地扩展到各类组织或团体。另一方面,每个行动者(无论是个体还是组织或团体)都与网络中其他行动者存在或多或少的联系,这种联系是联结社会网络中各节点的纽带。行动者之间的联系形式多样,可以是直接的,也可以是间接的;可以是现实的,也可以是潜在的。但是,大多概念都强调行动者之间的联系是稳定的、持续的,这是社会网络的重要特征。这些概念的不同点在于对社会网络的资源特征的态度:有些学者认为,行动者(无论是个体还是组织或团体)可以通过社会网络联系从其他行动者那里获取一定的社会资源,其意涵是,社会网络是一种有效的资源分配途径;另一些学者则基于个体视角或整体视角强调关系性社会结构,但对社会网络的资源特征隐而不谈。

罗家德(2010)认为,个体成功的关键不止于自身属性,更重要的是个体在社会网络中的位置,个体拥有的社会关系可以提供信息及政治的利益。Lin(1999)同样认为,个体在社会网络中的位置影响个体在组织中资源的获取,并将社会资本看作行动者在行动中获得和使用的嵌入在社会网络中的资源。因此,对许多人而言,社会网络就是社会网络资源(周小虎等,2014)。一方面,行动者可以通过社会联系获取嵌入网络中其他行动者的资源,包括信息、知识、技术和市场进入机会等,这些资源往往是竞争中稀缺的关键资源。另一方面,社会网络的资源性体现在信任和社会信用上,个体的社会关系可以被组织或代理人看作个体"社会文凭"的证明,这在某种程度上反映了个体通过社会网络摄取资源的能力(Lin,2001)。

社会网络不仅是资源,还是产生集体行动的力量,这种力量根源于社会网络的规范以及群体决策的作用。作为一种非正式制度,社会网络向微观个体传递某种态度与行为,从而使行动者形成与所属群体相似的价值观与行为模式。嵌入社会网络中的个体,在群体文化和价值观念的影响下,其行为常常具有"似我"和"似他"特征。这不仅是因为个体属性具有相似性,其原因还包括,个体主观上期望通过与社会网络中其他个体的互动以及行为的相似性获得群体认同和归属感。网络的存在不仅体现为组织成员头脑中的某种认知,还体现为相互作用的个体所达到并不断强化的机构性的约束与机会(奇达夫等,2007)。社会网络中的个体不可避免地与他人不断地进行互动交流和信息交换,并利用具有价值的信息改变自己的偏好和决策。尤其是个体在作出重大决策时,更倾向于向社会网络中其他相似的个体寻求帮助(Kilduff,1990)。因此,社会网络中个体的行为既是"自主"的,也嵌入人际互动网络之中,受到社会关系的影响(Granovetter,1985)。

二、社会网络理论的重要观点

社会网络理论发展的初期,社会网络的概念还只是一个隐喻(林聚任,2009)。自20世纪50年代开始,西方学者们(如John Barnes、Elizabeth Bott、Clyde Mitchell等)做了大量的研究,推动了社会网络理论的进一步发展。20世纪70年代之后,社会网络理论在学界的影响迅速扩大,一些重要的理论和观点纷纷涌现,社会网络的一些基本概念和思想逐渐成为西方主流社会学理论的基石。Granovetter提出的"弱关系的力量"、边燕杰提出的"强关系的力量"、林南的社会资源理论以及Burt的结构洞理论都是其中的代表性观点。

(一)强、弱关系的力量

Granovetter(1973)在《弱关系的力量》一文中提出"关系力量"概念和弱关系力量假设,从互动频率、感情力量、亲密程度和互惠互换等4个维度测量关系的强弱,分析强、弱关系的作用差异。弱关系通常被定义为不需要投入的社会关系,主要由熟人或其他联系松散的参与者组成,而非亲戚或亲密朋友;强关系是指基于"血缘"与"地缘"关系的亲属、朋友之间的高交集、高密度的社会关系。

强、弱关系对个体与个体、组织与组织、个体和社会系统的发展有着不同的作用,强关系是维系群体内部关系的纽带,弱关系则是维系群体之间关系的纽带(Granovetter,1973)。强关系在群体、组织内部建立关系,多发生在社会经济特征相似的个体之间,性别、年龄、受教育程度、职业身份、收入水平等的相似性能促进强关系的产生和发展,因而信息的重复性较高(Shi et al.,2007)。弱关系不仅存在于群体或组织的内部,还存在于群体之间。由于弱关系对新群体的诞生和发展不会施加任何网络约束,所以它有利于新群体的形成(Ruef et al.,

2004)。个体可以通过弱关系从其他群体中获得信息,在自己群体内共享信息之后,再进一步流向另一个群体,由此提供一种信息传递通道,使信息难以被封闭在小范围内。因此,弱关系比强关系更能充当跨越群体界限去获得信息和其他资源的桥梁(Granovetter,1973)。同时,弱关系还是社会的黏合剂,社会系统一旦缺乏弱关系将走向分崩离析(Granovetter,1983),于是,弱关系被视为一种检视社会组织凝聚力强度的强大分析工具。弱关系力量假设阐释了社会网络的关系特征,体现了西方文化背景下人际交往和联系的现实状况。

中国知名学者边燕杰在对天津地区职业流动影响因素的研究中发现,个体职位的变迁往往是通过强关系而非弱关系来实现的,于是他提出,在中国特定情景下,强关系更为重要(Bian,1997)。这一观点被称为强关系力量假设。强关系维系着组织内部成员之间的联系,是一种重要的可直接利用的信息来源,也是社会融合的重要动力,那些拥有市场准入优势的个体可以通过强关系获益(Pfeffer et al.,2009)。尽管弱关系在信息传播方面的作用非常大,但强关系在获取影响力较高的帮助方面有更大的作用。因此,Bian(1997)提出的强关系力量假设是对弱关系力量假设的重要补充。社会关系作为一种获取外部资源的渠道,强关系与弱关系在其中都扮演着重要角色,基于此认识,行动者将主动地寻求同时包含强关系与弱关系的各种外部联结,在社会关系中获取帮助(姚小涛等,2008)。

(二)社会资源理论

社会资源理论由华裔社会学家林南于1981年在弱关系力量假设的基础上提出,认为财富、权力和声望等社会资源并非个体所直接拥有,而是嵌入个体的社会网络之中,个体需要通过其社会关系直接或间接地获取(Lin et al.,1981)。社会资源理论将行动中的个体与社会结构这两个似不相容的要素建立起紧密联系,一方面,个体通过各种社会关系获取和利用社会资源,以支持其社会行为和目标;另一方面,个体为获取生存发展所需的资源,主动地形成互相依存的社会网络。该理论认为,有三种因素决定着个体获取社会资源的能力,并提出了三大理论假设:① 地位强度假设,即个体的社会地位越高,摄取社会资源的机会就越多;② 弱关系强度假设,即个体的社会网络的异质性越大,通过弱关系摄取社会资源的概率就越高;③ 社会资源效应假设,即个体的社会资源越丰富,工具性行动的结果就越理想。由于弱关系连接着不同阶层中拥有不同资源的个体,因而资源的交换、借用和摄取往往通过弱关系纽带来完成。弱关系之所以比强关系更重要,是因为前者在社会资源的摄取上比后者更为有效。因此,社会资源理论中的弱关系的作用超出了Granovetter(1973)所认为的信息沟通作用,体现了社会网络的资源特征。

社会资源理论声称个体对资源的获取方式除了占有之外还可以从社会网络

关系中获取，扩展了个体拥有的资源的范畴，将外部资源与个体占有的资源联系起来。同时，该理论强调社会资源在社会网络中的嵌入性特点，因此只涉及嵌入在关系中的资源而不涉及关系的强度。此外，社会资源理论与20世纪70年代末出现的另一重要社会学理论——社会资本理论，相互独立地平行发展，二者存在区别也互有联系。社会资源理论与社会资本理论的汇合，补充和推动了一种以嵌入社会网络中的接触资源和动员资源的工具性使用为关注对象的社会理论的发展(林南等，2003)。

（三）结构洞理论

结构洞理论由Burt在1992年首次提出，该学者界定了两种迥异的社会网络联结，即无洞结构和有洞结构。无洞结构是指网络个体两两之间均存在联结关系，无任何关系间断现象，从而整个网络表现为"无洞"的封闭式结构。这种形式并不普遍，通常只存在于小群体之中。有洞结构是指某单独网络个体或某部分网络个体与其他网络个体无直接联系或完全无联系，从而使得整个网络结构中出现"空洞"，Burt将这种结构特征称为"结构洞"(Burt，1992)。当网络个体处于结构绝对稀疏地带或相对稀疏地带，而其他个体均需凭借该个体作为纽带来形成联结关系时，则称该个体处于结构空洞位置。结构洞中没有或很少有信息和资源的流动，由于结构洞是网络中信息与资源流动的必经之地，占据结构洞位置的网络成员往往比其他成员能获取更多有价值的信息与资源，并决定各种信息与资源的流向。

结构洞理论根据网络环境的特性来描述行动者在网络中的地位，网络成员在社会网络中位置的中心性反映了成员地位的突出程度和在网络中话语权的大小。Freeman(1979)总结了三种关于中心性的量度指标，即广泛度、密切度和中介度。其中，广泛度是关于活跃性的一个量度；密切度可以反映获取信息的快捷程度；中介度则用于判断沟通网络中的权力分配，即行动者可以在多大程度上通过阻断信息流动，或者在信息传递中扭曲信息的内容，从而控制他人的思想和行为。后两个指标能够测量权力的两个不同维度：摆脱控制的能力和实施控制的能力，因而得到研究者的广泛采用；广泛度指标由于未能捕捉网络整体的特性，所以很少被提及(Cook et al.，1983)。相较于处于边缘位置的成员，处于网络中心位置的成员具有明显的信息优势(Brass et al.，1993)。

结构洞理论认为，竞争优势不仅源自资源优势，更重要的是关系优势或社会资本优势。也就是说，不同的个体可能拥有不同的社会资本，占有结构洞多的个体的关系优势更大，获得较大经济回报的机会也更高。结构洞理论与弱关系力量假设存在共通之处，二者都强调了社会网络中非均衡关系的重要性。只是在方法上，弱关系力量假设是在一般的经验分析的基础上提出的，而结构洞理论则是基于明确的网络分析的理论总结。

三、社会网络理论在旅游研究中的应用

作为研究社会结构的新思想和新范式,社会网络理论在社会科学各个领域中都有较强的适用性。社会网络范式与传统研究范式的最主要区别在于,前者不再只关注行动者的个体属性,而将研究重点集中于行动者之间的关系及其所嵌入的网络上,认为行动者在网络中的位置、网络结构以及行动者的社会关系背景决定了行动者的行为(Brass et al.,2004)。旅游是一个具有多维、复杂结构的系统,系统内各要素因各种联系交织成了一个复杂的网络。近年来,社会网络理论在国内外旅游研究中日益得到重视,甚至被有些学者视为进行旅游研究的绝佳范式(Scott et al.,2008a),关注"网络"并利用社会网络分析方法已成为旅游相关研究领域中一种新的研究转向(赵磊,2011)。具体而言,社会网络理论在旅游领域应用研究的主要内容集中在旅游空间结构分析、旅游地关系网络分析、旅游企业关系网络分析、旅游研究文献分析等方面。

(一)旅游空间结构分析

社会网络分析具有突出的关系表达优势,许多国内外学者在进行旅游空间结构分析时,采用了社会网络分析方法来刻画旅游网络整体的形态、特性和结构。Shih(2006)使用程度中心性、中介中心性与结构洞等指标分析了中国台湾地区自驾车旅游地的结构特征。Hwang 等(2006)对美国国际游客的多城市旅行模式与网络结构进行了总结归类。Scott 等(2008b)借助中心度等指标,对澳大利亚不同类型旅游地的网络结构进行了比较研究。Gan 等(2021)采用社会网络分析方法,分析了长江中游城市群旅游经济空间网络结构的特征。Jeon 等(2021)利用网络分析方法,对疫情发生前后韩国江原道游客流网络的结构特征进行了比较分析。

陈秀琼等(2006)借鉴 Shih 的研究成果,探讨了社会网络理论在旅游系统空间结构中的应用价值,并基于该理论分析了旅游系统空间结构影响因素。杨效忠等(2010)借助网络密度和中心度等指标,以大别山天堂寨旅游区为例,实证研究了跨界旅游区的整体边界效应和节点边界效应。刘冰等(2013)以新疆旅游地网络为例,从整体网和个体网两个层面探讨了旅游线路形成的内在机理。彭红松等(2014)基于社会网络结构洞理论、社会资源理论与结构角色理论,探讨了跨界旅游客流空间布局模式、网络结构及节点角色地位,揭示了跨界旅游客流时空演变、扩散规律及内在机理。王俊等(2017)利用社会网络分析方法,实证分析了我国省际旅游经济发展的空间关联网络结构特征及其效应。马丽君等(2017)利用社会网络分析方法,探讨了1991—2014年我国省际入境旅游经济增长的空间

关联特征。李巍等（2017）以兰州市47个乡村旅游发展重点村为例，利用社会网络分析法剖析了兰州市乡村旅游网络中心性特征。孙晓东等（2020）基于多种社会网络分析的统计指标，探讨了不同区域邮轮航线分布的网络结构特征及差异性。林志慧等（2022）借助社会网络分析方法，从整体网络特征和个体网络特征两个维度系统分析了我国入境旅游城市合作网络的时空格局。戢晓峰等（2022）采用社会网络分析方法，对比分析了2018年和2021年春节黄金周云南省自驾旅游流的空间结构特征。

此外，还有学者将社会网络分析方法与GIS技术相结合，更为直观地反映旅游要素的空间关系。如García-Palomares等（2015）基于社会网络理论，利用照片共享和GIS技术实现了对欧洲热点旅游城市与景区的鉴定识别。Kang等（2018）采用具有空间统计的社会网络分析技术，研究了韩国首尔旅游景点系统的空间结构。王永明等（2012）借鉴社会网络分析方法，运用GIS空间分析方法探讨了中国入境游客的城市旅游空间网络结构特征。陈超等（2013）结合社会网络分析方法和GIS空间分析技术，分析了我国农民旅游流的空间结构。丁金华等（2021）同样结合社会网络分析方法和GIS技术，讨论了乡村社会网络模型的结构以及村居公共生活需求的空间分布特征。

（二）旅游地关系网络分析

旅游地是一个开放的复杂系统，众多关系交织在一起，形成复杂的关系网络。许多国外学者基于社会网络理论或利用社会网络分析方法，对旅游地关系网络的复杂结构及其演化过程进行剖析和阐释。Pavlovich（2003）研究了新西兰某旅游地在不同历史阶段下，由旅游企业、当地居民与行政管理部门等构成的关系网络的结构特征与变化趋势。Kimbu等（2013）基于社会网络理论和利益相关者理论，对喀麦隆旅游政策制定实施中各利益主体的参与程度进行了分析，并探讨了如何建立集中与分散相协调的发展模式。Brandão等（2019）利用社会网络分析方法，探讨了沿海旅游目的地利益相关者关系网络的特征。Partelow等（2020）采用社会网络分析方法，分析了印度尼西亚吉利岛旅游企业社会关系网络的演化特征。

国内学者王素洁等（2011）运用社会网络分析法，研究了可持续乡村旅游决策利益相关者之间的关系结构，分析了利益相关者在旅游决策网络中的具体分布以及他们对决策结果的影响。王素洁（2012）运用社会网络分析法，对旅游地管理机构与利益相关者之间的多元关联进行剖析，并根据网络密度和中心性指标，对旅游地管理机构面对不同的网络结构时应采取的利益相关者管理战略进行探讨。郭凌等（2014）基于"制度嵌入性"理论原理，探讨了泸沽湖民族旅游社区两个典型的社区参与制度以及社会网络在其中发挥的重要作用。时少华等

(2016)运用社会网络分析方法,以世界文化遗产地云南元阳哈尼梯田为例,对旅游发展中利益相关者所构成的利益集团进行了网络凝聚性、关联性、互惠性、传递性、等级性和代理性指标分析。陆天华等(2020)运用社会网络分析方法,从社会与空间二者相互关系出发,揭示了旅游乡村社会空间的变迁过程与驱动机制。龚金红等(2021)采用同样的方法,探讨了遗产旅游景区负面事件中的利益相关者关系网络的结构特征。

(三)旅游企业关系网络分析

近年来,旅游企业之间竞合关系及集群现象逐渐引起学界的广泛关注,社会网络理论和方法在旅游企业关系网络的相关研究中同样表现出良好的适用性。如 Viren 等(2015)基于社会网络理论研究了旅游业各部门合作网络的参与度和覆盖面,发现酒店和住宿部门拥有更多的合作网络和更大的覆盖面,而零售/购物部门却恰好相反。Wäsche(2015)利用社会网络分析方法研究了体育旅游组织之间的合作关系及其机制,发现组织间合作较为稀疏,且呈现三角结构特征。Tran 等(2016)利用社会网络分析方法研究了越南河内旅行企业的旅游服务分销渠道,并对关系网络的协作方式和凝聚力展开了讨论。Valeri 等(2021)使用社会网络分析方法,对意大利旅行社企业网络的结构进行了分析。

国内学者田晓霞等(2013)以喀什市 46 家旅游企业的问卷调查结果为依据,利用社会网络分析方法,研究了喀什市旅游产业集群的社会网络结构。文彤等(2017)围绕"经济活动嵌入社会关系"的逻辑思路,揭示了作为非经济因素的"关系—制度"对旅游小企业经营的影响约束。刘冰等(2020)采用社会网络分析法,剖析了民族地区旅游创业投资网络社群结构与特征。梁茹等(2021)则使用该方法分析了文体旅上市企业社会关系网络结构特征,并构建了管理者关系、投资关系与总体关系网络。

(四)旅游研究文献分析

作为社会科学领域的分析工具,社会网络理论也适用于旅游研究文献的分析,基于定量的社会网络分析为旅游文献关系研究提供了一个可能的方向与框架。Benckendorff(2009)对 1994—2007 年澳大利亚和新西兰旅游研究者在 *Annals of Tourism Research* 和 *Tourism Management* 中发表的论文进行了文献计量分析,分别探讨了两种期刊的主要作者、研究热点和趋势。Racherla 等(2010)利用社会网络方法分析世界前三名旅游期刊上文献的作者合著信息,对旅游学界的协作研究模式进行了探讨。Ying 等(2011)利用社会网络分析方法研究了 ProQuest 论文和 Theses 全文数据库 1994—2008 年旅游研究的主题及知识结构的演化过程,总结出构成旅游动态知识体系的 21 个研究主题。Ye 等(2012)基于 1991—2011 年世界前六名旅游(酒店)期刊的文献信息,利用网络结构模型对跨机构协作研究进行了归纳。

国内文献中，廉同辉等（2013）利用社会网络分析技术，对2000—2010年CSSCI收录的旅游文献进行了可视化分析，对其中的核心内容、代表人物与重要期刊等进行了总结。刘亚萍等（2015）以"旅游原真性"为关键词搜索得到SSCI刊物近年来刊载的309篇英文文献，采用社会网络分析方法和图谱分析方法，对"旅游原真性"研究的特征和发展脉络进行了分析。钟赛香等（2015）基于1900—2012年73种人文地理期刊文献信息，探讨了不同时期的国际人文地理学研究者、国家及研究机构间的合作网络，并利用网络图反映了不同时期研究者、国家与机构之间合作的网络关系等。刘佳等（2017）采用社会网络分析方法，梳理和总结了我国旅游环境承载力研究进展、热点及趋势。江光秀等（2023）在实证研究中，运用该方法度量了我国高校和科研机构旅游学者合作网络地位、关系数量以及关系质量。

第四节　简要述评

上述有关国内外研究现状的分析表明，形成于营销领域的价值共创理论，因其鲜明的时代性和普遍的适用性逐渐引起学界的重视，并被引入旅游研究领域，越来越多的学者开始关注旅游体验价值共创问题。已有研究成果在传统认识的基础上，无论在思路方面还是技术方面，都推进了旅游体验的理论与实践研究：一是重新认识了游客在旅游活动中的角色及其对旅游体验价值的作用，指出游客不仅是旅游服务的消费者，还通过自身的资源投入参与旅游体验价值创造过程；二是分别从游客和旅游企业视角开展了实证研究，为新的社会形势和时代背景下旅游体验创造的理论探索与实践研究奠定了基础。但是，既有研究仍存在一些亟须解决的关键问题。

（1）将价值共创思想直接植入旅游领域，未考虑旅游系统的关联性与旅游体验的复杂性。

传统的价值共创理论认为，价值由企业和顾客共同创造。然而，旅游体验并不是游客个体纯粹性的生理性的体验，相反，在游客符号化的寻找和观看的过程中，旅游体验总是以一种隐蔽的方式被建构（马凌，2009）。除旅游企业和游客之外，政府部门、旅游地社区居民及同行游客等其他建构主体都在一定程度上参与旅游体验价值创造。同时，旅游消费作为一种非基本消费，产品价值有其特殊性，旅游活动除了可以满足游客追求身心愉悦、获得审美享受之外，还具有身份认同或炫耀自我的功能，旅游决策和体验价值容易受到游客的归属群体与体验环境的影响。因此，将旅游体验价值共创主体限定为旅游企业和游客二元结构，显然无法全面反映旅游体验价值共创的过程及内容,需要基于旅游消费的特殊性与复杂性探讨旅游体验价值共创主体构成及共创机理。

(2)社会环境和旅游需求特征的转变对旅游体验价值共创的影响未得到充分重视。

移动互联网时代的到来,使社会关系网络更为错综复杂,人们一方面标榜自由与个性,另一方面又迫不及待地寻找个性相似、志趣相投的其他个体组成各类虚拟社区和共趣社群,这些个体的行为及行为结果受其所嵌入的社会网络的影响。随着信息技术的快速发展,社会网络正逐步成为旅游体验产生的环境与客观条件,在此背景下,旅游体验不仅是个体的主观感受,也是一种"集体意识"(孙九霞,2019)。旅游体验研究需要从关注个体的旅游体验,转向关注基于社会网络的旅游体验,即立足于社会网络的结构特征以及个体在网络中所处的地位和角色,来探讨群体环境中旅游体验的形成以及体验价值的创造。近年来,部分旅游研究者开始关注社会网络并基于社会网络理论和方法开展相关研究,但大多将社会网络视为"变量",利用社会网络分析方法研究旅游地、旅游企业关系网络等问题,未来的研究中,更应将社会网络视为"背景"或"环境",探讨这一特殊条件下游客参与体验价值共创的前因、行为和结果。

(3)对价值共创视角下旅游体验价值形成机制的研究略显不足。

旅游体验价值是游客在旅游产品消费过程中感知利益与感知成本的比较、权衡的结果,游客体验价值共创行为作为一种以需求为中心的互动过程,直接决定了旅游体验价值的结构及水平,进一步对游客满意度施加影响。换言之,游客最终获得怎样的旅游体验价值,取决于游客在旅游过程中采取哪些体验价值共创行为。尽管已有学者基于游客或旅游企业视角对游客参与体验价值共创的效应进行了探讨,但相关文献对旅游体验价值共创影响因素和作用结果的研究呈现出碎片化特征,缺乏综合性整体分析框架(宋晓等,2022)。尤其是对游客体验价值共创行为影响旅游体验价值作用机制和边界条件的认知不足,引起了学者们对游客参与到底是价值共创还是价值共毁的讨论。因此,需要加强从关系主义和社会网络视角对游客体验价值共创行为影响旅游体验价值作用机制的解读,分析游客体验价值共创行为可能存在的"双刃剑"效应,更为清晰地揭示游客参与体验价值共创的内在机理。

第三章　旅游体验价值共创的理论探讨

旅游体验价值共创是旅游研究的新领域，尽管研究起步较晚，但发展的速度很快，研究内容从最初关注价值共创对游客体验及旅游企业的重要性，开始转向游客体验价值共创的形成机制及作用过程，但研究的深度和系统性尚有待进一步提升。旅游体验价值共创活动较为复杂，既涉及生产领域的共创，也涉及消费领域的共创；价值共创主体既包括游客和服务提供者，也包括旅游地社区居民、同行游客及游客个体社会网络；价值共创行为既可以在旅游过程中发生，也可以发生在旅游前和旅游后。本章将基于社会网络视角，对旅游体验价值共创的内涵、特点进行分析，并深入探讨旅游体验价值共创的参与主体及过程，为后续研究游客参与体验价值共创的内在机理奠定理论基础。

第一节　旅游体验价值共创的内涵

一、旅游体验价值共创的概念

服务主导逻辑认为，顾客是价值创造的主体之一，消费活动不只是一种消耗行为，还是价值创造的重要形式。该观点在营销逻辑转变的理论背景和顾客意识觉醒与能力增强的现实背景下，引发了广泛的关注和讨论。其实，这一思想在旅游研究中早有体现。Chon(1989)曾提出，游客并非独立于体验价值创造过程，而在该过程中发挥着重要作用。近年来，研究者将价值共创理论引入旅游研究之中，但大多将旅游产品视为普通的服务产品，把旅游体验价值看作顾客价值的一种普通形式，从不同角度对旅游行业的价值共创现象进行理论阐释和总结，缺乏对旅游体验价值共创进行专门的深入研究，以至于现有文献中还未有权威的或为大多研究者所认可的旅游体验价值共创定义。

根据价值共创活动的发生领域以及顾客在其中的作用，价值共创可分为两种类型：生产领域的价值共创和消费领域的价值共创(万文海等，2010)。生产领域的价值共创发生在企业主导的生产活动中，顾客主动或被动地参与其中，企业通过顾客反馈的信息更好地提供满足顾客需求的产品，同时降低经营成本，提升生产效率和效益。本质上,价值共创活动是企业将顾客引入生产过程,将之作为生产性资源,通过引导和控制顾客的参与活动实现价值的共同创造。尽管顾客可以通过定制化、共同设计、改良方案以及反馈意见等途径对价值创造过程施加影响,但实际上,企业在价值共创活动中发挥着主导作用。消费领域的价值共创发生在顾客主导的消费过程中,顾客利用企业提供的产品或服务,根据自己的消费需求与期望,投入有助于价值创造和提升的个体资源(如时间、知识、精力等),在消费活动中协同企业共同创造价值。这种价值共创活动本质上是顾客将企业提供的产品和服务视为对象性资源,在企业的支持下通过日常生活实践和消费活动为自己创造价值。在此过程中,顾客虽然未能脱离企业的产品和服务,但是,他们在价值创造的内容上发挥主导性作用,并在价值创造的方式上摆脱了企业的控制。

根据服务过程的不同,顾客参与价值创造的行为可划分为三种类型:一是价值创造工作主要或全部由服务提供者完成,顾客只需出现在服务现场;二是顾客需投入个体资源配合和帮助服务提供者完成服务过程;三是顾客作为强制性参与生产的角色,需在服务过程中承担责任或遵守约定,以保障服务过程顺利完成。旅游活动具有异地性特征,游客要离开惯常环境到异地他乡开展特定的观光游览活动,即游客出现在服务现场,同时投入时间、知识、精力等个体资源,与旅游服务提供者共同遵守合同约定,尊重目的地宗教信仰和生活习性,协同服务提供者共同创造旅游体验。由此可见,旅游体验价值共创活动涉及上述三种顾客参与价值创造行为的全部内容。

学界对旅游体验价值共创的研究起步较晚,但发展很快。近年来,越来越多的理论和实证研究基于不同视角和理论基础探讨了旅游体验价值共创。概括而言,现有研究对旅游体验价值的概念界定主要涉及旅游体验设计、旅游吸引物、旅游服务、旅游管理与市场等视角(表3-1)。尽管旅游体验价值共创这一议题受到了学界的广泛关注,但相关研究成果还较为零散,对旅游体验价值共创概念界定等方面的研究呈现出碎片化特征,缺乏综合性整体分析框架(宋晓等,2022)。

表 3-1 现有文献对旅游体验价值共创的概括

视角	研究者	定义或相关描述	理论基础	活动内容
旅游体验设计	Ek等(2008)	游客既是旅游体验的生产者和设计者,也是旅游地的设计者	体验经济理论、体验设计理论	积极参与体验设计;与服务网络的互动

表3-1(续)

视角	研究者	定义或相关描述	理论基础	活动内容
旅游体验设计	Binkhorst等（2009）	游客在特定的时间、地点以及情境之下的互动行为，包括游客参与体验设计的过程	体验经济理论、基于消费体验的价值共创理论	积极的参与行为；人际互动；体验设计
	Morgan等（2009）	游客积极参与旅游体验创造的过程	基于消费体验的价值共创理论	人际与社会互动行为；身体上的参与
	Richards（2011）	游客与服务提供者共同进行旅游开发实践的过程	体验经济理论	旅游开发实践的合作；积极参与旅游体验的生产过程
	Richards等（2012）	独特体验的创造过程，涉入、参与、互动是其主要特征	体验经济理论	在情感和精神等方面与旅游地居民进行互动
	Prebensen等（2013b）	游客作为体验价值创造的参与者，在体验价值创造过程中投入各种类型的个体资源	服务主导逻辑、体验式营销理论	积极参与及互动行为
	Bertella（2014）	游客在创造和赋予体验深刻意义上发挥积极的作用	服务主导逻辑、基于消费体验的价值共创理论	积极的参与行为（身体上、精神上与情感上）；互动行为（与旅游客体及环境的互动）
	Tan等（2014）	游客是自身体验的共同创造者或共同生产者	体验经济理论	积极参与体验生产过程；互动行为；知觉反射；创造心理认知
	Rihova等（2015）	游客在自己的社会情境之下创造体验	服务主导逻辑、顾客主导逻辑	旅游过程中的社会互动行为（主体间性）
	Campos等（2018）	游客在体验环境中通过身体或精神上的参与活动，与其他主体互动过程中所经历的心理事件的总和	服务主导逻辑、基于消费体验的价值共创理论	信息寻求、信息共享以及有效互动
	宋晓等（2022）	旅游行为主体利用自身资源在参与和互动中实现与其他主体的资源整合，并通过对自身贡献和合作意义的积极判断，实现价值的过程	服务主导逻辑	积极参与、资源整合及互动行为

表3-1(续)

视角	研究者	定义或相关描述	理论基础	活动内容
旅游吸引物	McIntyre (2010)	游客自身体验的自我设计或混合体验的共同创造活动	体验经济理论、体验式营销理论	交互式体验;沉浸;个人转换、主观创造;认知学习
	Olsson (2012)	游客自愿参与产品、服务的生产与营销的过程	服务主导逻辑、体验式营销理论	积极参与生产和销售过程
	李丽娟 (2012)	游客通过与景区的有效互动进行信息交换、知识共享和共同合作,最终创造游客的个性化体验	体验消费理论、基于消费体验的价值共创理论	积极参与、有效互动、知识共享、共同合作
旅游服务	Neuhofer 等 (2013)	酒店顾客在生产和消费体验方面都扮演着积极的角色	基于消费体验的价值共创理论	积极参与生产与消费体验;顾客与企业之间的互动
	Lugosi (2014)	相互依赖的利益相关者在组织—顾客关系的多个触点上进行信息交换的过程,这种合作行为有助于提升酒店顾客的消费体验	行动者网络理论、服务主导逻辑、体验消费理论、基于消费体验的价值共创理论	积极参与体验建构过程(消费前、消费中、消费后);顾客与组织的社会互动行为;主观性体验
	Hsiao 等 (2015)	游客在服务交付过程中有意义的合作和参与行为	服务主导逻辑、基于消费体验的价值共创理论	积极参与、有效互动、信息共享
	McCartney 等 (2020)	游客超越服务提供者提供的内容,为自己寻找、选择、判断和创造内容	体验经济理论、基于消费体验的价值共创理论	积极参与、有效互动、信息分享
旅游管理与市场	Neuhofer 等 (2012)	游客在体验共同创造中扮演着积极的角色	体验经济理论、基于消费体验的价值共创理论	积极参与体验生产过程;游客与企业及社群之间的(社会)互动行为
	Lugosi 等 (2013)	游客是体验的共同生产者,通过与环境、服务组织与人员、社区居民及同行游客之间的互动,积极建构自己的消费体验	服务主导逻辑、体验消费理论、基于消费体验的价值共创理论	消费体验的主观建构;与环境、组织、服务提供者、社区居民及同行游客之间的互动

表3-1(续)

视角	研究者	定义或相关描述	理论基础	活动内容
旅游管理与市场	Neuhofer等（2012）	游客在体验共同创造中扮演着积极的角色	体验经济理论、基于消费体验的价值共创理论	积极参与体验生产过程；游客与企业及社群之间的（社会）互动行为
	Lugosi等（2013）	游客是体验的共同生产者，通过与环境、服务组织与人员、社区居民及同行游客之间的互动，积极建构自己的消费体验	服务主导逻辑、体验消费理论、基于消费体验的价值共创理论	消费体验的主观建构；与环境、组织、服务提供者、社区居民及同行游客之间的互动
	Sfandla等（2013）	游客与企业是相互联系、相互依存、相互作用的，在不同的时间点上进行体验共同创造	服务主导逻辑、基于消费体验的价值共创理论	积极参与体验生产与消费过程；游客与企业之间的互动
	Han等（2021）	游客和服务提供者通过互动的方式共同创造独特旅游体验的过程	体验经济理论、基于消费体验的价值共创理论	积极参与、有效互动、信息共享

不难看出，大多研究者对旅游体验价值共创的描述主要围绕以下关键词展开：游客、积极参与、互动、资源整合以及服务提供者。游客是旅游体验价值共创活动最重要的主体，他们的积极参与是决定其能够获得满意旅游体验的基础性因素。互动是价值共创的行为轨迹（Grönroos et al.,2013），游客在与服务提供者以及其他主体的互动中形成对环境的感知，进而形成新的旅游体验。旅游体验被认为是游客在社交互动和资源整合过程中形成的个体知觉（Björk et al.,2009），旅游体验价值共创中各方行动者投入资源的多寡对该活动的效应产生重要的影响。但是，这些行动者所投入（或可以获得）的相关资源都不应该被孤立地使用，需要与其他资源结合或捆绑在一起，以获得实用性或价值（Lusch et al.,2015）。因此，各参与主体根据自己的价值主张对各类资源进行整合利用，是旅游体验价值共创活动的关键环节。

基于以上分析，本研究认为，旅游体验价值共创是多元价值创造主体在旅游活动的各个阶段，通过互动与合作来实现资源交换、整合与利用，共同创造旅游体验价值的动态过程。

二、旅游体验价值共创的特点

相对于制造业，服务业具有诸多特性，如不可分离性、易逝性、异质性和易变性等。虽然服务业的生产活动和消费活动不可分离,但生产仍然是主要活动(Kellogg et al.,1997),因此,服务业的价值共创活动应属于生产领域的价值共创(万文海等,2011)。但是,旅游业与传统服务业存在一定区别。对传统服务业而言,消费过程中所耗用的时间和精力应计入消费成本,顾客耗用的时间和精力过多,会降低服务产品的价值。而对旅游业而言,游客在旅游过程中投入的时间和精力越多,越容易带来更高的满意水平(Prebensen et al.,2013a)。同时,对于大多传统服务来说,顾客关注的是消费的结果;而对于旅游服务而言,游客关注的是消费的过程。Prebensen等(2013a)的研究结果表明,顾客在消费传统服务产品时,通常缺乏或不愿意投入时间、精力去积极参与价值共创,而体验式服务产品的顾客则更愿意参与体验价值的创造过程。尽管旅游产品是一种服务产品,但相对于其他传统服务产品的消费者,游客参与体验价值共创的积极性更高。随着现代信息技术的快速发展,游客通过搜索引擎、虚拟社区、微信等平台,根据自己的需要搜集和掌握大量的操纵性资源,在与服务提供者进行互动时,表现得更加积极主动,参与价值共创的程度也越来越高,对旅游体验产品的设计及生产过程的影响力和控制力越来越强。为获得竞争优势、培养忠实顾客,旅游企业在旅游活动中与游客形成伙伴关系,积极支持和配合游客共创独特的旅游体验。因此,旅游体验价值共创具备消费领域价值共创的某些特点。

旅游消费不同于一般服务产品的消费,旅游体验也不同于一般的消费体验(Chen et al.,2014)。第一,旅游消费是高度经验性的,其效用不容易被观察到。当游客在旅游过程中投入自身资源进行体验价值共创时,会对旅游产品和服务产生一种控制感和心理所有权,进而形成积极的情感结果(Sugathan et al.,2019)。即便由于某些原因最终没有获得期望的结果,但游客也在参与过程中获得快乐和有意义的体验。第二,旅游体验形成于旅游活动的不同阶段,具体包括旅游前与家人和朋友制订出游计划、在旅游地体验服务提供者的产品和服务以及旅行归来后的怀念与回忆等环节。在旅游活动的不同阶段,旅游企业的角色和作用以及游客的体验方式都有所不同。因此,旅游体验不是单一的或静态的,而是在一个开放的服务环境中不断地演变(Binkhorst et al.,2009)。第三,追求新奇是游客的主要动机,在同一个旅游地的重复体验会降低新鲜感。对于许多游客而言,即使他们在旅游地有了很好的体验,也可能不愿意回到同一个地方开展旅游活动(Cheng et al.,2013)。旅游地若要吸引游客故地重游,提供的旅游服务需有高度的独特性和新颖性。第四,旅游体验价值共创本身是一个多维度的复杂过程,该活动既可以提升游客的体验价值,同时也可能造成价值共毁,导致游客体验价值的下降以及对旅游服务的负面评价(Cavagnaro et al.,2021)。因此,旅游体验价值共创具有消费领域价值共创所不具备的特点,包括主动性、互动性以及多主体性等。

（一）主动性

旅游体验价值共创是游客的积极参与行为。作为一种典型的服务型产品，旅游产品具有生产与消费同一性特征，游客在消费之前难以对产品的质量和价值作出直观的判断，购买决策存在一定的风险性。随着游客消费意识的觉醒和权力意识的增强，越来越多的游客通过主动投入自身的个体资源来优化消费决策，降低购买风险，从而获得符合期望的旅游体验价值。尤其是信息技术的快速发展和移动终端设备的广泛普及，使得游客在信息获取方式上有了极大的改善，他们可以便捷地通过信息搜索和意见征询等途径优化购买决策，同时通过主动与服务提供者的互动交流来提高旅游服务的针对性。无论出于何种目的和采用何种方式，游客主动地参与旅游体验价值的创造过程，在旅游产品中注入自我个性因素，并加强对服务传递过程的控制，他们的这些行为都体现出较强的目的性和自主性，使之成为旅游体验价值共创的核心主体。已有的研究表明，游客正在获得更多的权力，以对旅游产品的构成及生产过程施加控制和影响，并通过投入个体资源，利用自己的方式建构独特的旅游体验（Binkhorst et al.，2009）。概言之，价值共创最重要的主体是最终顾客（Basole et al.，2008），游客作为旅游产品和服务的最终顾客，对旅游体验价值最大化的追求主导了价值创造网络的所有行为。

（二）互动性

互动是旅游体验价值共创的核心。体验价值的形成是一个多方共同参与的过程，它涉及多个变量因素，并且各因素间的互动关系对体验价值的形成至关重要（温韬等，2006）。对于旅游业而言，互动不仅是该行业的基本特征，也是游客在旅游活动中满足各种需要的一项原则（Prebensen et al.，2017b）。换言之，旅游是通过社会互动将人们聚集在一起的过程（Bandyopadhyay，2012）。游客在体验价值共创过程中的互动是全方位的，既包括生产领域的互动，也包括消费领域的互动；既包括与服务提供者（旅游企业及其员工）的互动，也包括与旅游地社区居民、同行游客以及游客个体社会网络的互动。无论是哪个领域的互动以及与谁进行互动，游客都参与其中，而且是互动内容和互动方式的主导者。尤其在当今移动互联网时代，游客与其他个体或组织的触点日趋丰富，在旅游前、旅游中和旅游后的各个阶段，通过各种途径与多个对象进行互动来建构自己的旅游体验。因此，互动是旅游体验价值共创的核心，旅游体验价值共创就是游客与服务提供者及所处环境之间相互作用的综合性过程（Walls et al.，2011）。但应注意的是，互动并非体现在旅游体验价值共创的所有环节，游客在旅游前想象的即将到来的旅行，以及在旅游行程结束之后的回忆体验，通常是在没有他人参与的情况下进行的(Eletxigerra et al.,2018)。

（三）多主体性

旅游体验价值共创的主体不仅仅包括游客和旅游企业，旅游地社区居民、同行游客及虚拟社区等个体或组织也是重要的参与主体，为旅游体验价值创造做出贡献。根据在旅游体验价值共创中的作用，可将游客之外的旅游体验价值共创参与主体分为两种类型：一是与旅游活动直接相关的组织和个体，如旅游企业、旅游地社区居民、同行游客等。其中，旅游企业是旅游产品和服务的主要提供者，旅游地社区居民是旅游资源的重要组成和旅游地形象的主要塑造者，同行游客是旅游过程中游客互动和情感交流的重要对象。在传统的价值创造观中，这一群体对旅游产品的设计、生产以及信息传递拥有控制权，并主导旅游体验价值的创造过程。二是不直接涉入旅游活动但为游客体验提供支持的组织或个体，包括亲友网络、虚拟社区、线下社群等，他们都是游客个体社会网络的重要组成部分，也是游客获取旅游信息和交流旅游体验的重要平台，为游客参与体验价值共创提供信息或情感支持。移动互联网时代，游客正是在这些群体或组织的支持下，逐渐取得旅游体验价值共创的主动权，从而成为旅游体验价值共创活动的主导者。已有的研究表明，游客体验价值的建构不可避免地受到体验环境的影响，而旅游地社区居民和同行游客是体验环境的重要组成部分，游客在与这些体验环境构成要素之间的互动中创造体验价值(Prebensen et al.,2011)。Cutler等(2010)同样认为，游客与旅游地社区居民、同行游客的互动对旅游体验产生显著影响。

第二节　旅游体验价值共创的参与主体

旅游活动中，旅游服务提供者、旅游地居民、游客、管理组织以及虚拟体验环境的制造者和使用者共同构成了庞大且复杂的旅游体验网络，网络成员在体验环境中相互联系，并在不同的时空背景下扮演不同的角色，为旅游体验价值的共同创造贡献力量(Binkhorst et al.,2009)。有研究表明，旅游实质上是游客个体社会关系的再生产活动，具有鲜明的社会属性(彭丹,2013)，游客的行为及对旅游体验价值的判定受到其所嵌入社会网络的影响。游客参与体验价值共创的效应，一方面取决于游客的参与意愿、知识、技能等个体因素，另一方面也受到游客所处环境提供的社会支持的影响。在当前移动互联网时代，社交分享成为人们的一种基本需求，每一个人既是信息的消费者，也是信息的生产者和传播者。在日常生活中，人们乐于借助网络工具获取或提升话语权，以此增强自己在社会网络中的标签形象。拥有相同兴趣爱好或共同话题的个体，跨越地域的限制聚合形成虚拟社区,在这些虚拟空间内,信息可以自由、高效地生产和流动。在信息技术快速发展与游客社交分享需求日益凸显的共同驱动下,旅游企业、旅游地和传统媒体对旅游信息的控制能力不断减弱,与游客产生直接或间接联系的个体或者组织,逐渐成为游客的主要信息源和互动对象,并发展成为旅游体验价值共创的关键支持力量。

概括而言,旅游体验价值共创的参与者包含三类主体,即游客、旅游体验价值共创的原生支持力量(旅游企业、旅游地社区居民、同行游客、政府/媒体/旅游代言人等)以及衍生支持力量(亲友网络、虚拟社区、线下社群等),如图 3-1 所示。旅游活动中,游客既是旅游体验价值的创造者和消费者,也是旅游体验内容的探索者和筛选者。游客之外的行动者主动或被动地参与到游客产品、服务、体验等价值创造过程中,在为自己创造价值的同时,也为其他参与者创造价值。此外,信息技术作为启用、促进和增强旅游体验的关键工具,为游客在旅游活动中进行即时性连接和信息分享提供便利,这些连接和分享行为导致了更丰富、更个人化和更有意义的旅游体验。因此,旅游体验价值是游客协同旅游企业等原生支持力量以及亲友网络等衍生支持力量,在信息技术的支持下共同创造的结果。

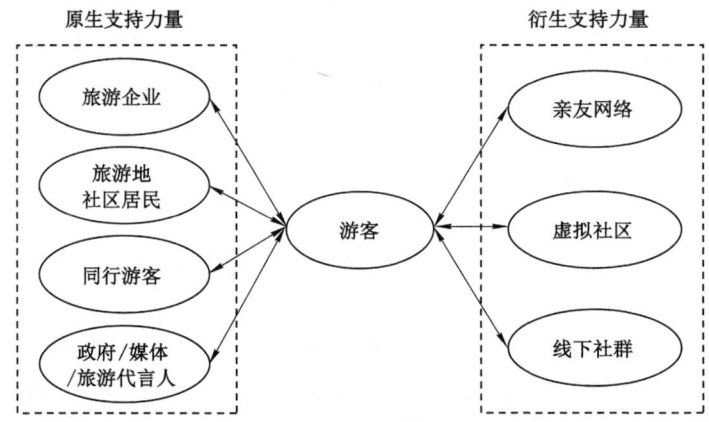

图 3-1 旅游体验价值共创的参与主体

一、游客

根据服务主导逻辑,价值总是通过资源整合和能力应用,在提供者和受益人之间的互动中共同创造,只有当顾客使用产品和服务时,价值才会存在。旅游体验价值共创作为一种游客积极参与的行为,游客在旅游活动中的资源整合及能力应用是旅游体验价值共创的重要前提,这与传统旅游实践方式不同。传统的旅游实践一直受到凝视范式的影响,旅游被认为是一种特殊的感知世界的方式,因为旅游活动普遍涉及眼睛和视觉感知(Urry,1990)。根据这一认知,游客是被动的观光者,按照既定的方式消费风景(Ek et al.,2008)。事实上,游客希望在旅游活动中进行社会互动、积极学习和知识应用,而不愿成为被动地观看其他事物的观察者(Tan et al.,2014)。换言之,游客更期望成为旅游活动的体验者、创造者和行动者,而非接受者、解释者和观察者。

对于游客而言,体验价值的高低取决于他们自己的需求以及旅游活动为满足需求而形成的刺激(Andersson,2007)。由于旅游体验是一种个人感受,富有价值的旅游体验应是个性化的,游客利用时间、技能、精力等个体资源对旅游体验过程进行直接干预有助于提升旅游体验价值。为了获得期望的旅游体验,游客以创造性的方式管理和使用自身的资源,以产生有益的体验刺激,最大限度地提高他们的愉悦感。同时,旅游过程中,游客可能遭遇不熟悉的场景和人,如何应对这些情景或利用这些情景共创有价值的体验,同样依赖于游客自身掌控的资源(Prebensen et al.,2011)。例如,花时间与家人和朋友在一起,在被美丽的大自然包围的餐馆里享受美食,或亲身体验爬山活动,都可视为游客利用资源创造难忘体验的过程。游客的主动参与模糊了生产者和消费者之间的传统区别,他们获得越来越多的资源和权力,逐渐控制了旅游体验的内容和结构,并利用个性化的旅游活动塑造其身份或自我概念。游客主动投入操作性资源,积极参与旅游产品的设计和开发,监测旅游服务的传递过程,面对负面遭遇时会采用定制和互动的方式解决问题,从而促进旅游体验价值的实现和提升。

二、原生支持力量

原生支持力量主要包括旅游企业、旅游地社区居民、同行游客、政府、媒体、旅游代言人等。旅游企业是旅游产品和服务的主要提供者,旅游地社区居民是旅游资源的重要组成和旅游地形象的主要塑造者,同行游客是旅游过程中游客互动和情感交流的重要对象,媒体是旅游信息的主要传播者,政府和旅游代言人同样在旅游体验价值共创中发挥信息传递的作用(如目的地营销、旅游直播等)。

服务主导逻辑重新定位了企业和顾客的地位和角色,为了通过价值共创获得竞争优势,与顾客之间的对话和互动成为企业日常活动的一部分(Vargo et al.,2008a)。在旅游活动中,旅游企业通过提供有效的互动平台和共创情境,吸引游客参与旅游产品的设计、开发,在旅游活动的不同时段和多个接触点上,了解游客的需求和意见、建议,并将之应用于旅游产品和服务的改进上,从而提高产品质量和服务效率,更好地满足游客需求。同时,在旅游过程中,游客不可避免地要与旅游地居民进行交流和接触。当旅游地居民表现出热情好客等积极情绪、与游客进行良性互动时,游客体验价值就会得到提升;反之,如果旅游地居民对游客表现出冷漠或其他负面情绪,游客体验价值将受到损害(徐彤等,2021)。同行游客之间的互动交流广泛存在,具体表现为体验分享、情感沟通、建议与帮助等,该行为的动机可能是交换信息的愿望,或寻求陪伴、安全和归属感,以及应对在陌生环境中作为"临时陌生人"的焦虑(Han et al.,2021)。同行游客之间的社会接触作为一种社会支持形式,可以使游客由于接触到新的文化或观点而增长见识、拓宽视野,体验分享和信息交流还会影响游客的行为方式以及未来的旅游决策(Reichenberger,2017)。地方政府作为旅游价值共创网络的重要组成部分,通过提供公共管理服务参与价值共创动机获取经济收益并形成良好的目的地形象。特别是面临公共服务变革创新时,地方政府往往通过社会营销的方式,洞察公众在服务交互中的价值感知,进而鼓励公众参与价值共创(Vargo et al.,2008a)。信息技术的发展扩宽了游客获取信息的渠道,在众多信息来源中,游客更倾向于相信基于人际交互的社会来源信息,而非商家发布的商业信息。媒体以及明星、旅游达人等旅游代言人在旅游价值共创网络中同样具有重要地位和作用,他们通过将"信息流"转换成"影响流",对游客的观念、态度和行为方式施加影响,从而参与到旅游体验价值共同创造的过程。

三、衍生支持力量

衍生支持力量主要包括亲友网络、虚拟社区、线下社群等。旅游产品是一种组合型产品,由交通、餐饮、住宿、娱乐、购物等部门提供的服务所构成,游客可以根据自己的需要,自由地选择某些单项旅游产品,或由单项旅游产品整合而成的综合性产品。只要游客明确自己的需求,并具备一定的旅游相关知识或经验,就可以参与旅游产品的设计与生产过程,与服务提供者共同创造旅游体验。换言之,游客参与体验价值创造的技术门槛不高,游客可以容易地通过参与行为获得满意的旅游体验,同时向他人展现自己的知识和能力。同时,相对于有形产品,旅游产品具有无形性、暂时性以及生产与消费同时性等特征,导致游客与旅游产品之间存在巨大的信息鸿沟,这使得游客的旅游消费经验对其再次购买以及他人的购买决策具有重要的参考价值。旅游经验丰富或在此方面能力突出的人很容易成为意见领袖,在社会网络中获得较高的声誉和可信度,对他人的旅游决策和消费行为产生影响。游客为了控制购买风险,通常通过信息搜寻的方式降低信息的不对称,如查阅其他游客的消费评价、征询亲友的意见和在虚拟社区中查看他人分享的旅游经历和感受等。这些信息搜寻行为可以帮助游客在决策之前对旅游产品的内容及质量有较为客观的认识,进一步提升购买结果的确定性。而亲友网络、虚拟社区、线下社群等衍生支持力量在旅游体验价值共创中扮演着非常重要的角色,他们是游客获取旅游消费与体验相关信息的重要来源,通过向游客提供信息性支持参与旅游体验价值共创的过程。

顾客的价值创造过程可能受社交网络情境影响,因为消费体验有时也是一种群体性行为,尤其在消费者结构社区化和网络化背景下,他们的购买意愿、购买体验和满意水平也会受到其他个体的影响(Grönroos,2012)。Tung等(2011)在探索难忘旅游体验的本质时,认为增强社会关系、智力发展、自我发现和克服身体挑战是难忘旅游体验的重要体现。信息技术的发展,为游客在旅游活动的各个阶段进行知识分享、情感交流和自我呈现创造了条件。社会网络不仅蕴含着丰富的信息资源,同时还是个体分享体验、社会互动以及获取情感支持的重要平台。虚拟社区和线下社群则具有兴趣交流、建立关系、寻求支持等功能,许多活跃的组织成员既是旅游信息寻求者,也是旅游信息传播者,他们在旅游体验价值共创过程中发挥重要的作用(Eletxigerra et al.,2021)。游客利用网络平台进行社会互动,与亲友网络、线下社群的其他成员进行情感沟通,一方面,这些体验分享等互惠利他行为容易得到他人的感激和赞许;另一方面,其专业的知识和丰富的经验会吸引很多人与之互动交流、分享解决问题的知识和信息,有助于获得友谊及归属感,从而在拓展社会关系、群体认同等方面获得价值(Buonincontri et al.,2017)。因此,亲友网络、虚拟社区、线下社群等衍生支持力量还通过向游客提供情感性支持参与旅游体验价值共创的过程。

第三节　旅游体验价值共创的过程

一、旅游体验价值共创的阶段性

个体对体验的感知和评价是相对的和动态的,随着时间的变化而变化(Ulaga,2003)。游客对旅游体验价值的评价不仅仅依据游客在旅游地停留过程中的消费价值感知,旅游前的预期体验与旅游后的追忆体验同样影响旅游体验价值。因此,旅游体验价值共创是一个复杂的过程,涉及游客在旅游之前、期间和之后在所有与旅游有关的环境中进行的身体上和精神上的行动(Eletxigerra et al.,2021)。换言之,旅游体验价值的共创过程覆盖旅游活动的各个阶段(Prebensen et al.,2014)。然而,在旅游活动的不同阶段,游客参与体验价值共创的行为以及其他旅游体验价值共创参与者的支持行为都呈现明显的多样性和动态性特征(图3-2)。

价值被认为是在特定环境中共同创造的(Chandler et al.,2011),在这个过程中,各价值共创参与主体之间的互动至关重要。作为旅游体验价值共创的核

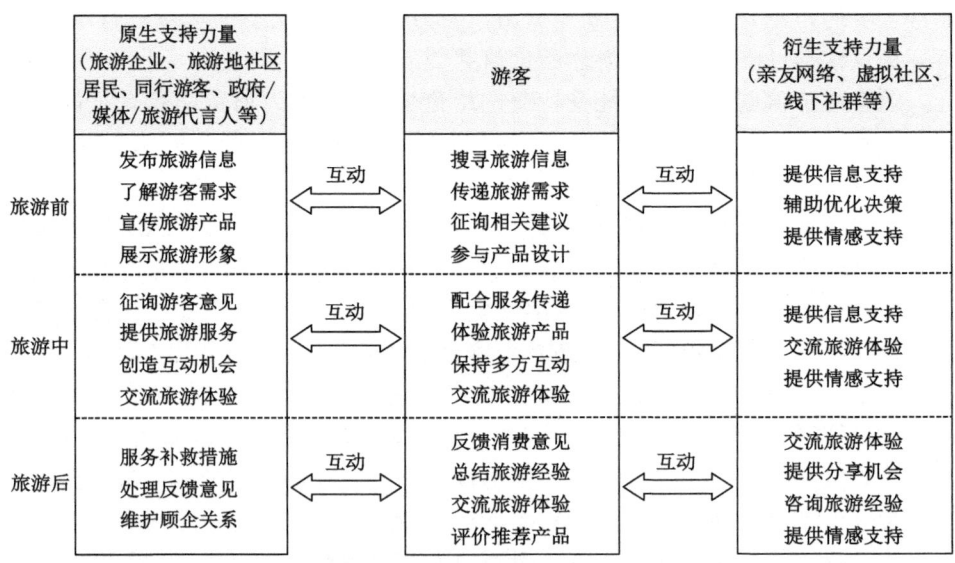

图 3-2 旅游体验价值共创参与者的行为表现

心主体,游客将时间、体力、智力等资源参与其中,在与旅游产品以及服务提供者的接触过程中,更好地理解和塑造旅游产品的作用和内容,从而共创旅游体验价值;而作为游客体验价值促进者的旅游企业等其他参与主体,在与游客的互动中了解他们的需求和期望,并通过提供旅游产品和必要的资源来支持游客的体验价值共创过程。值得注意的是,旅游体验价值共创具有动态性特征,在旅游体验过程中的表现会发生变化(Grönroos et al.,2013)。例如,旅游前阶段游客认知自己的旅游需求并确定自己的旅游行程,在目的地"消费"逗留时间而获得在地旅游体验,以及行程结束之后的评价、分享、回忆以及体验再塑活动,参与体验价值共同创造的行动者及其作用都会有所不同(Eletxigerra et al.,2021)。因此,需从旅游活动的三个阶段来讨论旅游体验价值共创各参与主体的行为和内容。

二、各阶段旅游体验价值共创行为及内容

游客访问旅游地是为了获得有价值的体验,这意味着参与这一过程或旅程本身就具有价值。如果游客在这个过程中以自身需求为导向,整合各方资源创造期望的旅游体验,便促进了体验价值的提升。旅游体验价值共创的阶段性特征意味着,在体验过程的任一阶段实现体验价值的增值不仅是可能的,也是可行的(Prebensen et al.,2014)。对于旅游服务提供者来说,这至关重要,因为他们可以从"价值链"的诸多环节上发挥自己的作用,成为旅游体验价值的共同创造者。旅游体验价值共创是一种目标导向的活动,需要在特定的体验环境中得以实现(Campos et al.,2017)。信息技术的广泛应用使旅游体验价值共创变得更加简单,它将旅游产品的生产者和消费者实时连接起来,游客可以与其他体验价值共创参与者在多个触点上保持积极的互动,沟通新的服务需求和意见,控制服务传递过程,同时利用自己的方式参与创造旅游体验价值。因此,无论游客还是其他体验价值共创的参与主体,都在旅游活动的不同阶段呈现不同的价值共创行为和内容(表3-2)。

表 3-2 旅游体验价值共创活动的阶段性

阶段	旅游前	旅游中	旅游后
共创行为	需求识别;信息搜寻;旅游决策;计划制订	旅游地消费体验;旅游过程中对形成的新需求的识别,以及由此引发的信息搜寻、旅游决策、计划制订等过程	旅游体验质量评价;分享经验或资源
价值共创内容	交换价值(潜在使用价值),如旅游目的地相关信息的可获得性; 基于与服务提供者互动的共创价值,如游客与服务提供者之间可以传递需求和解除疑惑的互动; 随时间积累的使用价值,如游客通过使用门户网站形成的价值感知; 情境价值,如游客的旅游前体验受到社会关系网络的影响	交换价值(潜在使用价值),如旅游目的地的设施、资源和服务的实用性; 基于与服务提供者互动的共创价值,如游客与服务人员、社区居民以及与同行游客之间可提升旅游体验的互动; 随时间积累的使用价值,如游客在旅游地消费过程中的价值感知; 情境价值,如游客在旅游过程中的体验受到个体所处环境和社会关系网络的影响	交换价值(潜在使用价值),如游客通过门户网站反馈意见的便捷性; 基于与服务提供者互动的共创价值,如游客通过服务提供者、公共组织的互动行为反馈意见或分享体验; 随时间积累的使用价值,如游客在利用门户网站反馈意见或分享体验过程中的价值感知; 情境价值,如当决定与服务供应商和其他游客分享经验和体验时,游客社会关系网络对其产生的关注

(一)旅游前阶段

已有研究表明,游客通过任务相关活动(认知和互动行为)和心理相关过程(感觉和思想)共同创造价值,这些活动在本质上更具潜意识和私人性(Eletxigerra et al.,2021)。因此,旅游体验价值共创不仅包括游客的实际参与,还包括游客心理、情感以及无意识涉入等内容(Prebensen et al.,2016)。旅游活动开展之前,游客通过预期图像、感觉和思考,与未来的旅游体验建立认知联系

(Bertella,2014)。这种联系被认为将导致游客对即将到来的旅游体验产生初步的兴趣和参与热情(Prebensen et al. ,2017a)。心理意象理论认为,当游客触发有关旅游行程的心理意象时,他们会在脑海中呈现旅游目的地的一些画面(Lee et al. ,2012),为未来的旅游活动提供一种感官上的虚拟体验。游客的这种能力使他们能够预见、计划或模拟未来可能发生的事情,使游客能够将自己投射到环境中,在出游之前就开始了他们的体验之旅。

旅游前,游客通过搜寻旅游信息、传递旅游需求、征询相关建议、参与产品设计等预先控制行为参与旅游体验价值的创造。在这一阶段,游客首先要进行旅游需求识别,并根据自己的旅游需求作出消费选择。为提升旅游决策的合理性,游客通常需要了解旅游地以及相关服务提供者的信息,或与亲友网络、虚拟社区和线下社群等组织成员进行线上或线下的互动交流,从他们已有的旅游经历、体验和建议中获取有价值的信息,并结合自己的旅游偏好、经验及其他情境因素进行旅游决策。旅游地、旅游企业的门户网站和宣传资料也是游客信息搜寻的重要对象,游客利用旅游地、旅游企业或第三方提供的互动交流平台,将自己的个性化需求传递给服务提供者,使服务提供者能够有针对性地进行旅游产品的设计和生产。自助游客则直接设计旅游活动,根据自己的旅游需求和目标,开发体现游客个性特征的旅游产品,据此选择合适的旅游服务提供者,在各个环节上共同创造旅游体验价值。

(二)旅游中阶段

现场旅游体验价值共创是以游客为中心,通过参与体验活动以及与其他参与者的互动形成积极的心理感受(Larsen,2007)。旅游体验价值共创离不开游客的积极参与(Bertella,2014)。这里的"积极"是指游客在旅游体验过程中的主动参与,包括身体上的参与和认知活动中使用个体资源、技术和发挥能力(Prebensen et al. ,2011)。与游客建立对话是旅游体验价值共创的先决条件,因为这有助于目的地和旅游服务提供者深入了解游客的需求和期望。游客通过配合服务传递、体验旅游产品、保持多方互动、交流旅游体验等行为参与旅游体验价值的创造过程。一旦游客将自己的资源与旅游服务提供者的资源结合起来,这就意味着二者之间建立起强有力的互动,游客可在旅游体验的不同时刻介入体验的建构与创造。

游客体验通常涉及三种类型的社会接触,即游客与当地社区之间的互动、游客与服务人员之间的互动以及游客之间的互动(Pearce,2005)。在旅游活动中,旅游服务提供者按照既定的安排为游客提供服务,保障旅游活动的正常进行;游客一方面需要配合服务提供者,在一定的规则范围内开展旅游活动,另一方面通过自己的"观看方式"创造旅游体验。旅游情境是动态变化的,游客与服务提供者之间保持持续的互动,沟通新产生的服务需求以及关于旅游服务的意见,或共同解决遇到的问题。服务提供者则通过互动行为掌握游客的需求和意见,采用灵活多样的方式引导和支持游客的消费行为,或在出现服务失误时及时消除游客的负面情绪。在旅游地,游客与社区居民在每一个触点上进行积极的互动,在主客交往中解读符号和建构意义(Pearce,2005)。同行游客则通过营造旅游氛围、交流旅游体验等途径为旅游体验价值共创提供支持。在游客之间的互动中,每个游客都获得一个临时的、自致的社会角色,每个人的地位都是平等的,这种自然、友好而真实的旅游氛围和互动行为将有助于提升旅游情境价值。此外,许多游客还在旅游过程中即时地分享美景、美食和美好感受,在亲友网络和虚拟社区其他成员的评论、点赞、分享等情感性支持下提升旅游体验价值。

（三）旅游后阶段

旅游体验并非终止于旅程的结束,追忆阶段同样重要。如果说预期阶段是旅游者将群体经验内化为个人经验的过程,那么追忆体验阶段是个人经验外化为群体经验的过程(孙九霞,2019)。游客回到家中,常常会反思自己的旅游经历(Neal et al.,1999),同时对此次旅游活动进行概念化、逻辑化、条理化的梳理总结,最后形成一个比较固定性的目的地印象(王迪云,2018)。此时,旅游体验价值共创主要表现为游客的回忆、分享、推荐、重游等行为以及旅游企业的客户关系维护等活动,通过这一活动,既可以进一步升华游客的情感性体验价值,还能够促进旅游企业资产价值的提升。

旅游后阶段,游客通过反馈消费意见、总结旅游经验、交流旅游体验、评价推荐产品等行为参与旅游体验价值的创造。在这一阶段,游客将获得的旅游体验与期望进行比较,对旅游体验价值作出评价,部分游客还会针对旅游产品与服务中存在的问题或不合理之处,向服务提供者反馈意见或建议,以便服务提供者有针对性地提高产品和服务质量。随着 Facebook、Twitter、微信等新媒体平台的流行,每一个人都可以通过信息的生产、评论和分享等行为来完成自我的标签化,以获得他人的认同、尊重以及在社会网络中的良好形象。旅游活动结束后,许多游客将旅游照片、视频以及感受向身边的亲友、同事或同学分享,或在网络媒体上发布,在虚拟社区以及其他网络平台解答他人提出的相关问题,为他人的旅游决策提供建议。这些分享行为一方面使游客有机会展示自己的知识和能力,从中获得自我成就感;另一方面可以建立起良好的个人形象,获得他人的尊敬、信任和认同,从而维护和加强自身的社会地位。此外,游客的旅游后的分享与推荐行为不仅实现了自我旅游体验价值的增值,还对潜在游客的旅游决策和消费行为产生影响,使游客成为其他游客体验价值的共同创造者。

总之，无论在旅游活动的哪一个阶段，游客都通过积极的参与行为，协同旅游体验价值共创的原生支持力量和衍生支持力量，共同完成旅游体验价值的创造。在此过程中，游客主导了旅游体验价值的构成和创造方式，同时获得参与设计和生产活动的乐趣以及发挥自身作用的自我成就感，由此提升旅游产品的交换价值（潜在使用价值）和使用价值，并创造独特的情境价值。

第四章　游客参与体验价值共创行为的维度结构

尽管已有学者以游客体验价值共创行为为核心议题开展了实证研究,但学界还未形成广为认可的游客体验价值共创行为维度的划分方式。识别游客体验价值共创行为的内容和结构是相关研究的基础,唯有解决该问题才能深入地探讨游客参与体验价值共创的前因和结果。因此,本章将采用质性研究方法勾勒游客体验价值共创行为的轨迹,探索游客体验价值共创行为的维度结构,进而利用探索性因子分析法和验证性因子分析法对游客体验价值共创行为维度结构的稳定性和合理性进行实证检验,为后续构建游客体验价值共创行为的前因和结果理论模型提供依据。

第一节　游客体验价值共创行为的维度分析

一、游客体验价值共创行为的多维取向

(一)游客体验价值共创行为的内涵体现多维性

旅游体验价值根植于游客在多个环境中的具体实践,形成于价值共创的多个阶段和动态过程,因此,游客参与体验价值共创是一项复杂的活动(Campos et al.,2018)。其一,游客体验价值共创行为不仅包括身体上的参与行为,还包括精神上的参与行为(Xie et al.,2020)。在旅游活动中,游客通过搜集旅游地和服务提供者信息、向服务提供者分享和反馈自己的想法以及配合服务提供者完成服务传递过程等方式,创造期望的旅游体验,同时在价值共创中获得参与的乐趣以及对旅游产品的心理所有权,从而提升旅游体验价值和满意度。其二,游客体验价值共创行为不仅包括主动参与行为,还包括被动参与行为(李丽娟,2012)。在个性化、社会化旅游需求的驱动下,游客积极寻求与服务提供者、同行游客以及亲友网络的互动、交流或合作,同时按照既定的规程和要求完成自己需完成的任务,或在服务提供者设定的环境和要求下实施某些规定的行为。无论主动行动还是被动响应,都是游客参与体验价值共创的重要方式。其三,旅游体

验价值共创贯穿旅游历时过程的预期体验、在场体验、追忆体验三个阶段,游客在一个或多个阶段,通过与服务提供者直接或间接互动实现体验价值共创。在此过程中,游客不仅要投入自身的时间、技能和精力等资源到价值创造过程,还整合价值共创网络中其他行动者的资源获得旅游体验价值的增值。然而,在旅游活动的不同阶段,游客的资源投入和互动对象存在差异,导致游客体验价值共创行为的方式和内容呈现多样性特征。因此,多维视角可以更加全面阐释游客参与体验价值共创的本质内涵。

(二)社会网络视角下游客体验价值共创行为呈现多维性

游客参与体验价值共创离不开各类资源的支持,信息被认为是促进和增强旅游体验的关键性资源(Wang et al.,2014),游客制定旅游决策、规划旅游行程以及旅游企业优化旅游产品和服务等价值共创活动都离不开信息。有研究表明,互动是价值共创的行为轨迹(Grönroos et al.,2013)。因为互动是游客进行信息和情感交流的重要途径,游客在互动中不仅可以获取或传递有关旅游产品和服务的相关信息,还可以从中获得情感性支持和自我价值感,从而提升旅游体验价值。随着互联网和移动终端设备技术的发展,游客获取信息的途径日益广泛,他们更倾向于相信基于人际交互的社会来源信息,而非商家发布的商业信息。社会网络作为一种无形的社会资源,逐渐成为游客在旅游过程中的主要互动对象和获取信息性支持和情感性支持的重要来源。社会网络视角下,旅游体验价值共创的参与者可扩展为由游客、旅游企业、社会网络成员等主体组成的价值共创网络,旅游体验价值通过游客与这些价值共创网络成员的互动而被共同创造。游客的互动对象不仅包括旅游企业和服务提供者,还包括亲友网络等强关系以及同行游客、虚拟社区、共趣社群等弱关系,在此过程中,游客与他们的互动方式和内容存在较大差异。例如,游客与服务提供者的互动通常以需求与产品信息传递为核心,与同行游客的互动主要以体验分享为核心,而与亲友网络的互动不仅包括信息传递、体验分享,还包括情感交流。因此,多维建构更契合社会网络视角下游客参与体验价值共创的复杂过程。

(三)已有研究证实游客体验价值共创行为的多维性

鉴于服务主导逻辑强调的"消费者通常是价值共同创造者""价值总是由受益人独特地用现象学方法来决定的"等思想与旅游的体验特征非常契合,旅游业被视为价值共创的理想环境(Shaw et al.,2011)。近年来,学界对游客参与体验价值共创的理论和实证研究日益丰富。但由于研究视角有所不同,游客体验价值共创行为的维度划分和测量工具也呈多样性特征,单维度、多维度测量方式兼而有之。随着研究的不断深入,学者们开始意识到,单维度测量方式无法充分体现游客体验价值共创行为内涵的丰富性,多维表征才能更好地表达游客参与体验价值共创活动的复杂过程。因此,有学者呼吁加强对游客体验价值共创行为的维度和测量研究,以提高游客体验价值共创行为测量的有效性和可靠性(宋晓等,2022)。已有的相关研究中,部分学者采用多维方式对游客体验价值共创行为进行测量,量表都表现出良好的信度和效度。此外,游客在出游之前、旅游期间和返程之后的共创行为都可以创造旅游体验价值。有学者专注于特定旅游阶段的游客体验价值共创行为,研究结果同样支持了游客体验价值共创行为的多维性(Eletxigerra et al.,2021;Cao et al.,2023)。因此,多维表征更加符合当前学界对游客体验价值共创行为的研究趋势。

综上,游客体验价值共创行为的内涵体现其多维属性,多维建构更契合社会网络视角下游客体验价值共创行为的特征,也更符合游客参与体验价值共创相关研究的趋势。因此,本研究从游客体验价值共创行为的多维视角出发,探讨游客参与体验价值共创的行为机理。

二、游客体验价值共创行为的文献分析

(一)顾客价值共创行为的维度结构

目前,学界对顾客价值共创行为的维度还缺乏统一的认识,许多学者从各自的研究视角概括了顾客价值共创行为的维度结构,并开发了相应的测量工具。其中,Yi 等(2013)、Zwass(2010)的二维论代表性较强,对后续相关研究具有较大的影响和借鉴作用。Yi 等(2013)认为价值共创是一个多维度的概念,并针对服务行业构建了基本囊括顾客参与价值共创的所有行为的三级测量模型。该模型中,顾客价值共创行为包含两个维度:顾客参与行为和顾客公民行为,前者是指保证价值共创目标得以实现所必需的顾客角色内行为,具体包括信息搜寻、信息共享、责任行为和人际互动等,后者是指顾客在价值共创过程中非必需的角色外行为,具体包括反馈、倡导、助人和忍耐等。Zwass(2010)则根据虚拟环境下价值共创发起主体的不同,将顾客价值共创行为划分为参与发起的价值共创活动和参与自发的价值共创这两个维度,其中,发起的价值共创是由企业或社区发起的价值共创活动,自发的价值共创是顾客自愿的创造价值活动。

许多研究者基于 Yi 等(2013)、Zwass(2010)的观点进一步研究了价值共创的维度结构及测量工具。如 Chou 等(2016)参照 Yi 等(2013)的研究,将虚拟社区价值共创行为分为两个维度:角色内行为(知识共享行为)和角色外行为(在线社群公民行为)。卜庆娟等(2016)部分借鉴了 Yi 等(2013)的观点,认为价值共创行为包括求助、人际互动、反馈和倡导等四个维度。杨勇等(2017)在研究情绪劳动对顾客价值共创行为的作用机制中,直接借鉴了 Yi 等(2013)的价值共创行为维度划分方式和量表。彭晓东等(2016)、王松等(2019)则参照 Zwass(2010)

的研究,将顾客价值共创分为参与发起的价值共创和参与自发的价值共创。

部分研究者对价值共创行为采取了有别于 Yi 等(2013)、Zwass(2010)的多维划分方式。如 Minkiewicz 等(2014)将顾客体验价值共创行为划分为合作生产、参与行为和个性化塑造等三个维度。万文海等(2010)将消费领域的共创价值活动分为产品使用创新、消费者社会网络构建、消费者义工等三种类型。张婧等(2014)认为价值共创行为包含三个维度,即共同制订计划、共同执行计划和共同解决问题。袁婷等(2015)认为,价值共创由一系列的共同创造活动构成,可以从共创服务产品、共创体验环境和共创服务互动等三个维度进行衡量。武文珍等(2017)对顾客参与行为影响顾客满意和行为意向的研究中,将顾客价值共创行为划分为三个维度:信息分享、合作行为和共同决策。唐方成等(2018)提出,虚拟品牌社区中顾客价值共创行为包含顾客反应行为和顾客公民行为两个维度。迟铭等(2020)则将虚拟品牌社区中顾客价值共创行为划分为知识贡献行为和顾客公民行为。张宝建等(2021)基于 Prahalad 等(2004)提出的 DART 构念从对话、获取、降低风险以及透明四个维度对价值共创行为进行测度。何彪等(2022)借鉴参展商参展动机等方面的研究,认为参展商价值共创行为包含信息共享行为、合作行为和责任行为。

此外,许多研究者在相关理论分析和实证研究中并未划分价值共创行为的维度。如 Chen 等(2016)对航空运输业中顾客参与、价值共创以及顾客忠诚度之间关系的研究,Giner 等(2016)对价值共创行为影响高校学生满意度及忠诚度的研究,Tseng 等(2016)对顾客价值共创行为与新产品绩效之间关系的研究,涂科等(2020)对共享经济中用户持续价值共创行为的研究,以及沈鹏熠等(2021)对全渠道零售体验价值共创行为的研究等。

(二)游客体验价值共创行为的维度结构

旅游领域有关价值共创的实证研究大多对价值共创行为进行单维度测量,如 Grissemann 等(2012)对企业支持与顾客参与价值共创、满意度及忠诚度之间关系的研究,Mathis 等(2016)对旅游情境下顾客体验价值共创满意度与度假体验满意度及顾客忠诚关系的研究,Buonincontri 等(2017)对游客参与体验价值共创的前因及结果的研究,Deng 等(2021)对旅游纪念品价值共创行为如何影响纪念品感知价值的研究,以及 Arica 等(2023)对游客体验价值共创行为意向影响因素的研究。需要注意的是,Buonincontri 等(2017)将游客与服务提供者之间的互动、游客在旅游过程中的参与行为和体验分享行为,视为与游客体验价值共创行为并列的变量,对这四个变量分别设计了测量指标。

许多研究者对游客体验价值共创行为采用多维度测量方式。李丽娟(2012)从游客参与价值共创的深度和层次两个角度分别概括了游客参与价值共创的行为:游客参与价值共创的深度角度,游客体验价值共创行为包括主动参与和被动参与;游客参与价值共创的层次角度,游客体验价值共创行为包括浅层参与和深层参与。李琼(2016)借鉴了其他领域的研究,不失一般性地将游客体验价值共创行为分为两个维度,即被动参与的价值共创和主动参与的价值共创。Romero(2017)在讨论酒店行业顾客参与价值共创的前因时,将顾客价值共创行为分为两个维度:顾客建议行为和信息分享行为。Xie等(2020)在分析游客体验价值共创行为对感知价值及满意度的影响时,提出游客体验价值共创行为包含身体上参与和精神上参与。Mvondo等(2022)在讨论游客体验价值共创行为对品牌传播的影响时,参考Yi等(2013)的研究,将游客体验价值共创行为划分为信息寻求、信息分享、责任行为和个人互动等四个维度。

本研究将已有文献中游客体验价值共创行为相关变量的维度结构及测量方式进行了总结,具体如表4-1所示。

表4-1 游客体验价值共创行为相关变量的维度结构及测量方式

研究者	测量对象		代表性题项
	测量指标	维度结构	
Grissemann等 (2012)	旅游体验 价值共创度	—	我积极参与了旅游活动的每一个环节;我参考以往的旅游经验设计了本次行程;行程设计的想法主要是由我提出的;我花费了相当多的时间来设计本次行程
Mathis等 (2016)	旅游体验 价值共创 满意度	—	与专业人士合作很棒,我很享受这个过程;在旅游过程中,我觉得与专业人士合作很舒服;环境允许我能够与专业人士进行有效的合作;我的度假体验因为我的参与而得到了提升
Buonincontri等 (2017)	旅游体验 价值共创 行为	—	环境允许我能够与旅游专业人士进行有效的合作;这次旅游活动主要是由我组织的;我的旅游经验使本次旅游活动更顺利
Deng等 (2021)	旅游纪念品 价值共创 行为	—	我在这件纪念品上花了很多时间;我在这件纪念品上花了很多心思;我积极参与了这件纪念品的形成过程
Romero (2017)	接待业顾客 价值共创 行为	顾客建议 行为	我让OTA(线上预定平台)知道他们可以更好地满足我的需求;我提出改进服务的建议;若我有改进服务的想法,我会告诉OTA
		信息分享 行为	我会在OTA的网站上分享我的消费体验;我在博客等社交媒体上发表评论;我在这个OTA的论坛上写评论

表4-1(续)

研究者	测量对象		代表性题项
	测量指标	维度结构	
李丽娟 (2012)	游客体验 价值共创 行为	主动参与	我能主动向景区工作人员反映我的旅游需求,并提出我对旅游产品消费及景区发展的意见和建议
		被动参与	如果景区工作人员主动了解,我会反映我的旅游需求,并提出我对旅游产品消费及景区发展的意见和建议
		浅层参与	我愿意针对景区旅游产品的现存问题提出意见和建议
		深层参与	我愿意为景区旅游发展提出新颖的建议(如开发新的活动项目、增设新的设施、增加新服务项目等)
李琼 (2016)	游客体验 价值共创 行为	被动参与	若景区提供丰富的旅游信息,并能够使我方便获取相关信息,我愿意将自己的旅游需求及对景区发展的意见和建议反馈给景区
		主动参与	我能够主动向景区反映我的旅游需求,并提出我对旅游产品消费及景区旅游发展的意见和建议
Xie 等 (2020)	游客体验 价值共创 行为	身体上参与	我对员工很有礼貌;我完成了所有要求的任务;若遇到问题,我会告诉员工;若必须等待的时间比预期长,我愿意适应;若其他游客需要帮助,我会帮助他们
		精神上参与	我对观鲸的兴趣;我对自然事物的兴趣(例如气候、海洋、地形、动物和植物);我对保护自然的兴趣
Mvondo 等 (2022)	游客体验 价值共创 行为	信息寻求	我向他人询问了这家服务提供商的信息;我搜索了这家服务提供商的位置;我注意到他人如何使用这项旅游服务
		信息分享	我清楚地解释了我希望员工做什么;我向员工提供了适当的信息;我提供了必要的信息,以便其能够履行职责
		责任行为	我完成了所有需要我完成的任务;我充分完成了所有预期任务;我履行了对公司的责任;我遵守了员工的指令
		个人互动	我对员工很友好;我对员工很亲切;我对员工很客气;我对员工很有礼貌;我没有粗鲁地对待员工

旅游体验本质上是一种心理体验(谢彦君,2005a)。内在心理需求不同的游

客,在体验价值共创过程中的行为表现存在明显不同。而且,游客在旅游活动各阶段的需求会不断地发生变化,这决定了游客体验价值共创行为呈现多样性和动态性特征。前文已经说明游客体验价值共创行为具有多维性,已有许多研究支持了这一观点。但是,其中的李丽娟(2012)主要研究了游客与景区之间的价值共创行为,未考虑游客与同行游客之间、游客与社会网络成员之间的互动与分享行为,显然无法揭示游客体验价值共创行为的全貌,由此划分出的游客体验价值共创行为的维度具有一定的局限性。李琼(2016)则直接借用了顾客价值共创行为维度结构的一般性划分方式,未充分考虑游客体验价值共创行为的特殊性。Romero(2017)主要针对接待业顾客进行了价值共创行为维度结构的概括,强调顾客与服务提供者之间的互动及信息分享行为。Xie等(2020)的观点主要参考了Yi等(2013)的研究成果,但对原作者提出的行为结构进行了调整,仅反映了顾客参与行为中的责任行为、反馈行为和个人互动,以及顾客公民行为中的帮助和宽容。这与Mvondo等(2022)确定的游客体验价值共创行为维度具有一定的相似性,主要基于"顾—企"二元视角,强调游客在与服务提供者的持续互动过程提升旅游体验,在此过程中,游客只是充当了旅游企业兼职员工的角色。但是,他们忽略了游客与价值共创网络中其他成员进行社会互动的重要作用,而且,游客作为价值共创网络中的资源整合者,其主观建构独特旅游体验的作用未能充分体现。

综上所述,游客体验价值共创行为具有多维性特征,已有许多学者从各自的研究视角提出了多样的维度结构。但是,学界对游客体验价值共创行为的维度划分尚未有统一的认识。一方面,部分学者在研究中直接移植或借鉴顾客价值共创行为的维度划分方式和测量工具,无法真正反映游客体验价值共创行为的丰富内涵,其信度和效度也需要在旅游情境中进一步检验。另一方面,许多学者通过简化游客参与价值共创的范围或维度以达到突出研究重点的目的,但对于社会网络环境对旅游体验价值共创支持作用的重视不足。基于此,本研究将从旅游体验价值共创的本质以及移动互联网时代游客参与体验价值共创的特点出发,对游客体验价值共创行为的维度结构进行质性分析和实证检验。

第二节 游客体验价值共创行为维度的质性分析

目前学界对游客体验价值共创行为的维度划分方式尚不统一,也没有形成成熟的量表可资借鉴。扎根理论作为一种通过经验总结的质性研究方法,可以清晰地展现游客在参与体验价值共创过程中的行为方式和内容,且其具有一套完备的构建理论的方法体系,在问题产生、样本选择、调研访谈、数据分析、形成理论等方面都存在相应的操作工具和原则,弥补了普通质性分析方法操作缺乏规范、理论形成难以让人信服的缺陷。基于此,本研究选择扎根理论来解析游客体验价值共创行为的维度结构。

一、扎根理论研究方法简介

扎根理论来源于社会学,最初由 Glaser 和 Strauss 在 1967 年出版的《扎根理论的发现:质化研究策略》(*The Discovery of Grounded Theory: Strategies for Qualitative Research*)一书中提出,随后在西方社会科学界产生了巨大影响,被誉为最具现代主义和实证主义的方法。作为一种自下而上建构理论的质性研究方法,扎根理论的主要宗旨是从客观资料的基础上建立理论,特别适合于微观的、以行动为导向的社会互动过程的研究(Strauss et al.,1998)。研究者在研究开始之前通常没有明确的理论假设,而是直接通过实际观察,从原始资料中形成经验概括,然后上升到理论。该方法要求从客体对象处搜集具有真实性、广泛性和代表性的客观资料和信息,在这些资料和信息的基础上寻找反映社会现象的核心概念,然后通过这些概念之间的联系建构相关的社会理论,从而规避实证研究范式下预设性理论模式或经验性观念对采用资料和所得结论范围的"程式化"限制(侯平平等,2021)。尽管扎根理论是一种扎根在资料数据中构建理论的研究方法,但它的主要特点不在其经验性,而在于它从经验事实中抽象出了新的概念和思想,并非从已有理论中提出假设进行验证。因此,采用扎根理论得到的结论更加真实、全面和准确(高军等,2010),尤其是当现存理论框架不够完善时,作为质化研究的扎根理论就特别有用(陈晓萍等,2008)。

扎根理论共演变产生了三种流派:以 Glaser 为代表的经典扎根理论学派、以 Strauss 和 Corbin 等为代表的程序化扎根理论学派以及以 Charmaz 为代表的建构型扎根理论学派,各派别间一直存有分歧和争议(贾旭东等,2016)。其中,经典扎根理论是扎根理论最初的版本,认为理论是可以脱离特殊情境、个人情感经验和生活而客观独立地存在,这一认识也反映在经典扎根理论"一切皆为数据"的原则中,强调尽可能减少人的主观性,坚持问题从情境中涌现,不带有任何理论预设的研究原则。研究者只能以观察者的身份进行研究,通过对数据的不断比较而逐步归纳出理论。程序化扎根理论认为,理论就是人们生活的场景、事件、情绪的体现,虽然也强调理论忠于数据,但更注重人的主观认识能力,研究者要尽可能贴近数据才能揭示规律,通过因果关系将既有经验和假设理论联系在一起。建构型扎根理论成型较晚,该学派既继承和发扬了前两大学派的思想,又形成了与之不同的观点,认为数据中的规律客观存在,可被人所建构和认知,研究者是主、客观性的共同体,通过其自身参与,以及与他人的视角和以往研究实践的互动来实现理论建构。程序化扎根理论传入中国的时间较早,目前国内扎根理论研究大都秉持程序化扎根理论学派的方法论。同时,由于程序化扎根理论在数据的处理和分析过程中具有一套较为完善的程序,强调采用正式、规范的数据分析范式,能够保证结论的可靠性(曾国军等,2020)。基于此,本研究按照程序化扎根理论的思想,遵循开放式编码(open coding)、主轴式编码(axial coding)、选择式编码(selective coding)3个核心步骤展开研究。

二、数据收集过程

深度访谈法作为一种重要的资料收集方法,在各领域的质性研究中得到广泛应用。该方法主要通过访谈员与受访者的深入交流获得受访者对访谈事件的认知,能够深入地发掘受访者内心的真实看法,访谈员还可以将受访者的反应与其自身联系,便于评价所获资料的可信度。半结构化访谈法是深度访谈法的类型之一,是一种按照粗线条式的访谈提纲进行的非正式访谈形式。该方法既保证访谈内容不偏离主题和需求,又给受访者自由发挥留有足够空间,因而在质性研究中的应用最为普遍。为防止受访者过量报告自己的主观偏见,同时避免受访者回答的内容过于狭窄,本研究采用半结构式访谈的方式搜集数据。

(一)访谈设计

根据 Smith(1995)提出的半结构化访谈方法的实施路径,本研究基于游客体验价值共创行为的内涵,结合本研究的情境特征,确定了访谈提纲的核心议题与基本逻辑。初始访谈提纲形成后,邀请旅游管理专业的两位教授进行审读和修改;随后在社交圈中邀请4位近期有出游经历的好友进行预访谈,根据他们反馈的意见对访谈问题的措辞做进一步优化,最终得到正式的访谈提纲。

访谈提纲主要包括:第一部分为导语部分,介绍近年来游客需求日趋多样化和个性化,在信息技术的支持下做出各种努力以提升旅游体验质量,并将旅游活动作为一种锻炼自我、彰显自我和形塑自我的一种方式,在此社会背景下,每一位游客都用独特的方式塑造自己的旅游体验。第二部分为访谈问题部分,主要包括:① 在发现自己的旅游需求到出游之前这段时间,您针对旅游活动做了哪些具体工作?为什么要这样做? ② 在旅游活动开展过程中,您做出了哪些努力来提升自己的旅游体验质量?为什么要这样做? ③ 在旅游返程之后,您还有哪些与本次旅游活动相关的行为?为什么这样做? ④ 您在本次旅游活动中投入了哪些个体资源?请列举并对其内容进行详细解释。这些访谈内容并非固定的,访谈者可以根据访谈进程及理论饱和的要求进行动态调整。

在上述访谈提纲核心议题之外,本研究还针对访谈任务补充设计了开场白、受访者基本信息以及结束语。其中,开场白包括访谈者简要的自我介绍、访谈目的、访谈规则和感谢语;受访者基本信息主要包括访谈对象的人口统计学信息以及联系方式;结束语包括对整场访谈的总结和补充,以及对受访者的再次感谢。

(二)数据收集

理论抽样和持续比较是应用扎根理论的两个基本原则。理论抽样作为扎根理论的核心程序之一,是指按照研究目的和研究设计的理论指导,抽取能为研究问题提供最大信息量的对象作为样本。由于扎根理论遵循持续比较、循环分析的原则,这就要求理论抽样贯穿扎根理论分析过程始终,通过问题导向不断补充新的资料,并通过持续比较数据和已形成的概念类属,将新发现的概念逐个纳入、修正和完善已有框架,直至概念范畴达到理论饱和。如果新获取的信息在持续比较过程中不再产生新的类属,且理论见解不再揭示核心范畴新的属性时,即可认为扎根理论得到的范畴已经达到饱和状态。

根据扎根理论中的理论抽样要求,以及 Miles 等(1994)提出的三角互证法,本研究通过多渠道收集数据进行分析与相互验证,形成完整的证据链,以尽可能多的数据来源确保研究的全面性和准确性,弥补单一证据来源的不足与偏见。一方面,本研究遵循便利性和代表性的抽样原则,在个人社会关系网络中寻找最近 3 个月内有出游经历的人,进而结合滚雪球抽样方法进一步招募访谈对象。考虑到游客体验价值共创行为对行为主体在时间、精力以及相关资源方面的要求,以及访谈过程中信息交流的准确性和完整性,本研究将访谈对象的年龄限定在 18—65 周岁的人。另一方面,在各旅游相关微信群、QQ 群以及网络虚拟社群发布信息招募符合要求的访谈对象。采用这种方式寻求受访者可以在一定程度上避免个人社交圈的局限性,丰富访谈对象的构成,从而防止"物以类聚,人以群分"带来的多样性、全面性不足等问题。根据受访者的意愿,本研究采用线上和线下相结合的方式进行访谈。

访谈过程主要如下流程:① 前期沟通。研究者向被访者介绍访谈的目的和流程,约定访谈的时间、地点或线上访谈的网络平台。② 正式访谈,访谈人员向受访者详细介绍访谈规则,并承诺访谈信息的匿名性和保密性,在获得受访者的知情同意授权后,按照访谈提纲开始访谈并录音。③ 补充提问。访谈人员根据受访者提供的信息情况进行追问。在沟通过程中,访谈人员鼓励受访者翻阅和展示手机或网络空间保存的视频和图片等资料,以唤起受访者更多有关旅游活动的细节回忆。

为了保证获取信息的可靠性,本研究作出如下努力:① 对访谈过程进行标准化控制;② 对访谈主题可能发生误解的地方,做统一的解释性说明,确保受访者对主题有充分的了解;③ 营造融洽的沟通氛围,尽可能保证受访者能够详细回答问题,鼓励受访者说出意料之外的故事;④ 采用中立的语境,避免访谈人员对受访者进行引导或暗示。

线下访谈中,双方均使用普通话沟通;线上访谈亦采用中文进行交流。在此过程中,访谈与编码工作是互相交织的,每次访谈结束后即开始对资料进行整理与编码,以理论抽样扩充访谈信息,并重复资料收集与分析过程,直到理论饱和。全部访谈于2021年5月5日至6月12日完成,中间共进行了四次访谈,累计访谈18人,受访者信息如表4-2所示。第四次访谈与资料整理后,发现类属发展得相当丰富,没有新的重要类属出现,便认为理论已经饱和。

表 4-2 访谈对象资料

编号	性别	年龄	学历	职业	最近一次旅游时间
AF01	男	38	本科	政府机关工作人员	一个月前
AF02	男	46	研究生及以上	教师	几天前
AF03	男	45	本科	教师	几天前
AO01	女	36	本科	政府机关工作人员	几天前
AF04	女	43	大专	个体职业者	半个月前
AF05	男	62	本科	退休	几天前
AO02	男	41	高中/中专	企业职员	几天前
AO03	女	53	本科	教师	一个月前
AO04	女	36	大专	企业职员	几天前
BF01	女	26	本科	政府机关工作人员	一个月前
BF02	男	36	研究生及以上	医生	几天前
BO01	女	25	研究生及以上	学生	半个月前
CF01	女	63	初中	退休	一个月前
CF02	男	36	高中/中专	农民	几天前
CF03	男	43	高中/中专	个体职业者	一个月前
DO01	女	21	本科	学生	两个月前
DO02	女	—	本科	企业职员	半个月前
DO03	男	27	本科	教师	一个月前

注:"—"表示受访者未提供该项信息。

受到访谈对象认知能力、反应速度以及当时所处的情境的影响,每一次线下访谈时长从26分钟到68分钟不等。每次访谈结束后,利用工具将录音笔和手机中的录音文件自动转录为文本文件,随后人工逐字检查,剔除语气词等无效词语和重复性回答语句后,形成访谈文稿约11万字(含访谈人员的提问和追问),

以此作为基于半结构访谈法运用扎根理论建构游客体验价值共创行为结构的原始数据。为方便资料整理,本研究对每一位访谈对象都进行了编号,第一次访谈至第四次访谈分别编号为 A、B、C 和 D,线下访谈和线上访谈分别编号为 F 和 O,如第一次访谈中,第一位线下受访者被编号为 AF01。

三、资料分析

编码是对质性资料进行分析的首要环节,也是扎根理论的一项基础工作。本研究根据扎根理论的分析策略,围绕"游客体验价值共创行为的构成维度"这一核心议题,对已收集和整理的原始访谈材料进行有效的分类、设定标签及编码。

(一)开放式编码

开放式编码是指对原始访谈资料逐句逐段进行编码,设定对应标签并录入,继而从中获得初始概念以及概念范畴的过程。在此过程中,研究者需对所搜集的材料进行整合,并以新的方式重新组合和归类。Glaser(1998)提出,扎根理论使用中,研究者应摈弃自己的个人主观认识和见解,用自由开放的心态去发现现象的根源或概念的内涵,只有这样才能使开放性编码更加有效。所形成的代码既要紧贴数据、能够反映数据的真实信息,又要对原有的数据进行提炼和抽象,形成能够进行理论研究的概念(靳代平等,2016)。本研究参考许庆瑞等(2013)的做法,首先,邀请两位研究方向为旅游消费行为的教授对原始材料进行双盲编码,对原始材料进行标签化并形成初步代码,进而按照最大可能性原则,综合两人分别编码后形成的所有初级代码,共获得 307 条初级代码。其次,按照语义相同或相近原则,两位编码者以背对背的方式对 307 条初级代码做进一步整理和归纳,形成 119 条代码。最后,检验代码的内部一致性。依据 Miles 等(1994)的观点,如果代码的内部一致性超过 80%,即达到可接受水平。本研究中,两位编码者的一致代码数为 102 条,内部一致性检验结果为 85.71%,达到 80% 的可接受水平。

进一步地,对提炼出的概念进行范畴化处理,即将开放编码形成的概念进行整理和归纳,找出各概念之间的内在关联,把具有相同本质属性的概念归并为同一个类别,从而形成范畴体系。结合已有的研究,本研究将提炼出的概念进一步归纳为 22 个范畴。本研究列举了部分概念提炼和范畴化的过程,具体见表 4-3。

表 4-3　从代码到概念的形成过程举例

代码举例(a_x)	概念(AA_x)	范畴(A_x)
a2 看微信朋友圈	AA1 观察他人行为	A1 信息广泛收集

表4-3(续)

代码举例(ax)	概念(AAx)	范畴(Ax)
a9 打电话问民宿房价	AA4 电话咨询	A2 信息聚焦收集
a17 告知自己的到达时间	AA8 沟通需求信息	A3 传递需求
a12 反复确认套餐包含的服务	AA10 服务内容交流	A4 信息交流
a5 自己确定旅游目的地	AA12 线路自主设计	A5 线路设计
a13 要求调整套餐包含的服务	AA14 服务优化设计	A6 服务设计
a21 路上轮流开车	AA16 相互配合	A7 团队合作
a24 与服务人员友好交谈	AA18 尊重他人	A8 友好待人
a55 住导游提前分好的房间	AA20 服从安排	A9 服从管理
a33 质问活动为什么取消	AA22 服务内容纠正	A10 服务内容监督
a97 要求服务员戴口罩	AA24 服务方式纠正	A11 服务规范监督
a76 称赞菜肴口味	AA26 表扬优秀服务	A12 客观评价
a38 建议取消活动要提前沟通	AA28 改进建议	A13 意见表达
a29 在微信朋友圈发布照片	AA30 朋友圈展示	A14 网络展示
a61 共同讨论当天游览的景点	AA33 共同回味旅程	A15 同行人员互动
a72 向朋友分享旅游过程中的故事	AA35 趣事分享	A16 社交网络交流
a86 帮助朋友查找旅游攻略	AA37 帮助查询信息	A17 信息帮助
a30 告诉提问的朋友旅游目的地	AA40 回应网络咨询	A18 回应咨询
a41 帮助朋友预订民宿	AA42 帮助联络	A19 人际帮助
a93 向朋友推荐自己去目的地	AA45 旅游行程推荐	A20 线路推荐
a40 向朋友推荐有意思的旅游项目	AA47 体验项目推荐	A21 消费项目推荐
a84 向朋友推荐特色小吃店	AA49 商家推荐	A22 服务推荐

(二) 主轴式编码

主轴式编码是对开放编码形成的范畴进行聚类分析,目的是在开放编码之后以新的方式重新排列它们。其主要任务就是将原始资料以更新、更清晰的方式整合并组织起来,从而使各个类属之间的各种联系变得越来越具体,进而挖掘出副范畴和主范畴之间可能存在的相互关系。换言之,主轴式编码就是把开放编码形成的范畴进行聚类分析之后,形成更大的类属,探究它们之间是如何联系起来的。旅游体验价值共创作为一个以需求为中心的互动过程,其核心思想是游客在与他人合作或受他人影响下共同创造旅游体验(Jaakkola et al.,2015)。游客体验价值共创行为覆盖旅游体验活动的全过程,不同阶段的行为目标、行为方式以及努力水平存在某些关联性或差异性,可以通过对访谈资料进行进一步分析来发现。本研究将开放性编码中提炼的概念和范畴进行反复比较与分析,根据不同范畴之间的相互联系和逻辑关系进行归类,从而保证范畴的互斥性和严谨性。经过主轴式编码后,开放式编码形成的22个范畴进一步归纳为9个副范畴和2个主范畴,如表4-4所示。

表4-4 主轴编码分析

开放式编码提取范畴	关联性编码提取范畴	
	副范畴	主范畴
A1 信息广泛收集	B1 信息搜寻	C1 游客参与行为
A2 信息聚焦收集		
A3 传递需求	B2 信息传递	
A4 信息交流		
A5 线路设计	B3 产品设计	
A6 服务设计		
A7 团队合作	B4 责任行为	
A8 友好待人		
A9 服从管理		
A10 服务内容监督	B5 服务监督	
A11 服务规范监督		
A12 客观评价	B6 意见反馈	
A13 意见表达		
A14 网络展示	B7 体验分享	C2 游客公民行为
A15 同行人员互动		
A16 社交网络交流		
A17 信息帮助	B8 帮助行为	
A18 回应咨询		
A19 人际帮助		
A20 线路推荐	B9 推荐行为	
A21 消费项目推荐		
A22 服务推荐		

(三)选择性编码

选择性编码就是在主轴编码所发现的概念范畴中经过系统的分析后选择或聚合出一个"核心类属"。核心类属必须具有中心性、全面性和统领性等特点,能够将最大多数的概念囊括在一个较宽泛的理论范围之内。换言之,选择性编码是把主轴式编码形成的范畴关系进一步具体化,开发出能够统领整个范畴的故事线,从而形成新的实质性理论框架。陈向明(1999)提出,选择性编码包含以下步骤:明确资料的故事线;对主、副范畴及其属性进行描述;检验已经建立的初步假设,填充需要补充或发展的概念范畴;挑选出核心范畴;在核心范畴与其他范畴之间建立起系统的联系。

根据扎根理论的研究范式及系统分析,本研究确定"游客体验价值共创行为"为选择性编码的核心范畴。关联性编码提取的两个主范畴的某些属性不同。行为目标上,游客参与行为主要表现为任务导向,是游客在"通过支持旅游活动高质量开展谋求高水平旅游体验"任务导向下的行为表现;游客公民行为主要表现为关系导向,是游客在"通过社会互动建构社会关系和独特旅游体验"任务导向下呈现的角色外行为。产生时间上,游客参与行为主要形成于旅游前和旅游中阶段;游客公民行为则主要形成于旅游中和旅游后阶段。尽管如此,在这两种行为中,游客都作为资源拥有者将自身掌控的操作性资源投入到价值共创系统,为提升自己的旅游体验价值作出贡献。因此,"游客参与行为"和"游客公民行为"两个主范畴对游客体验价值共创行为都存在显著的解释力。以行为属性为"故事线"进行逻辑推演,本研究利用"游客体验价值共创行为"将主范畴、副范畴、范畴以及概念糅合成一个整体,初步构建了各种范畴和概念的关联体系,具体如图4-1所示。

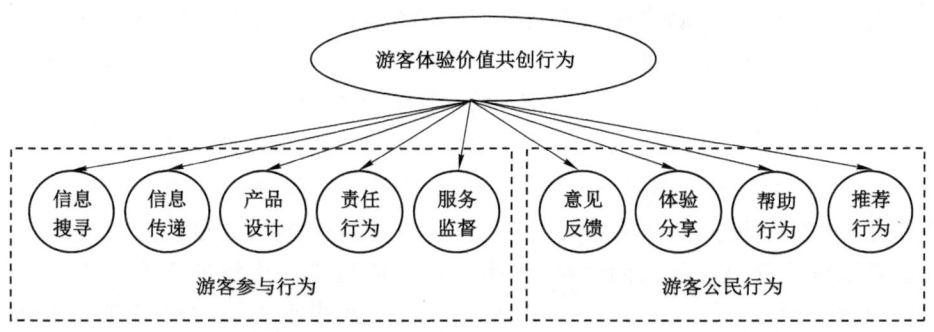

图4-1 游客体验价值共创行为的维度结构模型

(四)饱和度检验

本研究遵循"持续比较"原则,资料收集与资料分析交织进行,以理论抽样扩充访谈数据,直到访谈资料不再产生新的信息贡献时停止数据收集。本研究在进行第18次访谈后没有发现新的概念,也没有发展出新的范畴。为了保证结果效度,本研究将编码及分析结果发送给本领域的两位专家审阅,并根据专家意见进行修正,形成最终编码结果。随后,研究者参加了朋友组织的三日自驾游活动,通过参与式观察了解旅游活动参与者价值共创行为的方式和内容,对相关信息进行记录和编码,发现获取的信息没有超出先前提炼的两个主范畴。由此可以认为,本研究构建的游客体验价值共创行为的维度结构模型达到了理论饱和。

四、质性分析结果讨论

通过"资料收集—开放式编码—主轴式编码—选择式编码"等多个步骤的循环往复,本研究提炼出游客体验价值共创行为的维度构成,即游客参与行为和游客公民行为。游客参与行为是游客通过参与服务生产和服务提供过程获得期望旅游体验的行为,主要表现在旅游前阶段和旅游中阶段的信息搜集、信息传递、产品设计、责任行为及服务监督等。游客公民行为是游客在旅游活动中所表现出的益于他人的角色外行为,主要表现在旅游中阶段和旅游后阶段的意见反馈、体验分享、帮助行为以及推荐行为等。其中,意见反馈是企业导向公民行为,是游客在顾企互动中向服务提供者反馈有益于其改进产品和提高服务质量建议的行为;而体验分享、帮助行为和推荐行为是消费导向公民行为,游客的行为对象是同行游客、亲友以及其他社会关系网络成员,为他们的旅游活动开展及体验提升提供支持,并从中获得一定的心理利益。本研究提炼的游客体验价值共创行为维度的构成,在一定程度上深化了对社会网络环境下游客参与体验价值共创这一现象的认识,为后续的实证研究提供了可参考的理论依据。

已有学者提出,顾客价值共创行为分为顾客参与行为和顾客公民行为两个维度(Yi et al.,2013)。本研究的结论与该观点一致,但各维度所包含的内容却有所不同。一方面,游客参与行为中,本研究新发现了产品设计和服务监督两个子维度。移动互联网技术的快速发展使游客自主创造个性化旅游体验成为可能,网络信息凭借内容丰富、兼具声像、成本低廉等优势,取代以往传统的信息传播媒介,成为最便捷、最可靠的旅游信息源。同时,游客还通过社交互动从个体社会关系网络获取有价值的信息,作为制定和优化旅游决策的重要参考。游客凭借所搜集的信息资源和以往经验,根据自己的需求参与旅游行程规划和服务设计,并监督服务提供者的服务质量和服务传递过程,以获得期望的旅游体验。另一方面,游客公民行为中,本研究提出了体验分享这一子维度。在当今移动互联网时代,社交媒体的普及为信息沟通与分享提供了广阔的平台,如果游客获得深度旅游体验,他们往往会倾向于向他人展示,该行为已逐渐成为旅游活动的重要组成部分。这一行为不仅仅是一个炫耀或沟通的过程,更是一个体验强化与体验建构的过程,对于提升游客的旅游体验具有重要意义(李淼等,2012)。因此,本研究构建的游客体验价值共创行为的维度结构模型更符合当前移动互联网时代游客体验价值共创行为的特征。

第三节 游客体验价值共创行为维度结构实证检验

作为价值共创的一种特殊形式,游客体验价值共创行为既具有一般消费者价值共创行为的某些共性特点,同时又基于旅游体验的特殊性而体现出诸多个性特征。本研究通过质性研究发现,游客体验价值共创行为可分为游客参与行为和游客公民行为两个维度,且这两个维度在当前移动互联网时代呈现出新的内容,与既有研究存在明显的区别。但是,质性分析的这一结果是否科学,还有待进一步实证检验。本节的研究目标有两个:一是利用探索性因子分析法和验证性因子分析法检验游客体验价值共创行为维度结构的科学性;二是借助这一分析过程确定游客体验价值共创行为量表,为后面的实证研究提供支持。

一、初始量表设计

一般而言,量表题项产生的方法主要包括以下三种:归纳法、演绎法以及组合法(罗胜强等,2014)。其中,归纳法是指当研究者对被测构念的关键指标和内部结构缺乏充分认知时,通过质性研究方法广泛搜集有关被测构念的描述性信息,逐步筛选和提炼出核心内容,从而发展出测量题项。演绎法是指研究者对构念的内容和结构有充分的认知和理论支持,研究者基于对已有研究文献的整合分析以及对被测构念定义和内涵的理解,确定测量指标和题项应该涵盖的范围,进而发展出测量题项。组合法结合了归纳法和演绎法,从而兼具前两种方法的优点。由于组合生成测量题项通常有三个来源,即研究者、调查对象和相关文献,相对于单纯地采用归纳法或演绎法,组合法收集的测量题项更具有针对性和全面性。因此,本研究采用组合法来生成游客体验价值共创行为的初始测量题项。

旅游领域的价值共创相关成果中,李丽娟(2012)、Xie 等(2020)以及 Mvondo 等(2022)的研究都体现了游客体验价值共创行为的多维性特征,为本研究提供一些线索和启示。Yi 等(2013)的研究结果表明,顾客价值共创行为可分为顾客参与行为和顾客公民行为两个维度,其中,顾客价值共创行为包含信息寻求、信息共享、责任行为、个人互动等四个子维度,而顾客公民行为包含反馈、倡导、帮助、容忍等四个子维度。同时,Liu 等(2014)利用质性研究方法专门探讨了游客公民行为,提出游客公民行为包含三种类型:一是促进沟通和管理,为旅游带来和谐和欢乐的行为;二是对同行游客表现出仁慈的行为;三是激励和支持服务提供商的行为。此外,谢礼珊等(2019)、Torres-Moraga 等(2021)以及涂红伟等(2023)都针对游客公民行为或其子维度开发了测量工具。这些研究成果同样为本研究所要进行的游客体验价值共创行为量表开发工作提供了理论或经验性的参考。

根据组合法发展测量题项的思路,本研究将已有的相关研究成果与通过质性研究得出的结论相结合,对游客体验价值共创行为量表的初始题项进行了初步设计。测量题项拟定过程中,反复推敲措辞用语,争取语言表达简洁、明确、无歧义;对于外文量表,照标准程序进行"翻译—回译",以确保中外文表述含义尽量一致;题项数量上尽量精简,以减小调查对象因疲劳和厌烦造成的偏差;题项排列上体现逻辑性和层次性,符合调查对象的逻辑。确定备选测量题项后,请三位旅游相关研究领域的专家提出修改意见,据此删除不必要或不合理的题项,合并具有明显重叠部分的题项,并对一些语句的描述进行适当调整,最终确定包含31个题项的游客体验价值共创行为初始量表,如表4-5所示。

表4-5 游客体验价值共创行为初始量表

变量	子维度	题项	题项描述	来源
游客参与行为	信息搜寻	IS1	我搜集有关旅游地的信息	Yi 等（2013）
		IS2	我搜集旅游企业的信息	
		IS3	我关注他人参与的旅游活动	
	信息传递	IT1	我告知服务人员我希望他们做什么	Yi 等（2013）
		IT2	我向服务人员提供了适当的信息	
		IT3	我提供的信息足以帮助服务人员履行其职责	
		IT4	我回答服务人员所有与服务相关的问题	
	产品设计	PD1	我参与设计旅游活动的行程	Chan 等（2010）,访谈资料
		PD2	我参与规划旅游服务的内容	
		PD3	我参与优化服务传递的过程	
		PD4	我参与决定服务提供者如何提供服务	
	责任行为	RB1	我完成所有自己的任务	Yi 等（2013）
		RB2	我执行所有预期的行为	
		RB3	我遵守服务人员的要求或指令	
	服务监督	SS1	我核实服务提供者的服务内容	访谈资料
		SS2	我关注服务人员的服务规范	
		SS3	我注意服务人员的服务态度	
		SS4	我投诉不满意的产品/服务	

表 4-5(续)

变量	子维度	题项	题项描述	来源
游客公民行为	意见反馈	FE1	我认真填写服务相关调查表	Torres-Moraga 等（2021）
		FE2	我向服务人员反馈改善服务的建议	
		FE3	我向有关人员反映获得的优质服务	
	体验分享	SH1	我在网络平台分享自己的旅游经历	访谈资料
		SH2	我在网络平台发表旅游日记/攻略	
		SH3	我与同行游客交流旅游体验	
		SH4	我向他人分享自己的旅游感受	
	帮助行为	HE1	我解答他人提出的有关旅游的问题	谢礼珊等（2019）
		HE2	我帮助他人搜寻旅游信息	
		HE3	我帮助他人联络服务提供者	
	推荐行为	RE1	我向他人推荐值得旅游的目的地	Torres-Moraga 等（2021），访谈资料
		RE2	我告诉他人好玩的旅游活动	
		RE3	我向他人推荐优质服务提供者	

上述游客体验价值共创行为初始量表采用李克特 7 级量表形式，其中，"1"表示"非常不同意"，"2"表示"不同意"，"3"表示"有点不同意"，"4"表示"不确定"，"5"表示"有点同意"，"6"表示"同意"，"7"表示"非常同意"，调查对象根据自己的实际情况对每个题项进行判断，并做出相应的选择。在此基础上，增加了引导语和相关填写说明，以及调查对象的人口统计学特征题项，形成完整的游客体验价值共创行为调查问卷。

二、数据收集与样本情况

本研究采用网络问卷的方式，将调查问卷在问卷星调查平台发布，所有题项均被设为必填项，将问卷设置为不公开（问卷星网站访客或注册会员无法通过关键词检索的方式搜索到该问卷）。调查对象同样为 18 岁以上最近 3 个月内有出游经历的人，调查方式是邀请 12 位亲友在各自的微信群发布网络问卷的链接网址和二维码，说明调查目的和要求，请满足条件的人帮助填写。这一过程从 2021 年 7 月 7 日开始，到 7 月 12 日结束，共收到 417 份问卷，剔除所有题项选择同一答案或规律性选择答案等无效问卷后，获得有效问卷 384 份，有效问卷率为 92.09%。本研究将基于该样本数据，利用探索性因子分析法萃取游客体验价值共创行为的维度。但是，探索性因子分析主要根据测量题项之间的相关程度来揭示其内在结构，所得出的结果并不一定完全合理，通常需要进一步利用验证性因子分析进行检验。为此,本研究将384份样本数据按照问卷编号平均分成两组,一组为单号样本数据,用来做探索性因子分析;另一组为双号样本数据,用其进行验证性因子分析。

384份有效问卷的样本基本信息统计如下:男性占比为49.2%,女性占比为50.8%;年龄分布上主要集中在21~50岁,占比达92.0%;教育程度分布上,本科、大专和硕士及以上位列前三位,占比分别为41.4%、23.2%、21.6%;职业分布上,排在前三位的分别是企业职工、政府机关或事业单位人员、个体经营者,占比分别为40.6%、17.2%、14.1%;月收入分布相对较为均衡,3 001~5 000元、5 001~8 000元、8 001~10 000元位列前三位,占比分别为25.0%、24.7%、24.5%。此外,答题者IP地址显示,调查对象覆盖了江苏、浙江、上海、山东、河南等18个省(直辖市、自治区)。

三、量表优化及维度探索

在对样本进行探索性因子分析之前,首先进行Kaiser-Meyer-Olkin(KMO)测度和巴特勒球形检验。结果显示,KMO值为0.904,说明样本数据适合做因子分析;巴特勒球形检验的χ^2值的显著性概率为0.000,说明数据相关矩阵不是单位矩阵,具有一定的相关性,进一步说明了因子分析的适合性。

然后采用主成分分析方法对数据进行探索性因子分析,经具有Kaiser标准化的正交旋转法处理后萃取特征值大于1的公因子。结果发现题项SS4的因子载荷小于0.5,删除该题项后可以提高因子的总体解释度,因此,应删除该题项重新进行因子分析。删除题项SS4之后,再次进行探索性因子分析,此时KMO值为0.906,巴特勒球形检验的χ^2值的显著性概率依旧为0.000。具体结果如表4-6显示,有9个公因子的特征值大于1,共解释了78.56%的总方差;仅有题项SH2的因子载荷不足0.6,其余题项在各自公因子的载荷都大于0.6。由此可以认为,所提取的9个因子可以代表测量题项大多数的信息。

表4-6 探索性因子分析结果

题项	因子1	因子2	因子3	因子4	因子5	因子6	因子7	因子8	因子9
IS1	0.764								
IS2	0.817								
IS3	0.759								
IT1		0.753							
IT2		0.806							

表4-6(续)

题项	因子1	因子2	因子3	因子4	因子5	因子6	因子7	因子8	因子9
IT3		0.682							
IT4		0.847							
PD1			0.748						
PD2			0.811						
PD3			0.739						
PD4			0.865						
RB1				0.800					
RB2				0.815					
RB3				0.753					
SS1					0.844				
SS2					0.719				
SS3					0.795				
FE1						0.816			
FE2						0.790			
FE3						0.816			
SH1							0.613		
SH2							0.513		
SH3							0.792		
SH4							0.766		
HE1								0.802	
HE2								0.829	
HE3								0.831	
RE1									0.785
RE2									0.809
RE3									0.827

最后,运用总相关系数(corrected item-total correlation,CITC)分析和Cronbach's α 系数来净化测量题项。Churchill(1979)认为,如果某题项的

CITC 值小于 0.4,除非有特殊理由,该题项应予以删除。Nunnally 等(1994)则提出,应删除 CITC 值小于 0.4 且删除此项后 α 值增加并大于 0.7 的题项,以提升各变量及量表整体信度,本研究依据该标准进行变量题项的净化。表 4-7 显示了 CITC 分析结果,公因子 7 中题项 SH2 的 CITC 值低于 0.4,删除该题项后的 α 值有明显提升,因此,应删除该题项,由此公因子 7 的测量题项数量缩减为 3 个,最终 Cronbach's α 值为 0.845。其他 8 个公因子中,所有因子的 CITC 值均大于 0.4,所以应保留所有测量题项。经过题项净化后,除了公因子 4 的 Cronbach's α 值接近 0.8 以外,其余公因子的 Cronbach's α 值均超过 0.8。

表 4-7 CITC 分析结果

公因子	题项	初始 CITC	删除题项后 α 系数	最终 CITC	初始 Cronbach's α	最终 Cronbach's α
1	IS1	0.703	0.837	0.703	0.861	0.861
	IS2	0.812	0.738	0.812		
	IS3	0.702	0.840	0.702		
2	IT1	0.774	0.868	0.774	0.898	0.898
	IT2	0.781	0.866	0.781		
	IT3	0.741	0.882	0.741		
	IT4	0.803	0.859	0.803		
3	PD1	0.756	0.908	0.756	0.915	0.915
	PD2	0.818	0.885	0.818		
	PD3	0.793	0.894	0.793		
	PD4	0.860	0.872	0.860		
4	RB1	0.653	0.705	0.653	0.795	0.795
	RB2	0.678	0.679	0.678		
	RB3	0.586	0.779	0.586		
5	SS1	0.723	0.785	0.723	0.849	0.849
	SS2	0.712	0.795	0.712		
	SS3	0.719	0.788	0.719		

表4-7(续)

公因子	题项	初始CITC	删除题项后α系数	最终CITC	初始Cronbach's α	最终Cronbach's α
6	FE1	0.817	0.889	0.817	0.916	0.916
	FE2	0.856	0.858	0.856		
	FE3	0.817	0.889	0.817		
7	SH1	0.661	0.698	0.672	0.785	0.845
	SH2	0.397	0.845	—		
	SH3	0.658	0.699	0.711		
	SH4	0.711	0.681	0.758		
8	HE1	0.774	0.864	0.774	0.893	0.893
	HE2	0.806	0.833	0.806		
	HE3	0.793	0.846	0.793		
9	RE1	0.760	0.849	0.760	0.884	0.884
	RE2	0.766	0.842	0.766		
	RE3	0.797	0.814	0.797		

经过上述探索性因子分析和CITC分析,剔除了题项SS4和SH2,其余题项得以保留,此时量表的因子结构已比较稳定。此时,探索性因子分析析出的9个公因子分别对应于信息搜寻、信息传递、产品设计、责任行为、服务监督、意见反馈、体验分享、帮助行为以及推荐行为等9个变量。

进一步地,采用主成分分析方法对数据进行探索性因子分析,设置提取公因子的数量为2,并对提取的公共因子用Kaiser标准化的正交旋转法处理。结果表明,2个公因子共解释了47.77%的总方差,所有题项在各自因子的因子载荷都超过了0.5。同样采用Cronbach's α系数来检验测量结果的一致性,公因子1的α值为0.921,公因子2的α值为0.913,表现出良好的信度(表4-8)。此时,公因子1包含了信息搜寻、信息传递、产品设计、责任行为、服务监督等5个变量的全部测量题项,对应于游客参与行为;公因子2则覆盖了意见反馈、体验分享、帮助行为以及推荐行为等4个变量的所有测量题项,对应于游客公民行为。

表 4-8　探索性因子分析结果(2 因子)

公因子 1($\alpha=0.921$)				公因子 2($\alpha=0.913$)	
题项	因子载荷	题项	因子载荷	题项	因子载荷
IS1	0.616	RB2	0.558	FE1	0.736
IS2	0.656	RB3	0.600	FE2	0.761
IS3	0.624	SS1	0.501	FE3	0.695
IT1	0.680	SS2	0.551	SH1	0.667
IT2	0.604	SS3	0.507	SH3	0.567
IT3	0.687			SH4	0.568
IT4	0.619			HE1	0.663
PD1	0.727			HE2	0.657
PD2	0.684			HE3	0.651
PD3	0.737			RE1	0.733
PD4	0.710			RE2	0.667
RB1	0.534			RE3	0.713

四、维度结构的进一步检验

(一)一阶验证性因子分析

探索性因子分析明确了测量量表的因子结构,为了检验所获因子结构稳定性与合理性,本研究进一步利用双号样本数据对其进行验证性因子分析。验证性因子分析主要通过判断模型整体拟合程度以及各测量指标因子载荷情况,对因子结构进行评价。作为检验构念效度的先决条件,假设模型需要与抽样得到的数据很好地契合,测量指标在所要测量的构念上的因子载荷值应很高,而测量指标受到随机误差影响的程度应该很低(陈晓萍等,2008)。吴明隆(2009)认为,如果因子载荷介于 0.50~0.95,可说明模型的适配度较好,因子结构具有良好的稳定性;因子载荷值越大,表示测量指标被所测构念解释的比例越大,越能体现所测构念的特质。

表 4-9 显示了各测量题项在各自所属因子的载荷值。可以发现,所有测量题项的因子载荷值都介于 0.70~0.95,说明各题项均能有效反映所测构念的特质。如果估计参数中没有出现负的误差变异量,标准误估计值也较小,则表明模型的拟合情况良好(吴明隆,2009)。测量模型中的 9 个潜变量和 29 个题项的测量误差值都为正数,且在 0.01 的水平上显著,同时标准误估计值都较小,数值介于 0.042~0.078,说明无模型界定错误的问题。因子之间的相关系数介于

0.381~0.616,而且没有交叉负荷和缺失路径的题项,依据 Liden 等(1998)提出的判断标准,可以认为测量模型的多维结构是可接受的。

表 4-9 测量模型的信效度检验

公因子	题项	标准化因子载荷	t 值	Cronbach's α	CR	AVE
1	IS1	0.798	—	0.865	0.868	0.686
	IS2	0.875	18.11			
	IS3	0.811	16.86			
2	IT1	0.864	—	0.917	0.918	0.738
	IT2	0.871	22.39			
	IT3	0.825	20.41			
	IT4	0.875	22.60			
3	PD1	0.808	—	0.910	0.911	0.719
	PD2	0.881	20.12			
	PD3	0.850	19.15			
	PD4	0.852	19.23			
4	RB1	0.760	—	0.794	0.795	0.564
	RB2	0.758	13.14			
	RB3	0.735	12.86			
5	SS1	0.855	—	0.885	0.885	0.719
	SS2	0.872	20.41			
	SS3	0.817	18.86			
6	FE1	0.872	—	0.921	0.922	0.799
	FE2	0.940	26.32			
	FE3	0.867	23.07			
7	SH1	0.782	—	0.858	0.863	0.677
	SH3	0.825	16.71			
	SH4	0.860	17.36			
8	HE1	0.865	—	0.898	0.899	0.748
	HE2	0.865	21.27			
	HE3	0.865	21.29			
9	RE1	0.826	—	0.887	0.888	0.726
	RE2	0.861	19.42			
	RE3	0.868	19.60			

进行验证性因子分析时,还需要运用整体拟合指标评价模型的拟合优度。

通常,整体拟合指标包括绝对拟合指数、相对拟合指数和简约拟合指数等三类。其中,绝对拟合指数包括卡方统计值(χ^2)、残差均方根(RMR)、标准化残差均方根(SRMR)、近似误差均方根(RMSEA)、拟合优度指数(GFI)和修正拟合优度指数(AGFI)等。相对拟合指数包括比较拟合指数(CFI)、规范拟合指数(NFI)、非规范拟合指数(NNFI)、增量拟合指数(IFI)等。简约拟合指数包括简约规范拟合指数(PNFI)和简约拟合优度指数(PGFI)等。参照大多研究者的做法,本研究将报告 χ^2/df、SRMR、RMSEA、GFI、AGFI、IFI、NNFI、CFI 等拟合指数。实证研究中,大多研究者以 $\chi^2/df<3$ 作为可接受标准,指标 SRMR 和 RMSEA 的可接受范围为 0~0.08,而 GFI、AGFI、IFI、NNFI、CFI 等指标的数值介于 0~1,越接近于 1,表明模型的适配度越高,通常的建议判别标准为大于 0.90。从表 4-10 显示的模型拟合结果可以看出,χ^2/df 值低于 3,SRMR 和 RMSEA 值小于 0.08,GFI、AGFI、IFI、NNFI、CFI 等指标值都大于 0.9,均达到理想水平,说明模型的整体拟合情况较好。

表 4-10 模型整体拟合指标结果

拟合指标	χ^2/df	SRMR	RMSEA	GFI	AGFI	IFI	NNFI	CFI
模型	1.347	0.031	0.030	0.923	0.902	0.985	0.982	0.985
参考标准	<3	<0.08	<0.08	>0.9	>0.9	>0.9	>0.9	>0.9

信度(reliability)可以反映测量量表的一致性、稳定性和可靠性,最常用的信度测量指标为 Cronbach's α 系数,其值越大,说明测量题项之间的内在关联性越强。有学者认为,组合信度(composite reliability,CR)能够更精确地反映测量量表的真实信度,是更好的信度判断标准(徐万里,2008)。吴明隆(2009)认为,如果潜变量的组合信度值超过 0.6,则表示模型具有良好的内在质量。

效度(validity)主要用以反映量表能够正确测量目标问题特质的程度,主要包括内容效度和结构效度。前者指项目对欲测量的内容或行为范围取样的适当程度,即测量内容的适当性和相符性;后者则用来证明从量表所获得的结果与该量表设计中所依据的理论之间的契合程度,一般利用聚合效度(convergent validity)和区别效度(discriminant validity)这两个指标来测量。聚合效度主要测量同一概念所包含的不同项目之间的相关性,通常利用观测变量的标准化因子载荷和平均方差提取值(average variance extracted,AVE)来评价,AVE 值越高,表明测量项目越能反映出共同因子构念的潜在特质(吴明隆,2009)。区别效度主要反映测量项目之间的差异化程度,一般通过比较各因子 AVE 值的平方根与因子间相关系数绝对值的大小来判断,若前者大于后者,则说明各维度之间具有足够的区别效度。

根据表4-9报告的信效度检验结果,所有因子的Cronbach's α 值均超过了0.8,同时它们的CR值均超过了0.7,说明测量模型具有较高的信度。测量模型中题项的选择和确定参考了国内外已有的研究成果,并结合游客深度访谈资料,根据旅游相关研究领域的专家的意见进行了完善,从而确保了测量模型的内容效度。变量的区别效度检验结果如表4-11显示,各变量的AVE值的范围为0.564~0.799,均超过了Fornell等(1981)建议的不低于0.5的标准,同时,它们的平方根远大于自身与其他因子之间的相关系数,说明测量模型具有较高的聚合效度和区别效度。

表4-11 区别效度检验结果

变量	1	2	3	4	5	6	7	8	9
IS	0.828								
IT	0.570	0.859							
PD	0.586	0.582	0.848						
RB	0.616	0.553	0.532	0.751					
SS	0.528	0.541	0.583	0.500	0.848				
FE	0.470	0.397	0.441	0.384	0.520	0.894			
SH	0.502	0.483	0.587	0.423	0.556	0.609	0.823		
HE	0.482	0.447	0.513	0.381	0.404	0.579	0.575	0.865	
RE	0.456	0.462	0.470	0.388	0.421	0.596	0.615	0.582	0.852

(二)竞争性模型分析

一阶验证性因子分析结果表明,因子1~5之间的相关系数以及因子6~9之间的相关系数都超过了0.5,说明这些因子可能分别被更高阶因子所解释。本研究参考叶乃沂等(2014)的方法,建立单维度一阶因子模型、九维度一阶因子模型、单维度二阶因子模型、二维度一阶因子模型,对这4个CFA测量模型进行分析比较,以进一步检验游客体验价值共创行为的维度结构。

模型Ⅰ:单维度一阶因子模型。通过建立一个潜变量包含29个指标的测量模型,采用最大似然估计法(ML)对数据进行了分析,模型拟合结果如表4-12所示。单维度一阶因子模型从理论上可以理解为游客体验价值共创行为可以由29个测量指标观测得到。但从数据分析结果来看,题项RB2的标准化因子载荷系数(0.478)低于0.5,另有16个题项的标准化因子载荷系数低于0.7;同时,χ^2/df 值超过了3,其他拟合指标也没有达到相应的建议标准。由此可认为,单维度结构模型不甚理想。

表 4-12 四个模型的拟合指标比较

指标	模型Ⅰ（单维度一阶）	模型Ⅱ（九维度一阶）	模型Ⅲ（单维度二阶）	模型Ⅳ（二维度二阶）
χ^2/df	10.111	1.347	1.582	1.364
RMSEA	0.154	0.030	0.039	0.031
GFI	0.531	0.923	0.903	0.918
AGFI	0.459	0.902	0.886	0.902
IFI	0.566	0.985	0.973	0.983
NNFI	0.531	0.982	0.970	0.981
CFI	0.564	0.985	0.973	0.983
PNFI	0.501	0.793	0.843	0.849
PGFI	0.460	0.723	0.764	0.774

模型Ⅱ：九维度一阶因子模型。根据探索性因子分析结果，建立9个一阶因子包含29个测量指标的九维一阶因子模型，同样采用最大似然估计法（ML）对数据进行分析。九维一阶因子模型从理论上可以理解为游客体验价值共创行为可以由9个一阶因子观测得到，而这9个一阶因子可利用29个题项测量。分析结果表明，所有题项的标准化因子载荷系数都比较高；同时，χ^2/df 值控制在较好的范围内，其他拟合指标也达到了相应的建议标准。由此可认为，九维度一阶因子模型是游客体验价值共创行为一种合理的结构。

模型Ⅲ：单维度二阶因子模型。为了简化模型结构的形式，建立1个二阶因子对应9个一阶因子的模型，同样采用最大似然估计法（ML）对数据进行分析。该模型可以理解为，游客体验价值共创行为这一抽象度更高的变量，可以由9个一阶因子表示，这9个一阶因子又分别通过29个可测指标测量。分析结果表明，所有题项的标准化因子载荷系数都比较高；同时，χ^2/df 值控制在较好的范围内，除了AGFI值低于0.9以外，其他拟合指标也都达到了相应的建议标准。此外，简约规范拟合指数（PNFI）和简约拟合优度指数（PGFI）均明显提升，说明二阶因子模型以更简洁的形式呈现了游客体验价值共创行为的维度结构。由此可认为，单维度二阶因子模型是游客体验价值共创行为一种合理且更简洁的结构。

模型Ⅳ：二维度二阶因子模型。基于模型Ⅲ，将二阶因子由1个改为2个，其中，二阶因子1对应于信息搜寻、信息传递、产品设计、责任行为、服务监督等5个一阶因子，二阶因子2对应于意见反馈、体验分享、帮助行为以及推荐行为等 4 个一阶因子。该模型可以理解为,游客体验价值共创行为包含 2 个维度,其中一个维度可以由信息搜寻、信息传递、产品设计、责任行为、服务监督等 5 个一阶因子表示,另一个维度则由意见反馈、体验分享、帮助行为以及推荐行为等 4 个一阶因子表示。分析结果表明,所有题项的标准化因子载荷系数都比较高;同时,χ^2/df 值控制在较好的范围内,其他拟合指标也达到了相应的建议标准。此外,简约规范拟合指数(PNFI)和简约拟合优度指数(PGFI)也有所提升。由此可认为,二维度二阶因子模型也是游客体验价值共创行为一种合理且更简洁的结构。

综合评价上述模型可以发现,模型Ⅰ的拟合情况较差,该模型不是理想的选择;模型Ⅱ、Ⅲ、Ⅳ的各项拟合指标均达到了可接受水平。通过进一步比较,模型Ⅳ与模型Ⅱ的 χ^2/df、RMSEA、GFI、AGFI、IFI、NNFI 以及 CFI 等拟合指标较为接近,但模型Ⅳ的简约规范拟合指数(PNFI)和简约拟合优度指数(PGFI)明显优于模型Ⅱ;模型Ⅳ与模型Ⅲ的 PNFI 和 PGFI 等简约指数较为接近,但模型Ⅳ的 χ^2/df、RMSEA、GFI、AGFI、IFI、NNFI 以及 CFI 等拟合指标明显优于模型Ⅲ。可见,模型Ⅳ不仅拟合情况良好,且更简约,并且提供了 2 个二阶因子与 9 个一阶因子之间的关系信息。因此,本研究认为模型Ⅳ是最理想的选择。

五、实证检验结论

利用探索性因子分析和验证性因子分析方法,基于 384 份有效样本数据,对游客体验价值共创行为的维度结构进行实证检验。探索性因子分析结果表明,删去 2 条不符合相关要求的题项后,可抽取出 9 个特征值大于 1 的公因子,分别对应于信息搜寻、信息传递、产品设计、责任行为、服务监督、意见反馈、体验分享、帮助行为以及推荐行为等 9 个变量;若将抽取的公因子数设定为 2,则抽取的 2 个公因子分别对应于游客参与行为(信息搜寻、信息传递、产品设计、责任行为、服务监督)和游客公民行为(意见反馈、体验分享、帮助行为、推荐行为)。由此可得,探索性因子分析下样本数据呈现的因子结构与定性分析得到的维度结构相一致。验证性因子分析结果同样表明,游客体验价值共创行为可分为游客参与行为和游客公民行为 2 个二阶因子,其中,游客参与行为包含信息搜寻、信息传递、产品设计、责任行为、服务监督等 5 个一阶因子,游客公民行为包含意见反馈、体验分享、帮助行为、推荐行为等 4 个一阶因子。这一结果进一步支持了探索性因子分析的结论以及定性分析对游客体验价值共创行为维度结构的判断。

第五章　游客参与体验价值共创的前因分析

第一节　问题的提出

作为一种个体自发的、多目的性活动,游客参与体验价值共创的前因及其作用机制较为复杂,已有的相关研究成果中,学者们从多个角度探讨了游客体验价值共创行为的形成机理。概括而言,游客参与体验价值共创的驱动因素主要体现在游客个体因素、人际关系因素以及服务供给因素等三个方面。

游客个体因素方面,放松、社交、学习等内在需求和尊重、归属、认同等外在需求深刻影响游客参与体验价值共创的积极性(Tinson et al.,2015)。研究表明,顾客的个性化需求不仅通过具有自我特征的产品得以实现,还可以通过消费过程来表达(徐岚,2007)。对于游客而言,参与体验价值共创是自我表达的一种方式,即使最终的消费产品与其他游客并无二致,但参与过程构成了一种独特性的体验,使游客形成区分于他人的自我意象。同时,额外回报、获得赞美等动机也在游客体验分享活动中扮演重要的角色(王晓蓉等,2017)。人际关系因素方面,社会互动和关系承诺对游客体验价值共创行为具有重要影响(Kallmuenzer et al.,2020)。社会互动增进了互动主体之间的信息传递,使服务提供者能够通过调整和针对性提供旅游产品和服务来响应游客的需求;关系承诺则通过利益分享和提升任务绩效与其他互动主体建立持续、稳定的关系,促进各方更愿意参与旅游体验价值的共同创造。服务供给因素方面,技术上和情感上的支持有助于顾客更易于进行价值共创,从而提升其参与价值共创的积极性(Grissemann et al.,2012)。游客在接受服务的过程中,服务提供者的充分沟通、特殊待遇、快速解决问题等服务方式,都是游客参与旅游体验价值共创的催化剂(Sthapit,2019;Prayag et al.,2020;Xie et al.,2020)。此外,服务景观也是游客参与体验价值共创的重要影响因素(Prayag et al.,2020)。

社会网络理论认为,任何一个个体都不是孤立存在的,而是镶嵌于各种关系构成的社会网络之中,这些社会网络蕴含的丰富信息和群体规范,影响嵌入其中的每一个个体的认知、偏好和行为(Granovetter,1983)。游客的消费决策不仅依赖自己掌握的信息集,其态度还会受到他人言行的修正。同时,游客出于寻求陪伴、安全和归属感,或应对在旅游世界作为"临时陌生人"的焦虑,积极与其他同行游客保持互动,这种社会接触有助于建构独特的旅游体验(Han et al.,2021)。因此,旅游活动远远超出游客在旅游地临时逗留和消费的范畴,它还是个体社会关系的再生产活动,具有鲜明的社会属性(彭丹,2013),游客的消费行为和旅游体验不可避免地受到由他人提供的社会支持的影响(Kim et al.,2013)。已有研究发现,社会支持有利于企业实现与消费者之间的价值共创(Rosenbaum et al.,2007)。由于社会支持能够营造支持性消费氛围,因而可以强化消费者的参与动机,促使其投身于产品开发与服务传递等企业活动(赵建彬等,2016)。还有学者指出,顾客的行为与其所处的社会网络密切联系,其他相关个体的善意行为能够激发顾客的公民行为(Zhu et al.,2016),或通过关系质量正向影响顾客公民行为(常亚平等,2015)。但是,鲜有学者基于旅游消费情境深入探讨社会支持与游客体验价值共创行为之间的关系,社会支持是否以及如何对游客体验价值共创行为产生影响,还有待进一步地实证检验。

如前所述,价值共创是各方参与主体通过互动实现价值共同创造的复杂过程。游客体验价值共创行为不是由于一时情绪冲动的贸然之举,而是游客经过仔细考虑、慎重比较之后做出的理性行动。计划行为理论(theory of planned behavior,TPB)作为社会心理学领域预测个体行为意向的成熟模型,为解释这种经过深思熟虑作出的行为提供了有说服力的框架。根据计划行为理论,个体的某种行为意向通常受到三方面因素的影响:一是行为态度,指个体对特定行为的积极或消极的评价;二是主观规范,指个体实施特定行为时所感受到的社会压力;三是行为控制感,指个体对自身是否能够有效控制特定行为的认知(Ajzen,1991)。在游客参与体验价值共创的过程中,这三方面的因素都与社会支持密切相关。为此,本章基于计划行为理论视角,依托"刺激—机体—反应"(stimulus-organism-response,S-O-R)分析框架,实证检验社会支持是否通过上述三方面因素影响游客体验价值共创行为,以进一步加深我们对游客参与体验价值共创前因的认知,从而为旅游地及旅游企业营销策略的制定提供借鉴。

第二节 理论基础与研究假设

一、理论基础

(一)社会支持

社会支持是一个社会心理学的概念,于20世纪70年代被提出,后发端于康复心理学与流行病学领域。随着社会网络分析方法的不断进步与完善,越来越多的研究者从社会学、社会心理学等角度探讨社会支持的前因和后果。20世纪90年代之后,社会支持研究开始进入市场营销领域,研究者们主要关注社会支持对消费者的态度、决策过程与购买行为的影响。

社会支持是指提供者与接受者之间的语言和非语言交流,这种交流能够减少对情境、自我、他人或关系的不确定性,并增强个体在体验中的控制感(Albrecht et al.,1987)。根据该定义,社会支持的产生需具备两个条件:一是存在提供者和接受者;二是双方之间存在资源(信息、情感等)的传递。从社会资源的角度看,社会支持能够为个体带来信息、技术、鼓励、尊重以及相关建议等资源,有助于个体克服困难或解决问题;从社会关系的角度看,社会支持可以促使个体在互动过程中增进联系,建立和巩固良好的人际关系,有助于消除个体面对困难或问题时的焦虑、不安等负面情绪(Baumeister et al.,2005)。基于此,社会支持呈现出以下三个特点:一是交互性,社会支持的提供者与接受者之间存在交互关系,社会支持行为通常产生于互动过程;二是非负性,即社会支持能够给个体带来中性或正向的效应;三是感知性,由于社会支持容易被接受者所感知,因而大多从社会支持接受者的角度进行考察(骆紫薇等,2018)。

社会支持是一种普遍性的社会行为,家庭成员、朋友、同事等都是提供个体社会支持的重要主体(Thoits,1995),日常生活世界里每个个体都可能是社会支持的客体(van der Poel,1993)。House(1985)认为,社会支持主要由个体的家人和朋友提供。但是,消费活动中的社会支持不仅包括亲友社会支持,还可表现为企业社会支持和顾客间社会支持等(Kong et al.,2013;Zhu et al.,2016)。随着信息技术的快速发展,人们的沟通和交流方式日趋多样化,许多餐厅、书店等消费场所以及在线社交平台都成为顾客获取社会支持的重要来源。有学者将社会支持的主体界定为更宽范围的"社会网络",认为社会网络是社会支持的主要来源(贺寨平,2001)。还有学者指出,消费市场是顾客获取社会支持的重要场所,企业、服务人员乃至其他顾客都可以为个体提供社会支持(Hajli,2014)。社会支持的获得与否以及获得怎样的社会支持,对于顾客的行为倾向和企业的经营活动都产生重要的影响。旅游消费情境下,游客的社会支持可能来自强关系(如朋友和家人),也可能来自弱关系(如服务提供者、同行游客以及有类似旅游经历的人),使用社交网站也是游客获得社交支持的重要渠道(Kim et al.,2013)。

社会支持是一个多维度的概念,其结构因形成情境的不同而不同(Madjar,2010)。早期的研究者将社会支持划分为三个维度,即信息支持、情感支持和有形支持(Schaefer et al.,1981)。随着信息和通信技术的快速发展,社会支持的边界在从以亲缘、地缘关系为基础的传统支持网络,扩展至以互联网为媒介、灵活性很强的社交环境。在当前移动互联网时代,人们的社交活动可以在面对面环境中进行,也可以利用虚拟的网络平台实现,信息支持和情感支持成为人们在社交网络中获得社会支持的主要目标。于是,越来越多的学者关注基于社交网络的无形社会支持,如 Liang 等(2011)将社会支持分为信息性支持和情感性支持两个维度,其中,信息性支持是指向接受者提供以建议、意见或知识等形式呈现并有助于解决问题的信息;情感性支持是指向接受者传递表达情感方面的信息,如关怀、鼓励或同理心等。Zhu 等(2016)、Hajli(2014)也支持从信息性支持和情感性支持两个维度测量社会支持。旅游消费情境下,社会支持主要表现为向游客提供对旅游活动安排具有辅助作用的信息,以及有助于增强旅游体验的情感表达。因此,本研究将从信息性支持和情感性支持两个维度对社会支持进行分析。

(二)游客体验价值共创行为

根据第三章和第四章的分析,游客体验价值共创行为是多元价值创造主体在旅游活动的各个阶段,通过互动与合作来实现资源交换、整合与利用,共同创造旅游体验价值的动态过程。游客体验价值共创行为是一个多维度概念,包括游客参与行为和游客公民行为两个维度。其中,游客参与行为是指游客通过参与服务生产和服务提供过程获得期望旅游体验的行为,主要表现为旅游前和旅游中的信息搜集、信息传递、产品设计、责任行为及服务监督等,这些行为反映了游客对服务的"涉入"程度。游客公民行为是指游客在旅游过程中做出的益于他人的角色外行为,主要表现在旅游中和旅游后的意见反馈、体验分享、帮助行为以及推荐行为等,这些行为不仅是利他行为,更是一种利己行为,能够促进游客体验价值实现增值。

(三)计划行为理论

计划行为理论起源于 20 世纪 70 年代提出的理智行为理论(theory of reasoned action,TRA)。理智行为理论认为,个体在做出某种行动之前会综合判断自身掌握的各类资源,对实施该行动的结果和意义进行评价。在这过程中,个体对行为的态度(behavior attitude)和主观规范(subjective norms)对行为意向(behavior intention)具有直接影响,而个体的行为意向直接决定其实际行为。但是,随着该理论的深入应用,学者们发现该理论并非总是有效的。在理智行为理论中,个体的行为被认为是完全个体意志的结果,而在实际生活中,个体的行为不仅取决于行为态度和主观规范,还受到个体实施该行为的能力及条件的影响。如果个体缺乏必要的资源和合适的机会,即便有积极的行为态度和主观规范,也难以形成实际行动。因此,Ajzen(1991)在理智行为理论的基础上增加了感知行为控制(perceived behavior control)这一变量,构建了计划行为模型。感知行为控制是指个体在实施某种行为时,对自己控制并执行该行为难易程度的感知。人们的各种行为不可避免地受到内部和外部因素的影响,行为态度和主观规范主要考察个体的主观因素,而感知行为控制则是对客观影响因素的评估。影响感知行为控制的内部因素包括信息、知识以及技能等,外部影响因素主要有资金、时间以及关系等。如果一个人在实施某种行为时的感知行为控制程度很高,则说明其无法控制的因素很少,那么他就能够较轻易地实施该行为。实践表明,相对于理智行为模型,计划行为模型具有更好的解释力。

计划行为理论综合考虑了影响个体行为的内在心理因素及外部环境因素,在解释和预测个体特定行为上具有独特的优势,因而被广泛应用于分析个体特定行为意向的研究中。已有许多学者基于该理论对游客的不文明行为(陆敏等,2019)、环境责任行为(周玲强等,2014)、信息搜索行为(刘春济等,2013)以及志愿服务行为(周媛等,2020)等进行了探讨,体现出该理论良好的有效性和旅游研究领域的适用性。为此,本研究将基于计划行为理论视角,探讨社会支持对游客体验价值共创行为的影响机制。

二、研究框架与假设

(一) S-O-R 分析框架

本研究主要采用 S-O-R 分析框架解释社会支持影响游客体验价值共创行为的作用机制。S-O-R 分析框架强调,环境因素作为刺激会影响个体的心理状态,进而促使个体作出行为反应(Namkung et al.,2010)。近年来,S-O-R 分析框架被广泛应用于环境因素对顾客价值共创行为及顾客公民行为影响作用的研究(常亚平等,2015;唐方成等,2018)。社会网络是游客体验价值共创行为的环境和载体,来自社会网络的社会支持有助于游客优化出游决策和消费体验,从而影响游客的行为态度、主观规范和感知行为控制,进而激发游客的行为反应,即产生游客体验价值共创行为意向。因此,本研究将社会支持视为刺激因子,行为态度、主观规范和感知行为控制为机体,游客体验价值共创行为意向视为反应因子,通过构建如图 5-1 所示的理论模型,探讨旅游消费情境下社会支持通过行为态度、主观规范和感知行为控制对游客体验价值共创行为意向的影响机制。

(二) 研究假设

1. 社会支持与游客体验价值共创行为

已有研究表明,顾客是企业的共同创造者,而企业或其他顾客提供的社会支持有利于消费者获得知识与技能,从而增强他们参与价值共创的能力(Vargo et al.,2004)。社会支持作为一种提供爱、情感和信息等的社会资源,对顾客参与

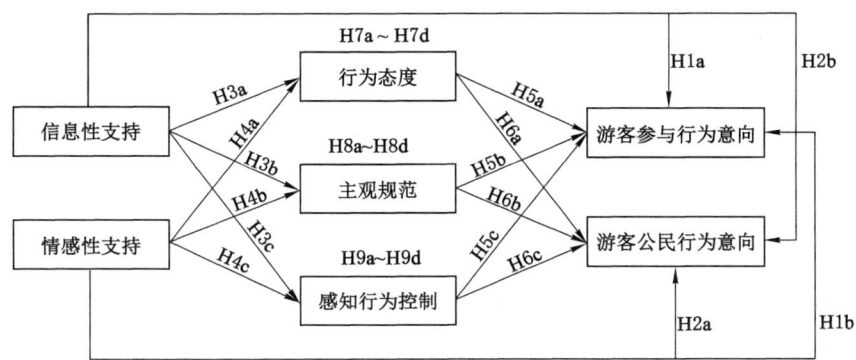

图 5-1 理论模型

价值共创的意愿具有重要影响(Rosenbaum et al.,2007)。例如,知名企业宜家提出了"共同创造宜家"的概念,建设数字平台鼓励顾客提出产品创意和建议,为顾客开发设计新产品提供支持,激励众多顾客将智慧用于开发更好的设计和产品,最终获得了数以千计有价值的建议,使公司及现有和潜在顾客受益。无独有偶,世界品牌500强企业乐高公司提出"我们有积木,而你有想法"的口号,搭建社交网站支持玩家在上面晒出自己的作品,展现自己的创造力和想象力,从而激发了粉丝们的价值共创意愿,协同创作乐高新故事、新产品。顾客之所以投入大量的时间、精力以及能力等资源参与新产品开发等企业活动,是由于他们感受到支持性的氛围。尤其在社群中,社群成员获得的社会支持可以在一定程度上增强他们参与新产品开发等活动的积极性,使其成为"不领薪水的雇员"(赵建彬等,2016)。此外,在共享经济中,社会支持同样是顾客价值共创行为的重要前因(Nadeem et al.,2020)。

旅游是人们在非惯常环境中开展的活动,在实施该活动之前,人们难以对旅游产品或服务具有明确的感知和评价,加之旅游活动涉及食、住、行、游、购、娱等多个方面,游客无法准确了解各环节的服务质量。已有研究表明,顾客在达成购买决策之前,会通过各种渠道了解与产品或服务相关的信息,只有当顾客的感知风险低于特定的可接受水平时,才可能产生购买行为(Featherman et al.,2010)。旅游情境的非惯常性决定了个体在旅游过程中信息不对称情况的普遍存在(张凌云,2008),游客往往因为无法确定其购买行为是否正确而产生感知风险。因此,游客在制定出游决策时,通常通过观察或主动寻求他人的信息来加深对旅游产品的认知,以降低对旅游产品的不信任感以及旅游消费的不确定性。他们一旦得到信息性支持,便会激发利用这些信息优化旅游决策的行为倾向,希望通过自己的努力和资源投入,主导旅游产品的设计、生产及服务传递过程。因此,信息性支持作为重要的外部资源,是游客共创期望旅游体验价值的支撑条件,游客获得信息性支持的多寡,对游客参与体验价值共创的意愿及效果产生重要的影响。情感性支持即使不能为游客提高旅游产品质量发挥直接作用,但可以通过让游客感受到他人对自己精神上的支持,激励自己采取旅游参与行为获得期望的旅游体验。

基于以上分析,本研究提出如下研究假设:

H1a:信息性支持对游客参与行为意向具有正向影响。

H1b:情感性支持对游客参与行为意向具有正向影响。

社会交换理论认为,个体都持有互惠互利的心理,即人们对某一项活动所持的态度受到从中获得收益的影响;当人们从某一项活动中获得利益时,便会以积极的态度和行为对待为其提供利益的个体或活动,从而实现社会交换关系的平衡。换言之,当人们感知到他人对自己的支持和帮助之后,会觉得有责任采取类似的利他行为来回报对方(Crocker et al.,2008)。研究表明,顾客会由于受到来自企业或其他顾客的社会支持,从而表现出亲社会行为,比如帮助其他有困难的会员、给公司提供有价值的购物体验反馈,以及向他人推荐产品等(Liang et al.,2011)。同时,顾客在向企业或其他顾客实施公民行为过程中,会成为企业"不领薪水的雇员"和其他顾客获取社会支持的来源,帮助企业与其他顾客实现价值共创。Rosenbaum 等(2007)通过实证研究发现,健身中心顾客获得的社会支持越多,会形成越积极的顾客参与、顾客合作以及顾客忠诚,且更有同理心和责任心,在其他顾客需要帮助的时候,更容易挺身而出产生自发的助人行为。同时,感知社会支持富足的个体更重视向其提供社会支持的社会网络成员的意见,在消费行为上更多考虑他们的感受,倾向于做出亲社会行为(Ali et al.,2016)。Zhu 等(2016)还发现,不同来源的社会支持对顾客公民行为的影响作用不同,但无论信息性社会支持还是情感性社会支持,均正向影响顾客意见回馈、产品推荐以及帮助他人等顾客公民行为。

社会支持作为一种提供信息和情感的社会资源,不仅能够提供更加客观、可靠的信息资源,同时还支持个体获取心理利益。有研究表明,感知利益正向影响旅游虚拟社区成员的公民行为(谢礼珊等,2019)。事实上,这种互惠行为不仅体现在旅游虚拟社区成员之间的社会交互中,而且体现在旅游前、旅游中以及旅游后等各个阶段游客与服务提供者或其他游客的每一个触点上。在旅游活动中,游客始终与他人保持着社会互动与联系,处于一种社会交换的环境中,为了能够持续从双方的互动中获益,他们会实施有益于对方的行为来进行关系建构。当游客凭借社会支持获得心理利益时,为了达到社会关系的平衡,将产生回报他人的积极态度和行为,如产品推荐、帮助他人及信息反馈,这些便构成了游客公民行为。同时,旅游地企业及社区居民扮演东道主的角色,在与游客之间的社会互动中向他们提供社会支持,这有利于激发游客的情感正能量,从而乐于做出有利于旅游地的公民行为(王建芹,2021)。

基于以上分析,本研究提出如下研究假设:

H2a:信息性支持对游客公民行为意向具有正向影响。

H2b:情感性支持对游客公民行为意向具有正向影响。

2. 社会支持与行为态度、主观规范和感知行为控制

社会支持作为一种有价值的信息,可以使个体认为自己被他人关心、爱护和尊重,感知到自己是社会网络的一员,成员之间相互承担责任(Cobb,1976)。因此,社会支持改变了个体与其他个体和团体的交往状态,在交往中能够获得自我价值感、自我满足感、归属感以及信任感(宋佳萌等,2013)。互动交流是个体在消费过程中获取社会支持的主要途径。一方面,社交互动能够培养个体自我关注、自我调节和与他人联系的感觉,满足个体对自主、能力和关联的基本心理需求(Ryan et al.,1996);另一方面,人们交流的内容很大程度上都与消费产品及相关知识有关,因而可以促进个体的知识获取,提升其自我能力感(王永贵等,2012)。换言之,信息性支持使接受者获得知识和能力,利于他们解决完成任务过程中遇到的各种问题,从而促进其对完成任务的态度以及自我效能感(Köhler et al.,2011)。武文珍等(2017)的研究表明,顾客在参与价值共创的过程中,如果从服务提供者身上感受到技术帮助、情感认同、理解支持,会促使顾客从认知、情感等方面对价值共创活动产生更为积极的态度和评价。此外,Li等(2012)的研究发现,顾客的消费决策受到社会支持提供者的数量、能力及其与顾客亲密程度的影响,获得社会支持越多的顾客,往往越容易形成与社会网络其他成员一致的态度,从而遵循共同的行为规范,并表现出消费上的从众行为。

游客在旅游过程中,主要从亲朋好友以及通过社交媒体联系的其他组织或个体那里获取旅游信息和情感性支持,社会网络俨然成为促进游客优化旅游体验的外部环境,与游客的行为态度、主观规范以及感知行为控制存在重要联系。由于旅游活动具有异地性、生产与消费的同时性等特点,旅游消费决策面临许多不确定性。为降低决策风险,人们更信赖有经验者提供的独立且公正的旅游信息(Kotler et al.,2017),来自亲友以及其他社交网络成员的评论、意见和建议通常被认为是客观、可靠的信息来源(Kang et al.,2013)。如果个体注意到其他游客对某项旅游消费提出的评价以正面为主,他便对该项旅游消费持积极的态度;反之,则对该项旅游消费持消极的态度(郭倩倩等,2013)。尤其在旅游地属性绩效不明确、潜在游客接受信息不对称的情况下,游客的信息搜寻会呈现类比学习特征,即游客为了避免决策带来的麻烦并有效降低社会心理风险,往往会通过征

询密切关系群体的意见来进行目的地的选择(蔺国伟等,2015)。因此,一旦游客在制定出游决策过程中得到信息性支持,便会产生对旅游决策与消费行为的自我能力感以及掌控该行为的效能感。

基于以上分析,本研究提出如下研究假设:
H3a:信息性支持对行为态度具有正向影响。
H3b:信息性支持对主观规范具有正向影响。
H3c:信息性支持对感知行为控制具有正向影响。

研究表明,社会支持可以给人带来温暖,增进人们之间的相互了解,满足人们的心理需求(Liang et al.,2011)。无论信息性支持还是情感性支持,都可以使个体产生自我价值感、满足感和归属感,如果个体能够利用这些社会支持,便会增强其对生活的控制感(宋佳萌等,2013)。实质上,情感性支持是他人对个体提供精神上的支持、关心和鼓励,有助于增进个体与他人之间的亲密感,进而强化其成员感及归属感。Crocker等(2008)的研究证实,在社区成员网络交往过程中,强有力的社会支持能够使个体感觉到自己与其他社会网络成员是有联系的,而且能够建立人与人之间的信任。如果顾客产生与他人的社会关联感,便会受到他人的情绪和态度的影响,在对待某种事物时容易形成与他人相近的态度,或在行动中遵循相同的规范。旅游消费情境下,来自游客社会网络的关注、点赞和评论等情感性支持,可以使游客产生情感上的共鸣,强化游客对社会网络成员身份的认同感,从而对游客的态度和主观规范产生影响。同时,游客在情感性支持中可以感知到他人的关心,即使没能为解决问题直接提供有效的帮助,也可以让游客心里感觉到温暖(陈爱辉等,2014),有助于间接增强他们解决问题的能力(李智慧等,2019),从而提升对行为的控制感。

基于以上分析,本研究提出如下研究假设:
H4a:情感性支持对行为态度具有正向影响。
H4b:情感性支持对主观规范具有正向影响。
H4c:情感性支持对感知行为控制具有正向影响。

3. 行为态度、主观规范和感知行为控制与游客体验价值共创行为

游客体验价值共创行为是一种自发产生的角色外行为,而情感积极的个体具有更强的角色外行为倾向(杨学成等,2018)。根据计划行为理论,态度是行为意向的一个强有力的预测因素(Ajzen,1991)。当游客对通过参与体验价值共创获得期望旅游体验这一活动产生积极的态度时,他们便会产生积极的体验价值共创行为意向。主观规范一般来源于重要他人的社会压力,如家人、朋友和其他顾客,在集体主义主导型文化背景下,遵守主观规范的个体更易于遵循重要他人的期望或建议而采取某种行为,以最大限度地减轻他人的质疑(Xiao et al.,

2019)。感知行为控制反映了个体对促进或阻碍执行行为的因素的知觉,当个体拥有更多的控制权来参与体验价值共同创造时,他们将面临更少的障碍,并有动力发展出更强的价值共创的意向(Cheung et al.,2016)。在旅游活动中,游客始终与他人保持着社会互动与联系,如果他们受益于社会支持并对体验价值共创行为形成积极的态度、主观规范以及对该行为的控制感,为了获得期望的旅游体验,他们就将时间、精力等个体资源投入到旅游产品设计和服务传递过程,参与旅游体验价值的共同创造;同时,为了达到社会关系的平衡,他们还将产生回报他人的积极态度和行为,如信息分享、服务推荐或帮助他人,这些便构成了游客公民行为。此外,Zadeh 等(2019)发现,社交媒体背景下行为态度、主观规范和感知行为控制对顾客价值共创行为意向产生显著的影响,Cheung 等(2016)同样发现,计划行为理论提出的三个前驱因素均对顾客价值共创行为意向具有正向影响。

基于以上分析,本研究提出如下研究假设:
H5a:行为态度对游客参与行为意向具有正向影响。
H5b:主观规范对游客参与行为意向具有正向影响。
H5c:感知行为控制对游客参与行为意向具有正向影响。
H6a:行为态度对游客公民行为意向具有正向影响。
H6b:主观规范对游客公民行为意向具有正向影响。
H6c:感知行为控制对游客公民行为意向具有正向影响。

4. 行为态度、主观规范和感知行为控制的中介作用

S-O-R 分析框架为个体在环境因素作用下形成的反应行为提供了合理的理论解释。根据这一框架,个体并不是对外部环境的刺激作出被动应答,而是有选择地通过自身的内部加工,进行积极选择和主动应对。近年来,S-O-R 分析框架被广泛应用于环境因素对顾客价值共创行为及顾客公民行为影响作用的研究(常亚平等,2015;唐方成等,2018)。当个体感知到他人的支持时,会觉得有责任采取类似的行为对他人进行反馈性支持(Crocker et al.,2008),且这种行为的指向及强度与支持来源和收益大小密切相关。随着物质上的富有、权力观的强化以及主体意识的增强,越来越多的游客不愿意被动地接受同质化的旅游产品,而是力求主导旅游活动,追求个性化、高品质旅游体验,这一目标的实现离不开源于社会网络的信息性支持和情感性支持。社会网络是游客体验价值共创行为的环境和载体,来自社会网络的社会支持有助于改善游客对价值共创行为的认知和态度,提升他们对价值共创行为的控制感,进而激发游客的行为反应,即产生体验价值共创行为意向。游客得到的社会支持越多,越容易对体验价值共创行为形成与他人相同的态度和主观规范,同时对旅游活动内容及服务传递过程

的控制感也越强,更愿意投入一定的时间、精力、知识等个体资源参与旅游体验价值的共同创造。

基于此,本研究提出如下研究假设:

H7a:行为态度在信息性支持与游客参与行为意向之间发挥中介作用。
H7a:行为态度在情感性支持与游客参与行为意向之间发挥中介作用。
H7c:行为态度在信息性支持与游客公民行为意向之间发挥中介作用。
H7d:行为态度在情感性支持与游客公民行为意向之间发挥中介作用。
H8a:主观规范在信息性支持与游客参与行为意向之间发挥中介作用。
H8b:主观规范在情感性支持与游客参与行为意向之间发挥中介作用。
H8c:主观规范在信息性支持与游客公民行为意向之间发挥中介作用。
H8d:主观规范在情感性支持与游客公民行为意向之间发挥中介作用。
H9a:感知行为控制在信息性支持与游客参与行为意向之间发挥中介作用。
H9b:感知行为控制在情感性支持与游客参与行为意向之间发挥中介作用。
H9c:感知行为控制在信息性支持与游客公民行为意向之间发挥中介作用。
H9d:感知行为控制在情感性支持与游客公民行为意向之间发挥中介作用。

第三节 研究设计

一、变量测量

本研究采用问卷调查的方式进行调研。调查问卷包含两个部分,第一部分为信息性支持、情感性支持、行为态度、主观规范、感知行为控制以及游客参与行为意向、游客公民行为意向等潜变量的测量题项;第二部分是社会人口统计信息,主要包括调查对象的性别、年龄、职业、教育水平及月收入等。各变量的测量工具均来源于国内外成熟量表,并严格遵循"翻译—回译"的程序,将英文量表转换为中文量表,以保证测量工具的信度和效度。所有问项均采用李克特七点计分,要求调查对象根据自身实际以及问项的具体表述,从1~7中作出选择,"1"为非常不同意,"7"为非常同意。详见附录一。

(1) 社会支持。借鉴 Liang 等(2011)开发的量表,信息性支持维度包含"当旅游前/中/后遇到困难时,一些人给我提供帮助""当旅游前/中/后遇到困难时,一些人给我提供建议"等3个问项,情感性支持维度包含"当旅游前/中/后遇到困难时,一些人在情感上支持我""当旅游前/中/后遇到困难时,一些人倾听我的感受"等4个问项。本研究中,信息性支持和情感性支持量表的 Cronbach's α 系数分别为 0.766、0.891。

(2) TPB 理论所涉变量。行为态度、主观规范以及感知行为控制的测量均借鉴凌欢等(2021)使用的量表。其中,行为态度包含"参与体验价值共创是一种积极的行为""参与体验价值共创是一种有价值的行为"等 4 个问项;主观规范包含"对我重要的人认为我应该参与体验价值共创""对我重要的人希望我参与体验价值共创"等 3 个问项;感知行为控制包含"是否参与体验价值共创取决于我""只要我愿意,我可以参与体验价值共创"等 4 个问项。本研究中,行为态度、主观规范以及感知行为控制量表的 Cronbach's α 系数分别为 0.883、0.856 和 0.906。

(3) 游客体验价值共创行为意向。本研究第四章在检验游客体验价值共创行为结构维度的过程中,设计了游客体验价值共创行为测量量表,实证结果表明,该量表有很好的信度和效度。但是,该量表包含的题项过多,测量耗时较长,可能导致被试者填答时缺乏耐心,从而影响填答质量。因此,本研究将游客体验价值共创行为测量量表以及前述各题项的因子载荷值发送给 3 位旅游相关研究领域的专家,请他们对量表进行精简,根据该结果确定游客体验价值共创行为意向测量题项。其中,游客参与行为意向变量采用"搜集有关旅游地或服务提供者的信息""关注他人开展的旅游活动"等 5 个问项进行测量,游客公民行为意向变量采用"向他人分享旅游感受""解答他人有关旅游的问题"等 6 个问项进行测量。小规模的预调查发现,精简后的量表同样表现出良好的信度和效度。本次调研中,游客参与行为意向和游客公民行为意向量表的 Cronbach's α 系数分别为 0.868、0.896。

二、数据收集

本研究采用网络渠道收集数据,调查对象为 18 岁以上且近期有出游意向的人,调查时间是 2021 年 9 月 10—21 日。首先,将调查问卷发布在问卷星调查平台,将其设置为不公开(问卷星网站访客和注册会员无法通过关键词检索的方式搜索到该问卷)。然后,运用滚雪球的方式从个体社会关系网络中寻找计划在 1 个月内外出旅游的人,如果调查对象对问题"您近期是否会外出旅游"的回答为肯定,则邀请其填写问卷;同时请他们利用自己的社会关系网络进行扩散,寻找条件符合者并发送网络问卷请其帮助填写。最后,在各类主题微信群发布网络问卷的链接,说明调查目的和要求,请满足条件的人帮助填写。有学者认为,中国情境下通过个人社会关系进行问卷调查,可以更好地取得调查对象的合作,从而保证问卷的填写质量和回收率(Hitt et al.,2004)。而且,此种滚雪球式问卷调查方式在相关研究中多次使用,已被证实是一种较好的数据收集方法(Hennig-Thurau et al.,2002;贾薇等,2011;李晓明等,2017)。

三、样本信息

问卷调查共获得样本537份,删除所有填写时间过短、选择同一选项或规律性选择选项的问卷后,共获得有效问卷494份,有效问卷率为91.99%。有效问卷的样本基本信息统计如表5-1所示。男性与女性相差不大,所占比重分别为48.4%和51.6%;年龄分布上,21~40岁、41~60岁位列前两位,占比分别为42.1%、35.8%;教育程度上,本科所占比重最高,占比达41.9%,硕士及以上和大专分列第二、三位,占比分别为22.5%、22.1%;职业分布上,公司职员、政府部门或事业单位人员、个体经营者列前三位,占比分别为35.4%、20.4%、14.8%;月收入分布相对较均衡,5 001~8 000元占比最高,为28.9%,8 001~10 000元、3 001~5 000元分列第二、三位,占比分别为26.5%、20.4%。

表 5-1 样本统计特征 ($N=494$)

变量	类别	样本数	占比/%
性别	男	239	48.4
	女	255	51.6
年龄	18~20岁	32	6.9
	21~40岁	208	42.1
	41~60岁	177	35.8
	60岁以上	75	15.2
教育程度	初中及以下	13	2.6
	高中/中专	54	10.9
	大专	109	22.1
	本科	207	41.9
	硕士及以上	111	22.5
职业	学生	51	10.3
	政府部门或事业单位人员	101	20.4
	公司职员	175	35.4
	农民	16	3.2
	个体经营者	73	14.8
	自由职业者	22	4.5
	其他	56	11.3

表5-1(续)

变量	类别	样本数	占比/%
	3 000 元以下	59	11.9
	3 001~5 000 元	101	20.4
收入水平	5 001~8 000 元	143	28.9
	8 001~10 000 元	131	26.5
	10 000 元以上	60	12.1

第四节 分析与结果

一、共同方法偏差检验

考虑到样本数据来源的单一性可能造成共同方法偏差效应,本研究通过优化题项序次和请调查对象匿名作答的方法进行预防性控制,同时采用 Harman 单因素分析和验证性因子分析进行共同方法偏差效应检验。将研究模型中涉及的全部观测变量加载到一起进行探索性因子分析,结果表明,未进行旋转时共抽取出 7 个特征根大于 1 的公因子,累积方差解释率为 72.33%,第一个因子的方差解释率为 33.75%,未出现单一因子解释绝大部分变量的现象。由此可认为,本研究中共同方法偏差没有造成严重影响。

二、信度与效度检验

信度是指测量结果的一致性与稳定性,即不同观测指标对同一变量进行测量的可靠性程度。根据 Devellis 等(1991)的观点,α 值低于 0.65 表明量表信度不可接受;α 值在 0.65~0.70 之间时基本可以接受;α 值在 0.70~0.80 之间表明量表信度良好;α 值大于 0.80 说明量表具有非常好的信度。Fornell 等 (1981)认为,可根据组合信度(composite reliability,CR)对测量的可靠性做进一步检验,组合信度越高,表示这组测量指标变量间的关联程度就越大。吴明隆 (2009)认为,0.6 是判断组合信度的临界值,0.7 则是组合信度达到理想的判断标准。

利用 Cronbach's α 信度系数检验量表的内部一致性,结果如表 5-2 所示。量表中各变量的 Cronbach's α 值均大于 0.7,整体量表的 Cronbach's α 值为 0.928;组合信度(CR)的最小值为 0.768,超过了吴明隆(2009)提出的理想标准,由此说明量表具有较好的信度。

表 5-2　验证性因子分析及信效度检验结果

变量	测量题项	标准化载荷	t 值	CR	AVE	Cronbach's α
信息性支持	IS1	0.756	—	0.768	0.524	0.766
	IS2	0.699	12.83			
	IS3	0.717	13.00			
情感性支持	AS1	0.792	—	0.893	0.677	0.891
	AS2	0.843	20.35			
	AS3	0.783	18.60			
	AS4	0.870	21.08			
行为态度	AT1	0.833	—	0.885	0.658	0.883
	AT2	0.840	21.21			
	AT3	0.757	18.52			
	AT4	0.811	20.31			
主观规范	SN1	0.845	—	0.857	0.666	0.856
	SN2	0.789	18.97			
	SN3	0.814	19.60			
感知行为控制	PBC1	0.851	—	0.906	0.708	0.906
	PBC2	0.846	23.14			
	PBC3	0.794	20.97			
	PBC4	0.873	24.23			
游客参与行为意向	TPB1	0.725	—	0.871	0.574	0.868
	TPB2	0.773	16.27			
	TPB3	0.746	15.71			
	TPB4	0.823	17.27			
	TPB5	0.718	15.13			
游客公民行为意向	TCB1	0.788	—	0.900	0.601	0.896
	TCB2	0.784	18.71			
	TCB3	0.775	18.44			
	TCB4	0.866	21.18			
	TCB5	0.706	16.48			
	TCB6	0.721	16.87			

采用验证性因子分析的结果显示,$\chi^2/df=1.930$,RMSEA=0.043,GFI=0.912,AGFI=0.892,IFI=0.961,TLI=0.955,CFI=0.961,各项指标均达到可接受标准,说明研究模型较好地拟合样本数据;各测量题项的标准化因子载荷值均介于 0.699~0.873,且在 0.001 的水平上显著,可认为测量量表具有良好的聚合效度。平均萃取变异量(AVE)计算结果显示,各变量的 AVE 值介于 0.524~0.708,均高于 0.5 的门槛值,同样说明量表具有较高的聚合效度。进一步地,计算各变量与其他变量之间的相关系数,并将其绝对值与 AVE 的平方根进行比较,由此判断量表的区分效度,结果如表 5-3 所示。可以看出,各变量之间的相关系数介于 0.264~0.580,而 AVE 值的平方根介于 0.724~0.841,每一个变量 AVE 值的平方根均大于该变量与其他变量的相关系数,说明量表的区别效度良好。

表 5-3 区别效度检验结果

变量	均值	标准差	IS	AS	AT	SN	PBC	TPB	TCB
信息性支持(IS)	5.601	0.722	0.724						
情感性支持(AS)	5.086	0.880	0.323**	0.823					
行为态度(AT)	5.373	0.800	0.341**	0.264**	0.811				
主观规范(SN)	5.048	0.909	0.341**	0.510**	0.339**	0.816			
感知行为控制(PBC)	4.985	0.898	0.333**	0.293**	0.378**	0.364**	0.841		
游客参与行为意向(TPB)	5.622	0.640	0.537**	0.460**	0.489**	0.522**	0.560**	0.758	
游客公民行为意向(TCB)	5.565	0.739	0.397**	0.494**	0.288**	0.580**	0.403**	0.438**	0.775

注:矩阵对角线中的数据为 AVE 的平方根,其他为对应的相关系数;** 表示 $p<0.01$。

进一步地,本研究对信息性支持、情感性支持、行为态度、主观规范、感知行为控制、游客参与行为意向、游客公民行为意向 7 个变量进行验证性因子分析。从表 5-4 可以看出,七因子模型相较于其他模型表现出更佳的拟合效果,说明各变量之间具有较好的区分性。

表 5-4 区别效度的进一步检验

模型	χ^2/df	GFI	AGFI	IFI	TLI	CFI	RMSEA
七因子模型 INS,FES,AT,SN,PBC,TPB,TCB	1.930	0.912	0.892	0.961	0.955	0.961	0.043

表5-4(续)

模型	χ^2/df	GFI	AGFI	IFI	TLI	CFI	RMSEA
六因子模型 INS,FES,AT,SN,PBC,TPB+TCB	4.488	0.738	0.685	0.850	0.831	0.849	0.084
五因子模型 INS+FES,AT,SN,PBC,TPB+TCB	5.485	0.700	0.644	0.805	0.783	0.804	0.095
四因子模型 INS+FES,AT,SN+PBC,TPB+TCB	7.373	0.643	0.582	0.719	0.691	0.718	0.114
三因子模型 INS+FES,AT+SN+PBC,TPB+TCB	9.647	0.573	0.504	0.616	0.581	0.614	0.132
二因子模型 INS+FES+AT+SN+PBC,TPB+TCB	11.696	0.518	0.443	0.522	0.482	0.520	0.147
单因子模型 INS+FES+AT+SN+PBC+TPB+TCB	12.297	0.517	0.442	0.494	0.453	0.492	0.151

注:INS表示信息性支持,FES表示情感性支持,AT表示行为态度,SN表示主观规范,PBC表示感知行为控制,TPB表示游客参与行为意向,TCB表示游客公民行为意向,+表示两个因子合并为一个因子。

三、假设检验

(一)模型路径分析

模型检验结果显示,$\chi^2/df=2.046$,RMSEA$=0.046$,GFI$=0.905$,AGFI$=0.885$,IFI$=0.955$,NNFI$=0.949$,CFI$=0.955$,均达到可接受水平,说明表示样本数据和研究模型之间的拟合情况较好。模型中各路径的标准化系数以及假设检验结果如表5-5所示。

信息性支持和情感性支持均对游客参与行为意向产生直接的正向影响($\beta=0.269,p<0.001;\beta=0.146,p<0.01$),假设H1a和H1b得到实证支持。同时,信息性支持和情感性支持均对游客公民行为意向产生直接的正向影响($\beta=0.149,p<0.01;\beta=0.217,p<0.001$),假设H2a和H2b得到实证支持。信息性支持分别对行为态度、主观规范和感知行为控制具有显著的正向影响($\beta=0.319,p<0.001;\beta=0.228,p<0.001;\beta=0.301,p<0.001$),假设H3a、H3b和H3c得到实证支持。情感性支持同样对行为态度、主观规范和感知行为控制具有显著的正向影响($\beta=0.175,p<0.001;\beta=0.444,p<0.001;\beta=0.210,p<0.001$),假设H4a、H4b和H4c得到实证支持。行为态度、主观规范和感知行为控制分别对游客参与行为意向具有显著的正向影响($\beta=0.190,p<$

$0.001;\beta=0.191,p<0.001;\beta=0.296,p<0.001)$，假设 H5a、H5b 和 H5c 得到实证支持。同时，主观规范和感知行为控制对游客公民行为意向产生显著的正向影响$(\beta=0.358,p<0.001;\beta=0.161,p<0.001)$，假设 H6b 和 H6c 得到实证支持。但是，行为态度对游客公民行为意向的影响未通过水平为 0.05 的显著性检验，假设 H6a 未获得实证支持。

表 5-5 模型路径系数及假设检验结果

研究假设	变量间关系	标准化路径系数	t 值	检验结果
H1a	信息性支持→游客参与行为意向	0.269***	4.886	支持
H1b	情感性支持→游客参与行为意向	0.146**	2.941	支持
H2a	信息性支持→游客公民行为意向	0.149**	2.685	支持
H2b	情感性支持→游客公民行为意向	0.217***	4.150	支持
H3a	信息性支持→行为态度	0.319***	5.525	支持
H3b	信息性支持→主观规范	0.228***	4.275	支持
H3c	信息性支持→感知行为控制	0.301***	5.350	支持
H4a	情感性支持→行为态度	0.175***	3.383	支持
H4b	情感性支持→主观规范	0.444***	8.535	支持
H4c	情感性支持→感知行为控制	0.210***	4.120	支持
H5a	行为态度→游客参与行为意向	0.190***	4.264	支持
H5b	主观规范→游客参与行为意向	0.191***	3.754	支持
H5c	感知行为控制→游客参与行为意向	0.296***	6.488	支持
H6a	行为态度→游客公民行为意向	0.003	0.073	不支持
H6b	主观规范→游客公民行为意向	0.358***	6.540	支持
H6c	感知行为控制→游客公民行为意向	0.161***	3.549	支持

注：** 表示 $p<0.01$，*** 表示 $p<0.001$。

(二) 中介效应检验

根据 Baron 等（1986）的研究，检验中介变量的中介作用可通过如下"三步曲"实现：① 检验自变量对因变量是否产生显著影响；② 检验自变量对中介变量是否产生显著影响；③ 检验控制中介变量后，自变量对因变量影响作用的变化。控制中介变量后，如果自变量对因变量的影响变为 0，说明中介变量在自变量与因变量之间发挥完全中介作用；如果自变量对因变量的影响只是减弱但不为 0，则说明中介变量发挥部分中介作用。但是，近年来该方法受到诸多学者的质疑和批评（Hayes，2009；Zhao et al.，2010），同时也涌现了许多更有效率的中介效应检测方法。但是,本研究的理论模型中,行为态度、主观规范、感知行为控制同时在信息性支持、情感性支持与游客参与行为、游客公民行为的关系中发挥中介作用,构成了多重中介模型。Preacher 等(2008)认为,传统的"三步曲"不适用于多重中介效应的检验。

目前,多数研究对多重中介模型的处理方法是,将其拆解为多个只含一个中介变量的简单中介模型,依次进行简单中介分析,研究结果存在一定的局限性。方杰等(2014)建议通过设置辅助变量的方式,对多重中介效应进行整体性分析,并使用偏差校正的 Bootstrap 方法进行中介效应显著性检验。具体检验步骤为:首先,确定多重中介模型,以及自变量、中介变量和因变量之间的因果关系;其次,设置辅助变量,如此操作的原因是,现有的研究工具(如 LISREL、Mplus等)可直接获得特定路径以及总的中介效应估计值,但无法得到对比中介效应的分析结果,需加入辅助变量加以解决;最后,进行偏差校正 Bootstrap 的 SEM 分析,在模型拟合程度可接受的条件下,根据偏差校正 Bootstrap 得到的中介效应区间估计进行中介效应显著性判断。本研究主要借鉴方杰等(2014)的思路,使用偏差校正的 Bootstrap 方法进行中介效应检验。尽管行为态度对游客公民行为意向的影响未通过实证检验,但信息性支持和情感性支持分别对行为态度产生显著的正向影响,根据温忠麟等(2014)的建议,仍对行为态度分别在信息性支持和情感性支持与游客公民行为意向关系中的中介作用实施检验。

采用 Bootstrap 方法检验中介效应的显著性,设置 Bootstrap 抽取数为 5 000。结构方程模型的拟合结果显示,$\chi^2/df=2.055$,$RMSEA=0.046$,$SRMR=0.056$,$TLI=0.949$,$CFI=0.955$,各项拟合指标均达到可接受标准。如表 5-6 所示,信息性支持通过行为态度、主观规范和感知行为控制间接影响游客参与行为意向的路径系数分别为 0.060、0.044 和 0.089,95% 置信区间均不包含 0。根据 Lau 等(2012)的观点,如果置信区间不包括 0,说明中介效应显著,由此说明,行为态度、主观规范和感知行为控制分别在信息性支持与游客参与行为意向的关系中产生显著的中介效应,假设 H7a、H8a、H9a 获得了实证支持。表 5-6 还显示,情感性支持通过行为态度、主观规范和感知行为控制间接影响游客参与行为意向的路径系数分别为 0.033、0.086 和 0.062,95% 置信区间均不包含 0,说明行为态度、主观规范和感知行为控制分别在情感性支持与游客参与行为意向的关系中产生显著的中介效应,假设 H7b、H8b、H9b 获得了实证支持。信息性支持通过主观规范和感知行为控制间接影响游客公民行为意向的路径系数分别为 0.081 和 0.049,95% 置信区间均不包含 0,说明主观规范和感知行为控制分别在信息性支持与游客公民行为意向的关系中产生显著的中介效应,假设 H8c、H9c 获得了实证支持。情感性支持通过主观规范和感知行为控制间接影响游客公民行为意向的路径系数分别为 0.159 和 0.034,95%置信区间均不包含 0,说明主观规范和感知行为控制分别在情感性支持与游客公民行为意向的关系中产生显著的中介效应,假设 H8d、H9d 获得了实证支持。但是,信息性支持和情感性支持通过行为态度影响游客公民行为意向路径系数的 95%置信区间均包含 0,根据 Lau 等(2012)的观点,行为态度分别在信息性支持和情感性支持与游客公民行为意向关系中的中介效应不显著,假设 H7c、H7d 未获得实证支持。

表 5-6 中介效应检验结果

研究假设	变量间关系	标准化系数	标准误	t 值	95%置信区间	
					下限	上限
H7a	IS→AT→TPB	0.060	0.021	2.924	0.028	0.110
H7b	AS→AT→TPB	0.033	0.014	3.363	0.012	0.071
H7c	IS→AT→TCB	0.001	0.015	0.065	−0.028	0.031
H7d	AS→AT→TCB	0.001	0.008	0.064	−0.016	0.017
H8a	IS→SN→TPB	0.044	0.017	2.549	0.017	0.086
H8b	AS→SN→TPB	0.086	0.030	2.835	0.033	0.152
H8c	IS→SN→TCB	0.081	0.023	3.607	0.042	0.131
H8d	AS→SN→TCB	0.159	0.029	5.572	0.108	0.221
H9a	IS→PBC→TPB	0.089	0.021	4.315	0.054	0.136
H9b	AS→PBC→TPB	0.062	0.021	3.006	0.027	0.108
H9c	IS→PBC→TCB	0.049	0.016	2.952	0.022	0.087
H9d	AS→PBC→TCB	0.034	0.013	2.574	0.013	0.065

第五节 本章小结

本章基于计划行为理论,依托 S-O-R 分析框架,构建了一个社会支持通过行为态度、主观规范和感知行为控制影响游客体验价值共创行为意向的理论模型,并借助 494 份样本数据进行了实证检验。研究发现,信息性支持和情感性支持分别对游客参与行为意向和游客公民行为意向产生直接的正向影响,从标准化路径系数来看,信息性支持对游客参与行为意向的影响作用大于情感性支持,而情感性支持对游客公民行为意向的影响作用大于信息性支持。计划行为理论涉及的三个核心变量中,主观规范、感知行为控制均对游客参与行为意向和游客公民行为意向产生显著的正向影响,行为态度仅对游客参与行为意向具有显著的正向影响,而对游客公民行为意向的影响不显著。主观规范和感知行为控制均在信息性支持与游客参与行为意向以及信息性支持与游客公民行为意向之间发挥部分中介作用,同时在情感性支持与游客参与行为意向以及情感性支持与游客公民行为意向之间发挥部分中介作用;行为态度分别在信息性支持与游客参与行为意向以及情感性支持与游客参与行为意向之间发挥部分中介作用,但并未在信息性支持与游客公民行为意向以及情感性支持与游客公民行为意向的关系中呈现中介作用。

本章基于社会网络视角探讨了游客体验价值共创行为的驱动因素,既顺应了进一步探究游客体验价值共创行为前置影响变量的学术关切(宋晓等,2022),又响应了 Reichenberger(2017)提出应深入探讨人际和社会互动因素对游客体验价值共创活动影响的呼吁。研究结果显示,社会支持是游客体验价值共创行为意向的重要驱动因素。该结果说明,Rosenbaum 等(2007)、赵建彬等(2016)提出的社会支持对顾客价值共创行为具有显著积极影响的观点,在旅游消费情景下得到了进一步的验证。社会支持作为一种提供信息和情感的社会资源,有助于培养个体的自尊、自我调节以及与他人联系的感觉,从而对个体实施某项行为的态度产生重要的影响(Ryan et al.,1996)。当前移动互联网时代,每一个掌握信息和消费体验的个体都扮演着越来越重要的社会支持主体的角色。尤其是社会网络成员,不仅能够提供更加客观、可靠的信息资源,同时还支持个体获取心理利益。游客在进行消费决策时,积极向社会网络成员寻求社会支持,并借鉴重要参考对象的行为方式及准则,确定合理的行为方式和内容,同时进一步提升自我能力感,这些都有助于激发游客参与行为的意愿。同时,个体对另一个体的行为并非凭空产生的,而是个体基于自身所获利益的反应。当游客凭借社会支持获得心理利益时,同样会产生向社会支持的来源提供正向回馈的责任感,从而激发有益于其他关联个体的游客公民行为意愿。

社会关系隐而不显,却构成了游客体验价值共创行为产生的环境与客观条件,但社会支持是否以及如何显著影响游客体验价值共创行为,早期的研究还未形成清晰的认识。尽管可从顾客价值共创行为驱动因素的相关研究中见其端倪,但相对于顾客价值共创行为,旅游消费情境下的游客体验价值共创行为的内涵已发生变化,并呈现出新的特征。本章对该问题作出了回应,将顾客价值共创行为延伸到旅游消费领域,实证检验了社会支持对游客体验价值共创行为的影响作用。同时,本章基于计划行为理论揭示了社会支持影响游客体验价值共创行为的作用机理。游客体验价值共创行为是一种积极的自主性行为,但受到社会网络因素的影响,从游客自身驱动角度探究游客体验价值行为的产生机制更具说服力。为此,本章依托 S-O-R 分析框架,将社会支持、计划行为理论所涉变量以及游客体验价值共创行为意向纳入同一个研究框架内展开实证研究,打开了社会支持与游客体验价值共创行为意向之间关系的"黑箱",为深入理解游客体验价值共创行为的产生机制提供了一个新的视角。

第六章 游客参与体验价值共创的效应分析

第一节 问题的提出

信息技术的发展使人们之间的互动交流更加频繁和高效,游客的角色及消费行为模式也随之发生了变化。有经验、有能力的游客通过价值共创行为,在旅游活动中彰显个性、贡献智慧,既为自己设计个性化的旅游体验,还为其他游客提供创新性的替代方案。近年来,该现象引起学界和业界的广泛关注。许多学者针对游客参与价值共创的前因(Teng et al.,2020)、过程(Prebensen et al.,2011;Frias Jamilena et al.,2017)、结果(Mathis et al.,2016;Arica et al.,2020;Xie et al.,2020)等问题开展了深入的研究;同时,越来越多的旅游企业认识到,引导和发挥游客"兼职员工"的作用是提升影响力与竞争力的有效策略(Park et al.,2017)。

根据服务主导逻辑,价值创造发生于产品或服务的使用过程,顾客通过将自己的意愿、认知和经验投入到价值创造系统,与其他主体共同创造价值(Vargo et al.,2008b)。旅游产品作为典型的体验式产品,其消费者不仅重视消费结果,还关注消费过程,更愿意参与价值的共同创造(Prebensen et al.,2013a)。同时,旅游消费体验不只是旅游过程中发生的事情,还涉及旅游前与旅游返回后两个阶段。游客为了创造独特的旅游体验,在旅游服务的每一个触点上,与服务提供者、旅游地居民或同行游客进行积极互动,赋予旅游体验个性化的内容。从游客角度来看,游客将自己的偏好融入服务过程的设计与组织,通过自我建构的方式塑造旅游体验,往往会带来更高的旅游满意度(Prebensen et al.,2011);从企业角度来看,旅游企业根据游客个性化需求提供差异化产品和服务,针对性地开展营销活动,有助于提高产品质量及服务效率,进而提升游客的满意水平(Prebensen et al.,2017a)。基于该认识,许多学者认为,游客参与价值共创有助于提升旅游满意度(Prebensen et al.,2011;Arica et al.,2020),且在此过程中投入的个体资源越多,越容易带来更高的满意水平(Prebensen et al.,2013a)。近年来,这一观点却受到了一些学者的挑战。有研究表明,旅游体验价值共创参与者的多元性增加了旅游服务的复杂性和资源整合的难度,在某些情况下,部分参与者有意或者无意地,未能以其他参与者预期的方式整合资源或协调进程,从而导致价值减少或损毁,即价值共毁(Echeverri et al.,2011)。因此,游客体验价值共创行为并非总是产生积极的结果(Yeh et al.,2020),可能对游客的满意度产生不利影响(Adam,2021)。但就现有研究而言,大多学者基于线性思维,要么乐观地看待游客参加价值共创的积极效应,要么关注游客体验价值共创行为的消极结果,而综合考虑二者,对游客体验价值共创行为为何以及如何形成截然不同结果的研究甚是缺乏。

社会嵌入理论认为,社会环境下的个体,会与周围的环境和他人进行持续的信息交换,不断地改变自己的偏好和决策(Granovetter,1985)。社会关系隐而不显,却真实地存在于现实世界中,深刻地影响嵌入其中的每一个人的认知、偏好和行为。尤其是在当今信息时代,每位游客都拥有一个以自我为中心、不断向外延展的社会网络,成为游客参与价值共创活动的环境和客观条件,蕴含其中的社会支持作为资源和情感传递的重要方式,势必对游客体验价值共创行为的效应产生影响。因此,游客参与价值共创时,存在社会支持影响游客的参与能力以及行为结果的可能,即在游客体验价值共创行为影响旅游满意度的过程中,社会支持是一个重要的边界条件。基于此,本研究建立一个被调节的中介模型,分析游客体验价值共创行为可能存在的"双刃剑"效应,以回答游客体验价值共创行为为何造成不同的旅游满意度这一问题,从而深化对当前移动互联网时代游客体验价值共创行为影响机制的理解。

第二节 理论基础与研究假设

一、游客体验价值共创行为与旅游满意度

价值共创思想源于19世纪的服务经济学研究,直至2000年,Prahalad和Ramaswamy提出基于消费者体验的价值共创理论才引起广泛关注。2004年,Vargo和Lusch基于服务主导逻辑提出"价值由顾客决定和共同创造"的观点(Vargo et al.,2004),此后,服务主导逻辑成为价值共创的主要研究视角,价值共创理论不断深化和发展。早期相关研究主要关注"顾—企"二元关系,认为价值创造发生于产品或服务的使用过程,顾客和企业通过互动和资源整合实现价值的共同创造(Tax et al.,2013)。近年来,学者们将价值共创主体从企业和顾客拓展到更为广泛的服务生态系统,认为一切经济和社会参与者都是自己或他人的价值共创者,价值由服务生态系统的全部参与者共同创造(Vargo et al.,2016)。价值共创行为即顾客参与价值共创的过程(Shamim et al.,2016),是指

顾客在服务过程中通过共同参与和共同创造来提高产品或服务价值的行为表现(Grönroos,2012)。顾客价值共创行为是一个内涵丰富的多维概念。Yi 等(2013)基于对多个服务行业的调研,提出顾客价值共创行为包含顾客参与行为(信息搜索与分享、责任行为和人际互动等)和顾客公民行为(反馈、推荐、帮助和宽容等)两个维度。该观点得到了许多学者的检验和认可(左文明等,2020;Tran et al.,2021)。

游客体验价值共创行为是游客参与价值共创过程中表现出的特定行为(Teng et al.,2020)。该行为是一种积极的主动性行为,具有较强的目的性和自主性。游客为了追求个性化旅游体验,在旅游活动中投入时间、精力、知识等个体资源,通过积极参与旅游产品设计和服务传递过程建构独特的旅游体验(Huang et al.,2010)。旅游是通过社会互动将人们聚集在一起的过程,所以,互动是旅游活动的基本特征(Hsu et al.,2007b)。游客的互动对象不仅包括旅游地社区居民和服务提供者,还包括同行游客以及游客个体社交网络,这些主体共同参与价值的创造。因此,人际互动是游客体验价值共创行为的核心,旅游体验价值共创就是游客与服务提供者及其所处环境之间相互作用的综合性过程(Walls et al.,2011)。同时,游客体验价值共创行为不仅发生于旅游过程中,而在旅游活动的各个阶段都有所体现(Jaakkola et al.,2014),呈现明显的多样性和动态性特征。如前文所述,本研究认为,游客体验价值共创行为包含两个维度,即游客参与行为和游客公民行为。

旅游满意度是游客对目的地的体验期望和到目的地后的实际感知相比较的结果(Pizam et al.,1978)。如果游客实际感知与期望相比较后产生满足感,便会感到满意;反之,游客则感到不满意。因此,了解游客期望并提供满足甚至超越游客期望的服务,是提升旅游满意度的有效途径。游客通过参与价值创造过程,向服务提供者传递诉求、表达期望,或直接参与旅游产品和服务的设计,使服务提供者能够针对性地提供符合游客期望的产品和服务,从而提高旅游满意度。同时,游客在价值共创中投入个体资源,会产生自我锚定(self-anchoring),认为所生产的产品是自我概念的延伸和扩展,进而带来积极的消费体验和自我满意(Troye et al.,2012)。此外,游客在服务接触中与服务提供者持续互动,这些互动同样影响游客对旅游体验的评价(McCartney et al.,2020)。研究表明,积极参与价值共创的游客,比其他人更容易获得满足感(Grissemann et al.,2012);与之相反,如果在价值共创过程中,忽视游客提供的知识和技能,将会导致游客不满意(Ford et al.,2000)。由此可见,游客参与行为对旅游满意度产生积极影响。旅游过程中,游客还与其社交网络或同行游客保持人际互动,这有助于唤起游客的情感满足,对提高旅游满意度产生积极影响(Mathis et al.,2016);游客在其社交平台展示旅游经历、分享旅游体验,不仅可以帮助游客增进社会联络,赢得他人的认同和赞美(王晓蓉等,2017),该行为更是一个体验强化与体验建构的过程(李森等,2012),从而有助于提升旅游满意度。换言之,游客在公民行为上的付出越多,越容易获得更高的满意水平(Arica et al.,2020)。

故本研究提出假设:

H1a:游客参与行为正向影响旅游满意度。

H1b:游客公民行为正向影响旅游满意度。

二、旅游体验价值的中介作用

旅游体验的本质是心理体验,发生于相对封闭的旅游世界,它既是一个物理过程,也是一个心理过程(谢彦君等,2006)。旅游消费是一种过程性消费,旅游体验具有情境性、流动性等特征(樊友猛等,2017),游客对旅游体验的价值感知是通过对产品的直接使用或欣赏而形成的,需依据游客的整体消费体验进行判断(Mathwick et al.,2001)。由于旅游服务提供者向游客提供的是高接触的、面对面的服务,游客的满意度依赖于他们对产品质量和服务效率的主观感知。事实上,旅游满意度与其对旅游体验价值的判断有着内在联系,前者可看作后者的评价结果(Prebensen et al.,2014),在测量上,二者存在共同的部分(韩春鲜,2015)。因此,旅游体验价值和旅游满意度作为同一主体对同一因素的主观感知,二者之间的关系直接且明确。近年来,体验价值与满意度之间的关系得到了许多实证研究的支持。如 Ryu 等(2008)发现,餐饮业顾客感知价值在影响顾客满意度方面具有重要的作用,且二者都是顾客行为意向的重要预测指标。还有研究结果表明,在度假旅游(Prebensen et al.,2014)、节庆旅游(Lee et al.,2011)、生态旅游(Kim et al.,2016)、寺庙游客(Song et al.,2015)等活动中,旅游体验价值均对旅游满意度产生积极的作用。

因此,本研究提出假设:

H2:旅游体验价值正向影响旅游满意度。

游客体验价值共创行为既是结果导向性行为,也是过程导向性行为。具体而言,游客参与价值共创既是一种工具性活动,获得期望的旅游体验是其核心目的(Roeffen et al.,2016),又是一种体验性活动,在移动信息技术的促动下,该行为逐渐成为旅游活动不可或缺的内容(Han et al.,2021)。游客作为旅游活动的体验者、创造者和行动者,而非接受者、解释者和观察者(O'dell,2007),其消费体验不是纯粹性的生理性体验,而是一个符号解读的过程,游客在旅游符号的搜寻与解读中主观地建构自己的旅游体验。在这个过程中,游客投入个体资源实现价值共创,从而获得满意的旅游体验,甚至建立对产品的特殊情感,从而增加对产品的价值感(Deng et al.,2021)。但是,游客体验价值共创行为可能会出现两种截然不同的结果:一是游客获得与预期相符的体验,旅游体验价值实现增值;二是由于资源误用或过程错位导致价值共毁,或因为期望过高使得实际旅游体验与预期相去甚远。通常而言,前者将促使游客产生较高的满意度,而后者则导致游客不满意。由此发现,尽管游客在此两种情况下都参与了体验价值共创活动,但并未形成一致的满意水平,其原因在于游客体验价值共创行为所带来的旅游体验价值存在差别。由此发现,直接决定旅游满意度的因素不只是游客体验价值共创行为,其作用下的旅游体验价值同样影响旅游满意度。换言之,体验价值感知在游客参与和旅游满意度之间起中介作用。此外,个人培训行业(贾薇等,2009)、航空运输业(Chen et al.,2016)以及高档百货商店购物情境(孙乃娟等,2011)等其他领域的相关研究也为此逻辑提供了支持线索。

基于此,结合前文提出的假设 H1a、H1b 以及假设 H2,本研究提出假设:
H3a:旅游体验价值在游客参与行为与旅游满意度的关系中起中介作用。
H3b:旅游体验价值在游客公民行为与旅游满意度的关系中起中介作用。

三、社会支持的调节作用

价值共创的成败取决于两个因素:一是参与者能否获得必要的资源、环境、机会等条件(Atakan et al.,2014);二是顾客的知识、技能、感知任务复杂性等因素(Andreu et al.,2010)。其中,资源是价值共创的核心和基础(Plé,2016),顾客的知识、经验以及社会关系等操作性资源尤为重要(Madhavaram et al.,2008)。在价值共创过程中,顾客将可用的操作性资源投入到价值创造系统内部,通过资源整合形成共创价值,所以,顾客资源越丰富,越容易取得更大的收益。社会支持是一种普遍性的社会行为,是指社会网络为帮助个体应对压力所提供的物质帮助和情感支持(Cohen et al.,1985),是顾客获取陪伴、情感和相关信息等资源的重要渠道(Loane et al.,2015)。来自服务提供者和其他顾客的社会支持不仅可以增强顾客参与价值共创的意愿和积极性(Rosenbaum et al.,2007),还有利于顾客获取知识、提升技能,从而增进他们参与价值共创的能力(Vargo et al.,2004)。回到本研究情境,游客在参与价值共创过程中,服务提供者、亲友、同行游客乃至社交网络都是给予游客社会支持的重要主体,他们的社会支持可以转化为操作性资源,从而提升游客体验价值共创行为的绩效,即旅游体验价值,进而影响旅游满意度。所以,社会支持被认为是调节游客旅游经历与心理结果之间关系的重要因素(Kim et al.,2013)。研究表明,社会支持是一个多维度的概念,其构成因形成情境的不同而不同(Xie,2008;Madjar,2010)。如前文所述,本研究认为社会支持由信息性支持和情感性支持两个维度构成。

信息性支持是指他人向个体提供以推荐、建议或知识等形式呈现的信息,能够帮助个体确定解决问题的理性方案或提供相关的解释(常亚平等,2015)。在消费领域价值共创过程中,顾客作为资源整合者,根据自己的价值主张,将企业提供的产品或服务与自身掌控的资源相结合,为自己创造价值(Grönroos et al.,2011)。顾客若要获得符合预期的消费体验,不仅要向服务提供者准确表达自己的诉求和期望,还需利用相关资源自主设计产品、构思服务过程,主导产品生产和服务传递活动。信息性支持作为有价值的资源,是顾客上述行为及其目标的实现的重要保障。旅游情境下,由于旅游活动具有异地性以及生产与消费的同时性等特点,旅游消费决策面临许多不确定性。为降低决策风险,人们更偏爱有旅游经验者提供的独立且公正的旅游信息(Kotler et al.,2017),尤其是来自家人、朋友以及其他社交网络成员的评论、意见和建议,被认为是客观、可靠的信息来源(Kang et al.,2013),这些信息为游客的自主决策和体验优化提供支持。从社会资源的角度看,信息性支持不仅可以促进游客获取建议、知识,增强解决问题的能力(Taylor et al.,2004),还有利于提升游客完成任务的信心和自我能力感(Köhler et al.,2011),这都有助于提高游客参与价值共创的行为绩效。反之,如果游客在价值共创过程中缺少必要的信息性支持,可能会导致资源误用、过程错位或形成不切实际的期望,从而导致旅游体验价值共毁。

综上,本研究提出假设:

H4a:信息性支持在游客参与行为与旅游体验价值的关系中起正向调节作用。

H4b:信息性支持在游客公民行为与旅游体验价值的关系中起正向调节作用。

情感性支持是指他人向个体传递情感表达方面的信息,如关怀、鼓励或同理心等,能够使个体感受到被关心、爱护和尊重,即使没能为解决问题直接提供有效帮助,也可以让个体心里感觉到温暖(Liang et al.,2011)。当个体面对压力时,情感性支持提供正面的支持、赞扬、肯定与鼓励来排解负面情绪所造成的消极后果,从而有效调节对生活的主观感受(郭小弦等,2019)。消费是具有一定象征意义的活动,为顾客提供发挥自我潜能、表达自我个性的机会,同时通过劳动创造属于自己的独特体验(郑秋莹等,2017)。随着移动信息技术的不断发展,越来越多的游客通过各种自我展示活动,反思自己的旅行,分享自己的体验。他人的关注、点赞和评论等情感性支持,既可以使游客产生情感上的共鸣以及因制定合理出游决策而形成的自豪感,又能够激发游客获得预期旅游体验的信心,促进游客在价值共创过程中获得自我价值感和满足感。换言之,游客的自我展示活动,可在他人的情感性支持下产生愉快的旅游体验(Tussyadiah et al.,2009)。

消费体验又是一种群体性行为,尤其在顾客结构社区化和网络化背景下,他们的购买意愿、消费体验和满意水平都会受到其他顾客的影响(Grönroos,2012)。情感性支持作为传递理解、支持、认同等情感的社会资源,不仅有助于引导和强化游客的价值共创行为,还对消除其过程中的焦虑、不安等负面情绪具有积极作用,从而提升参与价值共创的愉悦感。因此,从社会关系的角度看,情感性支持能给予游客归属感、认同感及良好的人际关系,有利于游客在自我肯定中获得情感上的收益(Toma,2010)。

综上,本研究提出假设:

H5a:情感性支持在游客参与行为与旅游体验价值的关系中起正向调节作用。

H5b:情感性支持在游客公民行为与旅游体验价值的关系中起正向调节作用。

由前文分析可知,游客体验价值共创行为(游客参与行为、游客公民行为)通过旅游体验价值影响旅游满意度,而社会支持(信息性支持、情感性支持)增强了游客体验价值共创行为与旅游体验价值之间的关系。那么,进一步地,当游客获得的社会支持水平较高时,游客体验价值共创行为会创造更大的旅游体验价值,继而形成更高水平的旅游满意度。即,社会支持调节了游客体验价值共创行为通过旅游体验价值影响旅游满意度这一间接作用。

基于此,本研究提出有调节的中介效应假设:

H6a:信息性支持正向调节旅游体验价值在游客体验价值共创行为与旅游满意度之间的中介作用。

H6b:情感性支持正向调节旅游体验价值在游客体验价值共创行为与旅游满意度之间的中介作用。

综合上述分析,本研究构建游客体验价值共创行为影响旅游满意度的理论模型,如图 6-1 所示。

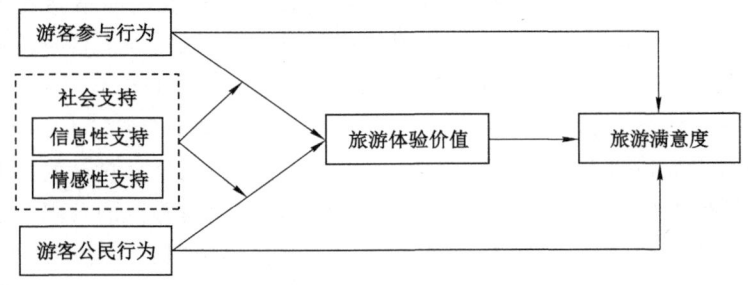

图 6-1 研究模型

第三节 研 究 设 计

一、样本与数据

本研究采用问卷调查的形式收集数据,调查对象为18岁以上最近6个月内有出游经历的人。首先,将调查问卷发布在问卷星调查平台,将所有问项设置为必填项,并将问卷设置为不公开,设置最大答卷数为500。其次,运用滚雪球的方式从社会关系网络中寻找最近6个月内外出旅游的人,请其回忆最近一次旅游经历并据此填写问卷;同时请他们利用自己的社会关系网络进行扩散,寻找条件符合者并邀请填写问卷。最后,在各类主题微信群发布网络问卷的二维码,说明调查目的和要求,请满足条件的人帮助填写。如前所述,通过个人社会关系进行问卷调查,可以保证问卷的填写质量和回收率。

删除所有选择同一答案或规律性选择答案的问卷后,共获得有效问卷445份,有效问卷率为89.0%。有效问卷的样本基本信息统计如表6-1所示。男性占比为48.5%,女性占比为51.5%;年龄分布上主要集中在21～50岁,占比达92.8%;教育程度分布上,本科、大专和硕士及以上位列前三位,占比分别为41.3%、21.8%、21.1%;职业分布上,排在前三位的分别是企业职工、政府机关或事业单位人员、个体经营者,占比分别为41.8%、16.9%、13.7%;月收入分布相对较为均衡,3 001～5 000元、5 001～8 000元、8 001～10 000元位列前三位,占比分别为25.6%、25.2%、24.7%。此外,答题者的IP地址显示,调查对象覆盖了江苏、浙江、上海、安徽、河南等21个省(直辖市、自治区)。

表 6-1 样本统计特征($N=445$)

变量	类别	样本数	百分比/%
性别	男	216	48.5
	女	229	51.5
年龄	18～20岁	11	2.5
	21～40岁	293	65.8
	41～60岁	120	27.0
	60岁以上	21	4.7

表6-1(续)

变量	类别	样本数	百分比/%
教育程度	初中及以下	11	2.5
	高中/中专	59	13.3
	大专	97	21.8
	本科	184	41.3
	硕士及以上	94	21.1
职业	学生	24	5.4
	政府部门或事业单位人员	75	16.9
	公司职员	186	41.8
	农民	10	2.2
	个体经营者	61	13.7
	自由职业者	51	11.5
	其他	38	8.5
收入水平	3 000元以下	51	11.5
	3 001～5 000元	114	25.6
	5 001～8 000元	112	25.2
	8 001～10 000元	110	24.7
	10 000元以上	58	13.0

二、变量测量

本研究中各变量的测量工具均来源于国内外成熟量表,并严格遵循"翻译—回译"的程序,将英文量表转换为中文量表,以保证测量工具的信度和效度。所有问项均采用李克特七点计分,要求调查对象根据自身实际以及问项的具体表述,从1～7作出选择,"1"为非常不同意,"7"为非常同意。

(1)游客体验价值共创行为。采用第五章使用的量表,对其中的语态进行略微调整。具体而言,游客参与行为变量采用"参与设计旅游活动的行程或内容""向服务提供者表达需求"等5个问项进行测量,游客公民行为变量采用"帮助他人解决旅游方面的困难""向他人推荐旅游活动或服务提供者"等6个问项进行测量。本研究中,游客参与行为和游客公民行为量表的Cronbach's α 系数分别为0.863、0.914。

(2)旅游体验价值。借鉴Eid等(2015)、Yen等(2015)开发的量表,包含功能性体验价值、情感性体验价值和社会性体验价值等3个维度共9个问项,如

"此次旅游活动质量很高""此次旅游给我留下了美好的记忆""此次旅游使我改善了与他人的关系"等。本研究中,旅游体验价值量表的Cronbach's α系数为0.829。

(3) 旅游满意度。采用Prebensen等(2017a)开发的量表,共4个问项,如"总体而言,我对此次旅游活动感到满意""我认为参与此次旅游活动是明智的"等。本研究中,旅游满意度量表的Cronbach's α系数为0.919。

(4) 社会支持。借鉴Liang等(2011)开发的量表,信息性支持维度包含"当旅游前/中/后遇到困难时,一些人给我提供帮助""当旅游前/中/后遇到问题时,一些人提供信息帮我解决问题"等3个问项,情感性支持维度包含"当旅游前/中/后遇到困难时,一些人安慰和鼓励我""当旅游前/中/后遇到困难时,一些人对我表示关心"等4个问项。本研究中,信息性支持和情感性支持量表的Cronbach's α系数分别为0.821、0.819。

(5) 控制变量。参考以往相关研究(Gallarza et al.,2008;Song et al.,2011),本研究将调查对象的性别、年龄、教育程度、职业以及收入水平作为控制变量,以避免这些变量对研究结果形成干扰。详见附录二。

第四节 分析与结果

一、共同方法偏差检验与验证性因素因子分析

考虑到样本数据来源的单一性可能造成共同方法偏差效应,本研究采用Harman单因素分析法进行共同方法偏差效应检验。结果显示,未出现只有一个独立公共因子被析出的情况,其中被析出的第一个因子的方差解释率为24.11%,未及方差解释率的一半,说明本研究中共同方法偏差造成的影响并不严重。另外,本研究进一步对游客参与行为、游客公民行为、旅游体验价值、旅游满意度、信息性支持、情感性支持6个变量进行验证性因子分析。从表6-2可以看出,六因子模型相较于其他模型表现出更佳的拟合效果,说明各变量之间具有较好的区分性。

表6-2 验证性因子分析结果

模型	χ^2/df	GFI	AGFI	IFI	TLI	CFI	RMSEA
六因子模型 TPB,TCB,TEV,TS,INS,FES	1.775	0.925	0.906	0.966	0.960	0.965	0.042
五因子模型 TPB+TCB,TEV,TS,INS,FES	5.441	0.727	0.665	0.799	0.771	0.798	0.100

表6-2(续)

模型	χ^2/df	GFI	AGFI	IFI	TLI	CFI	RMSEA
四因子模型 TPB+TCB,TEV+TS,INS,FES	6.222	0.709	0.648	0.760	0.730	0.758	0.108
三因子模型 TPB+TCB,TEV+TS,INS+FES	7.953	0.658	0.592	0.676	0.641	0.675	0.125
二因子模型 TPB+TCB+TEV+TS,INS+FES	12.135	0.514	0.424	0.477	0.425	0.475	0.158
单因子模型 TPB+TCB+TEV+TS+INS+FES	14.270	0.466	0.369	0.375	0.315	0.372	0.173

注:TPB表示游客参与行为,TCB表示游客公民行为,TEV表示旅游体验价值,TS表示旅游满意度,INS表示信息性支持,FES表示情感性支持,+表示两个因子合并为一个因子。

二、描述性统计分析

表6-3显示了各变量的均值、标准差以及相关系数,同时报告了各变量的Cronbach's α系数。结果表明,游客参与行为分别与旅游体验价值和旅游满意度显著正相关($r=0.429, p<0.001; r=0.452, p<0.001$),游客公民行为同样分别与旅游体验价值和旅游满意度显著正相关($r=0.440, p<0.001; r=0.363, p<0.001$),旅游体验价值与旅游满意度显著正相关($r=0.649, p<0.001$)。由此可知,各变量都具有较高的信度,主要变量的相关性与预期一致,这为后续假设检验奠定了良好基础。

表6-3 描述性结果和相关系数矩阵

变量	均值	标准差	TPB	TCB	TEV	TS	INS	FES
游客参与行为(TPB)	5.52	0.505	(0.863)					
游客公民行为(TCB)	5.75	0.546	0.223***	(0.914)				
旅游体验价值(TEV)	5.34	0.584	0.307***	0.326***	(0.829)			
旅游满意度(TS)	5.47	0.805	0.415***	0.350***	0.497***	(0.919)		
信息性支持(INS)	5.44	0.495	0.205***	0.060	0.353***	0.056	(0.821)	
情感性支持(FES)	5.32	0.460	0.063	0.167**	0.348***	0.064	0.116*	(0.819)

注:对角线上括号中数字表示Cronbach's α;* 表示 $p<0.05$,** 表示 $p<0.01$,*** 表示 $p<0.001$。

三、假设检验

本研究采用层级回归方法，对主效应、中介效应和调节效应进行检验，结果如表6-4和表6-5所示。

（一）主效应检验

控制性别、年龄、教育程度、职业和收入水平等因素，在模型 M1 和 M4 的基础上引入自变量游客参与行为和游客公民行为，分别形成 M2、M3 和 M5、M6。由模型 M2 和 M3 可知，游客参与行为和游客公民行为分别对旅游体验价值具有显著的正向影响（$\beta=0.310, p<0.001; \beta=0.324, p<0.001$）。由模型 M5 和 M6 可知，游客参与行为和游客公民行为分别对旅游满意度具有显著的正向影响（$\beta=0.422, p<0.001; \beta=0.346, p<0.001$），H1a、H1b 得到验证。在模型 M4 的基础上加入旅游体验价值变量，结果显示，旅游体验价值对旅游满意度具有显著的正向影响（$\beta=0.497, p<0.001$），H2 得到验证。

（二）中介效应检验

为检验旅游体验价值分别在游客参与行为、游客公民行为与旅游满意度之间的中介作用，以模型 M4 为基准模型，加入游客参与行为和旅游体验价值变量形成模型 M8，加入游客公民行为和旅游体验价值变量形成模型 M9。由 M8 可知，旅游体验价值对旅游满意度具有显著的正向影响（$\beta=0.406, p<0.001$），游客参与行为对旅游满意度的影响仍然显著（$\beta=0.296, p<0.001$），但是，系数从 0.422 减小为 0.296，表明旅游体验价值部分中介了游客参与行为和旅游满意度之间的关系，H3a 得到验证。同样，由 M9 可知，旅游体验价值对旅游满意度具有显著的正向影响（$\beta=0.430, p<0.001$），游客公民行为对旅游满意度的影响依然显著（$\beta=0.206, p<0.001$），但系数从 0.346 减小到 0.206，表明旅游体验价值在游客公民行为和旅游满意度的关系中发挥部分中介作用，H3b 得到验证。

表6-4 主效应和中介效应分析结果

变量	旅游体验价值			旅游满意度					
	M1	M2	M3	M4	M5	M6	M7	M8	M9
控制变量									
性别	−0.040	−0.037	−0.049	0.053	0.058	0.044	0.073	0.073	0.065
年龄	−0.051	−0.076	−0.026	−0.067	−0.101	−0.039	−0.041	−0.070	−0.028
教育程度	−0.023	−0.015	−0.007	0.008	0.018	0.025	0.019	0.024	0.028

表6-4(续)

变量	旅游体验价值			旅游满意度					
	M1	M2	M3	M4	M5	M6	M7	M8	M9
职业	0.024	0.032	0.020	0.045	0.055	0.040	0.033	0.042	0.031
收入水平	0.053	0.035	0.022	0.084	0.061	0.051	0.058	0.046	0.042
自变量									
游客参与行为		0.310***			0.422***			0.296***	
游客公民行为			0.324***			0.346***			0.206***
中介变量									
旅游体验价值							0.497***	0.406***	0.430***
R^2	0.006	0.101	0.110	0.011	0.186	0.129	0.256	0.334	0.294
ΔR^2		0.095***	0.104***		0.176***	0.118***	0.245***	0.078***	0.038***
F	0.52	8.17***	9.02***	0.94	16.69***	10.80***	25.10***	31.33***	25.95***

(三) 调节效应检验

为消除共线性的影响,在构造自变量与调节变量交互项之前,分别对二者进行中心化处理。多层线性回归分析结果如表6-5所示。由模型 M10、M11 可知,游客参与行为、游客公民行为与信息性支持之间的交互项对旅游体验价值产生显著的正向影响($\beta=0.185, p<0.001; \beta=0.147, p<0.01$),这表明信息性支持增强了游客参与行为和游客公民行为对旅游体验价值的影响作用,支持了假设 H4a、H4b。同样,由模型 M10、M12 可知,游客参与行为、游客公民行为与情感性支持之间的交互项对旅游体验价值产生显著的正向影响($\beta=0.118, p<0.01; \beta=0.242, p<0.001$),这表明情感性支持也会增强游客参与行为、游客公民行为与旅游体验价值之间的关系,假设 H5a、H5b 得到支持。

表 6-5 多层线性回归分析结果

变量	旅游体验价值		
	M10	M11	M12
性别	−0.044	−0.039	−0.069
年龄	−0.050	−0.029	−0.036
学历	−0.004	0.006	0.003

表6-5(续)

变量	旅游体验价值		
	M10	M11	M12
职业	0.025	0.042	0.023
收入	0.013	−0.002	−0.006
游客参与行为	0.249***	0.224***	0.177***
游客公民行为	0.268***	0.205***	0.258***
交互项			
游客参与行为×信息性支持		0.185***	
游客公民行为×信息性支持		0.147**	
游客参与行为×情感性支持			0.118**
游客公民行为×情感性支持			0.242***
R^2	0.168	0.234	0.244
ΔR^2		0.066***	0.076***
F	12.63***	14.80***	15.62***

(四)被调节的中介效应检验

为了检验被调节的中介效应,本研究借鉴 Preacher 等(2004)的做法,利用 SPSS 宏程序 PROCESS 分别计算了不同信息性支持和情感性支持水平下(均值加减一个标准差),游客体验价值共创行为通过旅游体验价值影响旅游满意度的间接效应,具体结果如表6-6所示。可以看出,游客参与行为通过旅游体验价值影响旅游满意度的间接效应,在信息性支持高水平组和低水平组的95%置信区间均不包含0,且效应值差异为0.183,其95%置信区间为也不包含0;该间接效应在情感性支持高水平上的95%置信区间不包含0,但在情感性支持低水平上的95%置信区间却包含0,同时,二者差异为0.265,其95%置信区间为不包含0。类似地,游客公民行为通过旅游体验价值影响旅游满意度的间接效应,在信息性支持、情感性支持不同水平上的95%置信区间均不包含0,且效应值差异的95%置信区间也都不包含0。同时,在信息性支持和情感性支持的分别调节下,两条路径的调节中介系数的95%置信区间都不包含0。由此说明,被调节的中介效应存在,假设 H6a、H6b 得到支持。

表 6-6 被调节的中介效应分析结果

路径:游客参与行为→旅游体验价值→旅游满意度

调节变量	水平	效应值	标准误	95%置信区间
信息性支持	高(+1SD)	0.336	0.079	[0.194,0.513]
	低(-1SD)	0.153	0.052	[0.042,0.250]
	组间差异	0.183	0.088	[0.043,0.385]
情感性支持	高(+1SD)	0.317	0.062	[0.200,0.442]
	低(-1SD)	0.052	0.048	[-0.042,0.150]
	组间差异	0.265	0.073	[0.132,0.418]

路径:游客公民行为→旅游体验价值→旅游满意度

调节变量	水平	效应值	标准误	95%置信区间
信息性支持	高(+1SD)	0.279	0.064	[0.172,0.422]
	低(-1SD)	0.104	0.047	[0.008,0.194]
	组间差异	0.175	0.074	[0.066,0.351]
情感性支持	高(+1SD)	0.369	0.070	[0.245,0.522]
	低(-1SD)	0.124	0.050	[0.017,0.218]
	组间差异	0.245	0.079	[0.121,0.427]

第五节 本章小结

本章构建并验证了一个有调节的中介模型,探讨了旅游体验价值在游客体验价值共创行为影响旅游满意度过程中的中介作用以及社会支持的调节机制。综观本章的研究,可以得出如下主要结论:

(1) 游客体验价值共创行为有助于提升旅游满意度。总体而言,这一结论与 Prebensen 等(2013a)、Arica 等(2020)的研究相一致。有学者认为,价值共毁不完全是价值共创的对立面,其结果既可以表现为服务系统交互过程中某一行动者福祉的丧失,也可表现为某一行动者因部分价值的减少而获得次优状态(Guan et al.,2020)。换言之,不满意的正产出和负产出都属于价值共毁的范畴(Chen et al.,2018)。本章的研究结论支持了游客体验价值共创行为积极影响旅游满意度的观点,但并不能否定游客参与价值共创过程中价值共毁现象的可能存在。

(2) 旅游体验价值部分中介了游客体验价值共创行为对旅游满意度的影响。价值共创行为是目标导向的自主性行为,游客作为旅游活动的主导者,参与旅游体验价值共创的目标是协同其他主体共同创造期望的旅游体验，这一目标的实现程度是影响游客最终满意水平的关键因素。因此，在游客体验价值共创行为对旅游满意度的影响中，旅游体验价值发挥重要的桥梁作用。该结论说明，Prebensen等（2017a）的观点在中国文化情境下得到同样的支持，同时也说明，价值感知在顾客参与和满意度之间发挥中介作用这一认识，不仅体现在个人培训行业（贾薇等，2009）和航空运输业（Chen et al.，2016），在旅游业也得到了验证。

（3）社会支持不仅对游客体验价值共创行为与旅游体验价值的关系起到正向调节作用，同时也调节了旅游体验价值在游客体验价值共创行为与旅游满意度之间的中介作用。即，游客参与价值共创过程中，获得的社会支持水平越高，游客体验价值共创行为与旅游体验价值的关系越强，那么经由旅游体验价值传导的游客体验价值共创行为对旅游满意度的正向影响也会趋强，反之则反。换言之，社会支持是游客体验价值共创行为对旅游满意度影响效应的"门阀"，决定了游客体验价值共创行为影响旅游满意度的结果。该结论契合了Gligor等（2022）的研究发现，即顾客价值共创活动与满意度之间存在非线性关系。因此，对游客体验价值共创行为的效应不可一概而论，只有结合游客所处的具体情境，才能获得到科学的结论。

游客体验价值共创行为作为一种当前普遍存在的社会现象，探究其作用机制具有重要意义。就现有关于游客体验价值共创行为与旅游满意度关系的研究而言，大多学者通过构建二者之间线性关系模型，探讨游客体验价值共创行为对旅游满意度的积极效应或消极影响。本章则基于一个被调节的中介模型，进一步挖掘了游客体验价值共创行为与旅游满意度之间的非线性影响机制。研究结论不仅回答了游客体验价值共创行为为何以及如何形成截然不同结果的问题，有助于全面理解游客体验价值共创行为影响旅游满意度的完整路径，也回应了有关学者提出的通过引入关系型调节因素揭示价值共创与顾客满意之间复杂关系的呼吁（Gligor et al.，2022）。

本章基于社会嵌入视角，引入并检验了社会支持这一关键因素在游客参与价值共创过程中的调节作用，对社会网络影响下游客体验价值共创行为如何促进旅游满意度提出了一个合理的解释，也是对Roy等（2020）建议在不同旅游情境下考察顾客价值共创行为的回应。传统关于旅游体验的研究大多基于孤立个体视角，认为旅游体验是一种主观的、个体性的、具有高度异质性的内心感受，将研究重点放在游客的主体性上，忽略游客在社会网络中所处的位置以及社会网络结构对旅游体验的影响。然而，以"抽象个人"作为研究起点来探讨旅游体验的种种特征和表现，通常是建立在某种静态假设或孤离假设的前提之下，是不真实的或不现实的,研究结论不能涵盖全部旅游体验现象(谢彦君等,2016)。本研究诠释了社会网络影响下游客体验价值共创行为与旅游满意度之间的关系,丰富了游客体验价值共创行为的影响机制及效应的研究成果,同时为后续的相关研究提供了新视角。

第七章 促进游客参与体验价值共创的对策

毋庸置疑,游客主导旅游体验价值共创的时代已经来临,游客的旅游动机、消费行为及其对旅游体验价值的评价标准已然发生深刻的变化。移动互联网时代崛起的"新旅游者",不仅具有获得身心愉悦和审美享受的愿望,同时还在旅游活动中体现出对尊重、认同及成就感、满足感的追求。他们不愿意被动地接受旅游企业提供的标准化产品,而是希望通过投入时间、精力、知识等个体资源,与价值共创网络其他成员协同创造旅游体验价值。面对游客需求的这一革命性变化,旅游行业管理者和旅游企业只有转变固有观念,在旅游需求的更迭中合理定位自身的角色,引导和支持游客积极参与体验价值共创,才能进一步促进旅游消费升级,扩张旅游发展空间。

第一节 政府层面的支持对策

一、搭建公共信息平台,提高信息支持质量

研究结果表明,信息支持是游客体验价值共创行为的重要驱动因素。信息搜寻尽管只是游客决策过程的一个早期步骤,但对其目的地选择和旅游消费活动具有重要的作用(Gursoy et al.,2004)。旅游公共信息平台作为集旅游信息、旅游政策、旅游市场、旅游服务等多种信息为一体的互联网平台,有助于提升游客获取信息的效率,增加游客的互动体验,对游客体验价值共创行为具有重要的促进作用。通过公共信息平台建设,一方面,地方政府可以实现与游客的直接对话,向游客提供旅行指南、旅游交通、景点介绍等相关的信息和服务,方便游客安排旅游行程;另一方面,游客能够增进游客之间的互动,鼓励他们通过该平台分享自己的旅游经历、感受和建议,为他人的旅游决策提供有价值的建议。此外,旅游行政管理部门还可以利用该平台发布游客行为规范和旅行建议,倡导游客尊重当地文化、生态环境和社会准则,促进旅游业的可持续发展。

(一)强化旅游信息采集与整合

旅游公共信息平台建设中,数据的采集、分析、整合和共享是不可或缺的关

键环节,通过这一系列过程,政府部门可以更好地把握社会需求动态和行业发展趋势,从而制定有效的解决方案。首先,根据平台建设的目标以及功能设计确定数据的来源,尽量覆盖旅游企业、政府部门、行业组织以及用户生成的数据,确保平台具有广泛而深入的数据基础。其次,建立数据采集机制,包括数据的获取、传输、存储等环节,可通过建立 API 接口、数据挖掘等方式,实现数据的自动采集,同时还要考虑数据的安全和隐私保护,确保采集的数据符合法律法规及相关标准。由于采集到的数据往往存在质量和格式问题,需要通过数据清洗和处理,对数据进行去重、格式化、标准化等操作,以确保数据的可用性。最后,利用云计算技术建立高效、安全的数据平台,支持数据的多维分析和查询,并以此为基础,利用数据挖掘、机器学习等技术,对游客的需求、偏好、行为进行分析,为旅游政策的制定提供参考。

(二)实现旅游信息开放和共享

本研究发现,游客获得有价值信息的多寡,对他们参与体验价值共创的意愿具有重要影响。地方政府应通过建立数字化平台,向游客提供有关旅游地的地图、导游和虚拟现实等数字化信息和资源,为游客进行旅游线路自主设计和行程安排提供支持。首先,创建官方网站和移动应用程序,与旅游企业共同开展推广活动,为游客提供住宿推荐、旅游交通、景区介绍等信息,宣传旅游地社区和景区举办的活动和项目,以吸引游客积极参与;不定期发放旅游优惠券、折扣码、免费门票等福利,鼓励游客参与旅游打卡、文化体验和环境保护等价值共创活动。其次,利用大数据技术,收集游客的行为数据和反馈信息,解码游客的旅游需求和偏好,向游客提供个性化的线路推荐和旅行建议,为他们参与共创旅游体验价值提供支持。最后,通过开放 API 接口、建立数据共享机制等方式,促进数据的共享利用,提升游客获取旅游信息的便捷性。

(三)加强用户体验设计

界面设计方面,通过优化布局方便用户快速定位所需信息,降低操作难度;通过色彩搭配营造良好的视觉效果,提升美感体验;通过优化排版使信息更易于阅读和理解,提升使用体验;选择高质量图片素材以吸引眼球,激发浏览兴趣;简化交互设计以减少交互流程和耗用时间,提高使用效率。搜索引擎方面,优化搜索关键词,提升搜索的关联性和准确性;改进搜索算法,以提高搜索的速度和正确性;根据用户的搜索历史、兴趣和需求,提供智能推荐服务,帮助用户发现更多感兴趣的信息;为国际用户提供多语言搜索功能,提高使用的便捷性和搜索效率。用户引导方面,鼓励注册为平台用户,使他们更方便地享受平台提供的服务;设置各项互动功能,如评论、点赞、分享等,吸引用户参与其中,增强用户黏性和参与度;设置用户分享功能,鼓励用户积极参与内容创作与分享,如发布旅游攻略、分享游记等,提高平台的吸引力和用户体验;设置产品销售功能,如酒店预订、门票购买等,为用户提供一站式消费服务。

(四) 提升旅游信息的真实性和可信度

游客之所以倾向于通过在线手段查询、获取和利用旅游信息,是因为大多具有消费经验网友的评论、意见和建议更为客观,被游客认为是可靠的信息来源。因此,信息的真实性和可信度是游客信息获取与使用过程中关注的首要因素。首先,对平台发布的产品和服务相关信息,一方面要明确数据来源,确保数据的真实性和准确性;另一方面要对重要信息进行验证,确保其时效性和可靠性,从而提高用户的信任感。其次,建立用户评价机制,鼓励用户对产品和服务质量进行客观评价,并将这些信息向其他用户开放,为他们的消费决策提供参考。再次,对旅游地及优质旅游企业的产品信息进行全面披露,包括价格、服务内容、产品特点、退改政策等。对于用户关注的焦点信息,应引入第三方机构进行认证,增强信息的权威性和可信度。最后,加强平台对信息真实性和有效性的监管,及时处理由此引发的用户投诉和纠纷,提高平台公信力和用户满意度。

二、开展目的地营销,讲好地方文旅故事

合理的旅游决策是游客体验价值共创行为获得预期效果的前提。旅游决策行为是指个人根据自己的消费需求,收集和加工有关的旅游信息,提出并选择旅游方案或旅游计划,并最终把选定的旅游方案或旅游计划付诸实施的过程(邱扶东等,2004)。如何让潜在游客对旅游地发生兴趣,并将之纳入旅游方案或出游计划,是地方政府应着力解决的关键问题。旅游目的地营销是以整个旅游地为营销主体,将旅游地整体形象引入到激烈的市场竞争中,并以不同方式和手段传播旅游信息、制造兴奋点、展示新形象、增强吸引力,引发潜在游客注意力和兴奋点的活动(袁新华,2006)。在当前旅游地竞争日益激烈的态势下,开展目的地营销是旅游地提升知名度和影响力的有效途径,地方政府在其中扮演的角色和发挥的作用尤为重要。

(一) 创新营销方式和内容

数字化营销是充分利用互联网、多媒体等数字化技术开展营销的新型模式,它是互联网时代最具竞争力的营销手段。地方政府应将数字化技术与传统营销方式相结合,实现目的地营销的数字化创新。一方面,利用大数据、云计算等数字化技术精准采集、分析游客需求和消费数据,形成游客云图和预测模型,据此设计和讲述旅游故事,从而提升目的地营销的精准性。另一方面,利用数字化技术向游客提供旅游地的景点景物、餐饮住宿、旅游路线等信息,让游客更加便捷地了解和使用旅游地的资源和服务,同时利用虚拟现实和全息技术,为游客提供

虚拟导览和互动体验。突出地方特色是目的地营销的重要原则。地方政府在开展目的地营销中,营销内容要与地方文化特色保持高度一致,重点推广具有浓厚地方色彩的旅游产品和服务,从而塑造个性化、差异化旅游形象。

(二)打造地方旅游品牌

随着大众旅游需求的多元化、旅游地竞争层面的日益拓宽和竞争层次的逐步深化,传统旅游地想要崭露头角就必须重视特色 IP 的打造,以具有地方特色的文化、自然景观、历史遗迹、传统技艺、民俗文化等为核心,塑造具有地方痕迹的旅游品牌形象。地方旅游品牌的核心在于独特性,这意味着地方政府和旅游企业应挖掘并利用地方文化,打造具有浓重文化烙印的旅游产品和服务,并通过市场营销策略的实施,提升旅游品牌的认知度和影响力,进而激发游客的兴趣和关注。一方面,地方政府应深入挖掘地理环境、历史人文、民俗风情等地方独有的元素和资源,在品牌塑造过程中突出这些独特性,打造具有品牌特色的旅游目的地。另一方面,加强地方特色元素的宣传推广,通过各种媒介手段(包括线上和线下)传播地方特色形象,提高地方品牌的知名度和美誉度。地方旅游品牌的形成需要长期的积累和不断的创新,地方政府应与旅游行业组织、旅游企业等开展合作,共同打造和宣传品牌形象,使旅游地在激烈的市场竞争中能够脱颖而出。

(三)鼓励游客同述地方故事

游客在决定访问目的地之前,通常会接触到各种媒体渠道传播的地方故事,如有趣的传说、历史事件或文化故事等,这些故事显著影响游客对目的地形象的感知以及他们与目的地居民之间的社会互动,这被看作是旅游体验价值共创的一个起点(Mathisen,2018)。游客正是被这些真实或虚构的故事所吸引,带着关于遥远地方的想象踏上旅途,在寻找"诗和远方"的过程中收获美好体验。因此,地方政府需深入挖掘地方特色文化,将旅游地的自然、文化、历史等元素结合起来,创造完整、有趣的故事,并将之嵌入旅游产品和服务中,让游客通过角色扮演或解谜游戏等方式参与其中,帮助他们更好地理解和体验旅游地的故事。通常,故事的力量取决于其结构是否合理,能否与游客的需求和价值观产生共鸣,以及故事的情感力量的大小。这就要求旅游地讲述的故事要具有自我意义,吸引游客主动参与到故事中来,使外在的故事元素与内在的情感体验相互作用,在持续的互动中建构游客自己的故事,从而共同创造独特的旅游体验。

三、鼓励居民积极参与,构建和谐主客关系

研究表明,社会互动是游客体验价值共创行为的核心内容之一,对旅游体验价值具有重要影响。游客的互动对象不仅有同行游客、社交平台好友,旅游地社区居民也包含其中。社区居民作为社区创造者、文化持有者和传承者以及旅游吸引力的重要组成部分,可通过与来访游客之间的互动,让游客深刻地感受当地文化的内涵和魅力,从而唤起他们的探索热情。因此,地方政府应采取措施引导社区居民参与旅游地开发建设,鼓励他们通过文化展示和社会互动等活动,促进游客体验价值共创行为及其效果。

(一)激发居民社区主体意识

提升旅游地居民社区主体意识,培育其地方心理所有权,是促进社区参与旅游发展的基本保障。首先,地方政府应开展旅游宣传教育活动,培养社区居民的自我发展意识和责任感,让他们认识到旅游业对当地经济和社会的重要性,提振他们对旅游发展的信心,从而调动他们参与旅游决策和社区管理的积极性。其次,应积极宣传当地的文化特色和历史遗产,通过举办专题讲座、组织文化活动以及开展文化交流等方式,提高社区居民对地方特色文化的认同感和归属感。最后,应突出社区居民的主体地位,提升他们的参与热情。地方政府应督促旅游开发机构与当地社区合作,建立有效的参与机制,如成立社区咨询委员会、组织公开听证会等,方便社区居民表达自己的意见和建议,使他们在旅游规划和发展决策中发挥更积极的作用。

(二)支持居民参与旅游发展

社区居民参与旅游发展是提升旅游地形象、塑造良好人文环境的重要途径,也是实现旅游可持续发展不可或缺的机制。首先,地方政府应制定扶持政策为有创业意向的社区居民提供创业支持服务,如创业培训、经济补贴、场地租赁、市场推广等,帮助他们实施旅游相关的创业项目。其次,开展旅游教育与培训活动,针对性地加强社区居民的知识和技能培训,提高社区居民的从业素质和就业能力,引导他们在旅游行业就业。再次,建立旅游产业合作平台,为社区居民提供旅游资源整合、产品开发、销售渠道等支持服务,增加社区居民参与旅游发展的机会,使他们从旅游发展中获得实质性的收益。最后,进一步强化对社区居民的赋权和增权,通过合理的制度设计与安排,保障社区居民的合法权益,保证他们从旅游开发中获得相应的权力和经济利益。

(三)设置主客共享休闲空间

主客共享是全域旅游建设的要义所在,也是新时期休闲旅游、度假旅游高质量发展的内在要求。一方面,地方政府应不断完善公共服务体系,突破单一服务本地居民的思维限制,推动公共服务进旅游景区、旅游度假区,尤其是城市近郊旅游景区和游客聚集区应积极引入影院、剧场、书店等文化设施,推进公共文化服务和旅游公共服务协同发展。旅游地公共服务建设中,应兼顾游客的需求,根据旅游活动的特点调整公共服务供给的内容与形式,并在相关设施的设计中融入地方特色元素,以促进游客对当地文化的认知。另一方面,应打造文化体验区,构建宜主宜宾、宜居宜游的文旅休闲新空间。城市公共休闲区域应定期举办演出、展览、节事等活动,推出手工艺、服饰以及美食等特色产品,同时提供互动性强的体验项目,既尊重和满足本地居民的休闲需求,也让外来游客获得独特的旅游体验。

四、完善旅游制度建设,预防体验价值共毁

研究表明,游客体验价值共创行为并不一定带来积极的旅游体验,可能出现由于资源误用或过程错位导致价值共毁,或因为期望过高使得实际旅游体验与预期相去甚远。例如,服务提供者在支持游客参与体验价值共创过程中,由于产品质量或服务传递过程的失误而让游客体验质量下降;或游客由于在参与体验价值共创过程中投入了许多个体资源而对旅游体验产生了过高的期望,造成他们对未达预期的旅游产品或服务质量的不满,进而形成过度维权。因此,政府部门需进一步完善旅游制度建设,以减少上述现象的发生和带来的损害,从而保障游客和旅游企业的合法权益。

(一)应强化旅游市场监管

政府部门应制定相关质量标准和评价体系,对旅游产品和服务进行监管和评估,规范旅游产品的质量和服务标准,以维护公平有序的旅游市场环境。同时,还应加强旅游信息公开透明,让游客能够全面了解旅游产品和服务的质量和内容,避免过度宣传和虚假宣传对游客形成误导。旅游行业主管部门应加大对旅游从业者的管理和监督力度,严厉打击不合法、不规范的旅游经营行为,确保旅游市场秩序的健康有序。旅游服务传递过程的失误和未能有效配合游客完成价值共创是旅游体验价值共毁的重要原因。因此,政府部门应加强对旅游从业人员的教育和培训,提高他们的素质和专业服务技能,为游客提供优质的消费体验。此外,政府部门还应建立健全旅游纠纷解决机制,及时处理旅游投诉和纠纷,不仅要保障游客的合法利益,提高游客的满意度和信任度;还应针对游客的过度维权行为开展教育和解释工作,帮助游客理性地认知和维护自己的权益。

(二)应引导游客规范消费行为

游客在参与体验价值共创的过程中产生许多自主性行为,如若行为方式不当,可能造成旅游资源的破坏和环境质量的下降,从而导致其他游客体验价值的损毁。地方政府应基于《旅游法》等法律法规,结合旅游地资源与环境的特点,制定本地区游客文明行为准则等规章,明确游客应该遵守的行为规范,如禁止乱扔垃圾、保护文物古迹、保护野生动植物、尊重当地风俗习惯等。同时,旅游行业主管部门应加强执法力度,对违规行为进行处罚,以起到警示和威慑作用。地方政府还应与旅游景区、酒店和旅行社等旅游企业合作,通过广告、公益宣传片等方式,向游客宣扬文明旅游理念和旅游行为规范,并利用旅游景区、酒店以及旅行社等渠道,对游客进行现场宣传和教育,增强他们对旅游资源多种价值的认知,从而消除破坏旅游资源和生态环境的行为。

第二节 旅游企业层面的支持对策

一、转变传统经营理念,重新定位自身角色

研究表明,旅游体验价值是游客在信息技术的支持下整合自身以及原生支持力量和衍生支持力量等各方资源的结果。旅游企业作为旅游产品和服务的主要提供者,是旅游体验价值共创原生支持力量的核心构成,对游客体验价值共创行为的成效起到至关重要的作用。因此,旅游企业应树立价值共创的思维,积极探索促进游客参与价值共创的策略,致力于通过价值共创活动来建立和维持竞争优势。

(一)旅游企业应重新定义价值主张

价值主张是指对顾客从产品或服务中获取的体验进行价值量化后的清晰表达,其最终目标是通过与众不同的产品为顾客提供针对性服务,进而帮助目标顾客解决问题(Anderson et al.,2006)。在当前游客积极参与体验价值共创的社会背景下,旅游企业需重新审视和定义价值主张,支持游客通过整合各方资源实现体验价值共创。具体而言,旅游企业应将角色定位从旅游活动的主导者,转变为旅游体验价值创造的支持者;关注焦点由自己的产品和服务能为游客带来怎样的体验价值,转变为游客如何更好地利用自己的产品和服务创造体验价值;经营管理的重心由单纯地提高内部效率,转变为充分利用外部资源,发现和挖掘游客的个性化旅游需求,在支持游客创造旅游体验价值的同时,为自己创造价值。通过价值主张的重新定义,旅游企业可以更好地强化和传递自身的核心价值,创新和优化自身的业务模式和管理方式,提供更加贴近游客心理的旅游产品和服务,从而不断提高旅游企业的创新能力和市场竞争力。

(二)重视旅游体验价值共创中游客的资源整合过程

游客既是旅游产品的消费者,同时也是旅游体验价值的共同创造者。游客在旅游过程中到底扮演何种角色,关键在于他们发挥怎样的作用。研究结果显示,游客体验价值共创行为对旅游体验价值产生的影响与游客获得社会支持的水平有关。换言之,旅游体验价值及游客满意度水平的高低,在一定程度上不仅取决于游客自身参与价值共创过程中的努力程度,还受到旅游企业等原生支持

力量和亲友网络等衍生支持力量的影响。这就要求旅游企业在价值共创中积极为游客进行资源整合创造条件,提供必要的支持帮助游客灵活地运用所获取的资源。同时,旅游活动涉及多个阶段,旅游体验价值共创可发生于旅游活动的任一阶段并实现游客体验价值的增值。因此,旅游企业还需在体验价值共创的不同环节赋予游客相应的权力,增加游客与服务提供者的互动节点,提升游客在体验价值共创中的自我效能感以及愉悦体验。

二、创新旅游产品供给,优化旅游体验方式

研究表明,产品设计是游客体验价值共创行为的重要内容,也是游客参与体验价值共创的重要体现。游客积极参与旅游产品的设计和服务传递过程,主要源于两个原因:一是旅游企业提供的标准化旅游产品无法满足游客的个性化旅游需求;二是游客希望通过旅游产品的自主设计来获得自我能力感和价值感。无论面对哪一种原因,旅游企业都应创新旅游产品供给,提供更加独特、有趣、深入的旅游体验,以满足游客日益多样化、个性化需求,提高旅游产品的附加值和竞争力。

(一)开发创新性产品

旅游企业应通过融合、活化、转化等多种方式,开发具有创新性的旅游产品,为游客提供与众不同的消费体验,唯有如此,才能提高旅游企业的市场竞争力和品牌形象。首先,在保证现有主题化、特色化基础上,强化与其他新兴业态的融合,通过整合露营、观鸟、摄影、美食、音乐、剧本杀等元素,进一步丰富旅游产品体系,完善旅游产品结构,多场景、多角度、多形式诠释现代旅游休闲性、体验性、文化性等特点,为游客创造涵盖视、听、嗅、味、触等多元感知的沉浸式体验。其次,鼓励旅游企业利用现代科技手段,创新设计旅游项目和体验内容。通过数字技术与旅游业的深度融合,实现历史文化资源的数字化保存和利用。同时,运用三维实景建模、虚拟现实、全息投影等技术,发展智能酒店、VR乐园、数字展馆、沉浸式演艺等新业态。最后,推出跨界旅游产品,如与文化、艺术、体育等领域合作推出专题旅游产品,吸引更多游客参与旅游体验的价值共创,从而提高旅游产品的独特性和吸引力。

(二)开放旅游产品设计

价值共创趋势下的旅游产品创新要求旅游企业在产品设计过程中提供更多的参与机会和空间,让游客将自身的思想、资源及需求等个性化要素融入旅游产品中,从而提高旅游产品的品质和价值。换言之,开放旅游产品设计是旅游企业适应市场需求变化和提升游客体验价值的重要策略。首先,旅游企业可利用社交媒体、虚拟社区等网络平台,吸引游客参与旅游产品的设计、推广和反馈,增加游客对旅游产品的参与感,从而提升旅游产品的吸引力。其次,在旅游产品的构成上提供多种选项,让游客自主选择自己喜欢的酒店、景点、活动等,甚至可以自行安排行程,这有助于满足游客的个性化需求,提高他们对旅游产品的价值感。最后,通过提供参与体验的机会,如与社区居民互动、学习当地文化、参加节庆活动等方式,使游客与当地特色文化建立亲密的联系,成为旅游体验的参与者和创造者,从而增强游客对旅游产品的认同感和忠诚度。

(三)提供定制化服务

价值共创是客户自我定制化的表现,更是创造主体通过服务交换和资源整合在定制过程中实现价值的共同创造(简兆权等,2016)。因此,定制化服务是旅游企业促进游客参与体验价值共创并获得期望旅游体验的有效途径。一方面,旅游企业应借助科技手段,如人工智能、大数据分析等,对游客以往旅游消费、网络访问记录以及社交媒体等信息进行分析和处理,据此了解游客的兴趣、需求、预算和偏好,为游客提供个性化的旅游服务。另一方面,提供在线预订服务,方便游客通过在线平台预订住宿、门票、租车等旅游产品和服务。通过在线预订系统,游客可以实时获取最新的产品信息,不仅有助于提高购买效率,还能够便捷地制定多元化、个性化选择方案。例如,旅游企业根据游客的预算和时间,向其推荐旅游交通、游览项目以及地方美食等产品,或根据游客的个性化需求,提供特殊餐饮、定制纪念品、专属导游等服务,使游客获得难忘的旅游体验。

三、完善信息传递渠道,创造价值共创空间

研究表明,信息性支持和情感性支持显著影响游客体验价值共创行为意向,同时调节了游客体验价值共创行为对旅游体验价值的影响作用。旅游企业不仅要通过完善与游客的沟通渠道,为游客提供有价值的信息以及关怀、尊重等情感支持,基于此建立良好的顾企关系,还应为同行游客之间的社会互动提供便利,增强游客向他人提供社会支持的意愿。

(一)提供开放式信息沟通平台

旅游产品的特性决定了购买风险的存在,游客为消除购买风险,在作出决策之前通常需要搜索有关旅游企业及其提供产品质量的信息,企业网站、虚拟社区以及个人社会关系网络是游客获取相关信息的主要渠道。旅游企业网站虽然能够提供丰富的信息,但互动性较差,游客缺少可直接向企业提出咨询和反馈意见的平台。于是,许多游客转向虚拟社区进行信息咨询和意见表达,而这些旅游类虚拟社区大多为第三方建设和维护,旅游企业难以对游客发布的信息进行筛选和控制。因此,旅游企业应自主搭建信息沟通平台,为游客表达需求和反馈意见创造条件。通过与游客的互动交流,旅游企业能够充分了解他们的旅游需求以

及在产品设计、服务安排等方面的建议,便于向他们提供满足个性化需求的产品和服务。同时,信息沟通平台为游客表达负面意见提供了渠道,旅游企业可以识别游客不满情绪的原因,并开展及时沟通和服务补救,改变游客对旅游企业及旅游产品的负面态度。

(二)引导信息沟通平台的人际互动

在旅游服务过程中,旅游企业服务人员不仅要加强与游客的互动交流,还应引导游客之间进行人际互动。服务人员与游客之间友善的交往和互动交流,可以使游客感受到更多的情感利益,满足其多样化的社会性需求,提升其对服务过程的满意度。研究表明,游客之间的人际互动是旅游体验价值共创行为的重要内容,对游客的情感性体验价值和社会性体验价值产生积极的影响。因此,旅游企业应抛弃游客之间的互动不可控或不重要的错误认识,重视游客之间的互动所潜藏的巨大力量和价值,在服务过程中有意识地引导游客之间进行主题性或随意性的互动,同时通过组织集体游戏、旅游分享会、体验交流会等活动,鼓励游客参与集体或相互之间的经验交流和分享活动。同时,服务人员要对游客之间的互动过程进行监控和管理,为游客之间进行良性互动创造条件,以营造出轻松、舒适的旅游情境,从而提升旅游体验价值和游客满意度。

(三)加强信息沟通平台服务与管理

游客在参与体验价值共创过程中,扮演着旅游企业"兼职员工"的角色。但是,游客并非旅游企业真正的员工,其知识和能力存在一定的局限性,在参与体验价值创造过程中容易产生一些非理性需求。首先,旅游企业要加以正确引导,对服务内容和方式的可选范围进行明确地界定,在正确识别游客需求的前提下,帮助游客针对性地作出合理的选择。其次,对游客进行必要的辅导和培训,向他们详细介绍本企业所提供产品的设计思路、内容及特点等信息,加深其对旅游产品及服务传递过程的认知和理解,从而提升其参加体验价值共创的能力。再次,应强化信息沟通平台服务,快速准确地响应游客的需求,清晰明了地解答游客的问题,并依据游客反馈的意见,及时修正和完善服务内容和规程,以提高游客的满意度和信任度。最后,为保证信息沟通平台的秩序,旅游企业还应建立规范的管理制度,包括内容审核、问题解答、投诉处理等方面的流程,确保游客相关问题处理的效率和规范。

四、塑造良好企业形象,引导游客主动参与

研究表明,源自社会网络的信息性支持和情感性支持对游客参与体验价值共创的行为态度和主观规范具有正向影响,而行为态度和主观规范进一步影响游客的体验价值共创行为意愿。可以推理,游客体验价值共创行为具有网络效

应。具体而言,当众多游客参与体验价值共创时,他们的分享、帮助和推荐等公民行为为他人提供丰富的知识、经验、技能等资源,形成信息性支持和情感性支持,从而促使他人对体验价值共创行为产生积极的态度,认为参与体验价值共创是有意义的事情。随着参与者数量的增加,他们之间将会形成更为复杂和密集的社交网络,这些网络有助于促进信息和知识的共享、信任和合作关系的建立,进一步增强价值共创的效果。不仅如此,网络效应还会吸引更多的游客加入价值共创活动,因为他们可感知到其他游客的贡献和成果,从而产生更强烈的兴趣和动力,这种正向反馈机制会促进更多游客的参与和贡献,从而强化网络效应。因此,旅游企业不仅要重视社会网络在旅游体验价值共创中的重要作用,还应建立价值共享的信任机制,通过营销策略来激励游客主动参与体验价值共创过程。

(一)积极开展公共关系活动

每一个游客都有其以强关系为中心、弱关系为外延的人际关系网络,在这个复杂的社会关系网络中,信息高效地流动,对嵌入其中的个体的行为产生影响。游客通常在旅游之前向社会网络其他成员征询相关信息和消费评价,旅游过程中与他们进行互动交流和分享体验,旅游之后为他人提供合理化建议,以充分发挥社会网络在体验价值共创中的关键作用。因此,旅游企业应通过塑造积极的品牌形象、维护良好的客户关系,以及参与社会公益等公共关系活动,努力向公众传递其价值观和愿景。这既有助于旅游企业提升知名度和影响力,吸引游客利用其提供的产品开展体验价值共创活动,还有助于旅游企业在公众中树立良好形象,提升公众对旅游企业的认同感,从而促使公众通过向他人提供信息支持和情感交流的方式体现对旅游企业的支持。

(二)建立合理的激励机制,以增强游客参与价值共创的意愿

对于个体游客而言,社会网络中蕴藏的丰富信息更为客观、真实,具有更好的可信度和参考价值,游客需要利用他人提供的信息资源,以优化自己的旅游决策和行为。同时,他们的体验分享、帮助和建议等行为也为社会网络其他成员开展旅游体验价值共创提供了资源支持。因此,鼓励游客实施公民行为是促进其他游客参与体验价值共创的有效策略。旅游企业应建立奖励机制,通过礼品奖励、积分奖励、VIP特权等方式,吸引游客分享旅游体验或对旅游服务作出客观评价。同时,设计趣味性互动活动,如扫码领奖励、分享赢大奖等游戏以及最佳照片、最佳视频或最佳故事等比赛活动,来激励游客创作与分享。这些激励措施不仅可以提高游客参与共创活动的积极性和投入程度,进而增强游客对旅游体验的满意度和忠诚度,还可以作为品牌形象推广的一种手段,有助于增加旅游企业品牌的曝光度和好感度,从而提升其影响力和竞争力。

第八章 结论与展望

本研究基于社会网络视角,解析了旅游体验价值共创的内涵,探索了游客体验价值共创行为的内容和结构,构建了游客体验价值共创行为的前因和结果理论模型,并进行了实证检验,最后根据上述研究结论提出促进游客参与体验价值共创的对策。通过理论分析与实证研究,本研究主要回答了如下问题:① 社会网络环境下旅游体验价值共创的内涵、特点及过程如何?游客在参与体验价值共创过程中实施了怎样的行为,该行为的维度结构如何?② 社会支持作为社会网络的一项重要功能,对游客体验价值共创行为产生怎样的直接和间接影响?③ 游客体验价值共创行为对旅游体验价值产生怎样的影响?该影响作用是否受到社会支持的调节?另外,旅游体验价值是否在游客体验价值共创行为与游客满意度之间发挥中介作用?④ 游客积极参与体验价值共创已渐成潮流,政府部门和旅游企业应分别采取哪些措施,以支持和引导游客体验价值共创行为?本章将对上述问题的研究结论进行梳理和讨论,并指出研究的创新点、局限以及未来研究的方向。

第一节 研 究 结 论

一、旅游体验价值共创的内涵

互动是价值共创的行为轨迹(Grönroos et al.,2013)。旅游体验价值共创便是多元价值创造主体在旅游活动的各个阶段,通过互动与合作来实现资源交换、整合与利用,共同创造旅游体验价值的动态过程。旅游消费不同于一般服务产品的消费,旅游体验也不同于一般的消费体验。因此,旅游体验价值共创具有消费领域价值共创所不具备的特点,包括主动性、互动性以及多主体性等。旅游体验价值共创的参与者包含三类主体,即游客、旅游体验价值共创的原生支持力量(旅游企业、旅游地社区居民、同行游客、政府/媒体/旅游代言人等)以及衍生支持力量(亲友网络、虚拟社区、线下社群等)。其中,游客是互动过程的核心主体,他们既是旅游体验价值的创造者和消费者,也是旅游体验内容的探索者和筛选者；价值共创网络中游客之外的行动者，主动或被动地参与旅游体验价值创造过程，在为自己创造价值的同时，也为其他参与者创造价值。

旅游体验价值共创贯穿旅游历时过程的预期体验、在场体验、追忆体验三个阶段。在旅游活动不同阶段，游客体验价值共创行为以及其他价值共创参与者的支持行为都呈现明显的多样性和动态性特征。作为旅游体验价值共创的核心主体，游客将时间、精力、知识等资源投入其中，在与服务提供者和其他行动者的互动中，更好地理解和塑造旅游产品的作用和内容，从而共创旅游体验价值；而作为旅游体验价值促进者的旅游企业等其他参与主体，通过与游客的接触了解他们的需求和期望，并通过激励和提供必要的资源来支持游客的体验价值共创活动。在此过程中，游客主导了旅游体验价值的构成和创造方式，同时获得参与产品设计与生产活动的乐趣，以及发挥自身作用的自我成就感，由此提升旅游产品的使用价值，并创造独特的情境价值。

二、游客体验价值共创行为的维度结构

游客体验价值共创行为具有多维性特征。以往文献中，对游客体验价值共创行为维度的认识尚不统一，诸多学者从各自的研究视角提出了多样的维度结构。本研究参考前人的研究成果，利用扎根理论，借助半结构式访谈所获取的文本资料，遵循开放式编码、主轴式编码、选择式编码三个核心步骤，提炼出游客体验价值共创行为的维度结构，即游客体验价值共创行为包含游客参与行为和游客公民行为。其中，游客参与行为是游客通过参与服务生产和服务提供过程获得期望旅游体验的行为，主要表现在旅游前和旅游中的信息搜集、信息传递、产品设计、责任行为及服务监督等；游客公民行为则是游客在旅游活动中所表现出的益于他人的角色外行为，主要表现在旅游中和旅游后的意见反馈、体验分享、帮助行为以及推荐行为等。这一结果与 Yi 等（2013）提出的服务行业顾客价值共创行为的维度结构大体一致，但各维度所包含的内容却有所不同，如本研究在游客参与行为中补充了产品设计和服务监督两个子维度，同时在游客公民行为中增添了体验分享这一子维度。

根据质性分析获得的游客体验价值共创行为的维度结构，结合已有相关文献，设计游客体验价值共创行为初始测量量表。利用探索性因子分析对游客体验价值共创行为的维度结构进行检验，经过测量题项的提纯和净化，获得的因子结构与预期一致。利用验证性因子分析检验因子结构的稳定性与合理性，结果表明，游客体验价值共创行为可分为游客参与行为和游客公民行为 2 个二阶因子。其中，游客参与行为包含信息搜寻、信息传递、产品设计、责任行为、服务监督等 5 个一阶因子，游客公民行为包含意见反馈、体验分享、帮助行为、推荐行为等4个一阶因子。这一结果进一步支持了探索性因子分析的结论以及质性分析对游客体验价值共创行为维度结构的判断。

三、游客体验价值共创行为的前因

有人的地方就有社交,有社交的地方就需要认同。在当前社会关系高度网络化、社交媒体大行其道的时代背景下,游客的出游动机日趋复杂,追求身心愉悦、获得审美享受已不再是游客唯一的出游目的,他们还希望通过旅游活动满足声誉、尊重、成就感和归属感等社会性需求。为获得个性化旅游体验,游客作为操纵性资源投入到体验价值创造系统,其角色由被动的服务接受者转变为主动的服务设计者、价值创造的主导者和创新体验的享受者。信息性支持和情感性支持作为重要的外部资源,是游客共创期望旅游体验价值的支撑条件,对游客参与体验价值共创的意愿及效果产生重要的影响。随着移动互联网技术的快速发展,社会网络成为游客体验价值共创行为的环境和载体,源自社会网络的社会支持有助于加强游客对体验价值共创行为的认知和态度,提升他们对该行为的控制感,从而激发其行为意愿。游客获得的社会支持越多,越容易对体验价值共创行为形成与他人相似的态度和主观规范,同时对旅游活动及服务传递过程的控制感也越强,更愿意投入个体资源参与旅游体验价值的共同创造。因此,计划行为理论所涉的3个前因变量(行为态度、主观规范和感知行为控制)中介了社会支持对游客体验价值共创行为意向的影响作用。

本研究基于社会网络视角分析了游客体验价值共创行为的驱动因素,既顺应了进一步探究游客体验价值共创行为前置影响变量的学术关切(宋晓等,2022),又响应了Reichenberger(2017)提出应深入探讨人际和社会互动因素对游客价值共创活动产生的影响的呼吁。研究结果显示,社会支持是游客体验价值共创行为意向的重要驱动因素。同时,计划行为理论所涉的3个前因变量分别在社会支持与游客体验价值共创行为意向之间的关系中发挥不同的中介作用。具体而言,主观规范和感知行为控制均在信息性支持与游客参与行为意向、信息性支持与游客公民行为意向之间发挥部分中介作用,同时在情感性支持与游客参与行为意向、情感性支持与游客公民行为意向之间发挥部分中介作用;行为态度分别在信息性支持与游客参与行为意向、情感性支持与游客参与行为意向之间发挥部分中介作用,但并未在信息性支持与游客公民行为意向、情感性支持与游客公民行为意向的关系中呈现中介作用。

四、游客体验价值共创行为的结果

价值共创是行动者通过协作与对话的方式进行资源整合的过程,也是实现价值增值的过程。有研究表明，人际互动和倡导行为对社会价值具有显著的正向影响(卜庆娟等，2016)。游客在体验价值共创中的互动行为主要包括以信息沟通主要内容的互动，以及以建立关系、交流情感为主要内容的互动。无论是何种互动，都有助于游客呈现自我和形塑自我，提升其在社会网络中的形象和地位，从而增强游客的认同感和成就感。因此，游客体验价值共创行为能够促进功能性体验价值、情感性体验价值和社会性体验价值的全面增值，并进一步提升游客满意度。本研究结果表明，游客体验价值共创行为有助于提升旅游满意度。这一结论与Prebensen等(2013a)、Arica等(2020)的研究相一致。本研究还发现，旅游体验价值部分中介了游客体验价值共创行为对旅游满意度的影响。价值共创行为是目标导向的自主性行为，游客作为旅游活动的主导者，参与体验价值共创的目标是协同其他主体共同创造期望的旅游体验，这一目标的实现程度是影响游客最终满意水平的关键因素。因此，在游客体验价值共创行为对旅游满意度的影响中，旅游体验价值发挥重要的桥梁作用。

社会支持作为社会网络为帮助个体应对压力所提供的物质帮助和情感支持，是顾客获取陪伴、情感和相关信息等资源的重要渠道(Loane等，2015)。游客在参与价值共创过程中，服务提供者、亲友、同行游客乃至社交网络都是给予游客社会支持的重要主体，他们的社会支持可以转化为操作性资源，从而提升游客体验价值共创行为的绩效，即旅游体验价值，进而影响游客满意度。因此，社会支持是调节游客体验价值共创行为与结果之间关系的重要因素。研究结果表明，社会支持不仅对游客体验价值共创行为与旅游体验价值的关系起到正向调节作用，同时也调节了旅游体验价值在游客体验价值共创行为与旅游满意度之间的中介作用。即，游客参与价值共创过程中，获得的社会支持水平越高，游客体验价值共创行为与旅游体验价值的关系越强，那么经由旅游体验价值传导的游客体验价值共创行为对旅游满意度的正向影响也会趋强，反之则反。换言之，社会支持是游客体验价值共创行为对旅游满意度影响效应的"门阀"，决定了游客体验价值共创行为影响旅游满意度的结果。

五、促进游客体验价值共创行为的对策

在当前竞争日趋激烈的旅游市场中，旅游目的地和旅游企业越来越认识到，为游客提供符合其期望的体验是塑造品牌形象、赢得竞争优势的最佳途径。随着"新旅游者"的崛起，人们的旅游消费需求从低层次向高品质和多样化转变，尽管他们在态度和行为上呈现追求身心愉悦、获得审美享受等显性需求，但还可能内隐着获得成就感、归属感等社会性需要。如何将这些隐性需求显性化，并体现于旅游产品设计和服务传递过程，是能否创造游客期望旅游体验的关键。这就要求旅游目的地和旅游企业应从产品主导逻辑转向服务主导逻辑,引导和促进游客积极主动地参与到产品的设计、开发、销售、消费体验等环节中。政府层面,首先应搭建公共信息平台,提高信息支持质量;其次应开展目的地营销,讲好地方文旅故事;再次应鼓励居民积极参与,构建和谐主客关系;最后应完善旅游制度建设,预防体验价值共毁。旅游企业层面,其一,应转变传统经营理念,重新定位自身角色;其二,应创新旅游产品供给,优化旅游体验方式;其三,应完善信息传递渠道,创造价值共创空间;其四,应塑造良好企业形象,引导游客主动参与。总而言之,旅游行业管理者和旅游企业只有转变传统观念,在旅游需求的更迭中合理定位自身的角色,支持和引导游客积极参与体验价值共创,才能进一步促进旅游消费升级,实现旅游业健康持续发展。

第二节 研究创新

第一,诠释了旅游体验价值共创的内涵,并梳理了旅游体验价值共创的多元参与主体及其行为表现。个人的行为既是"自主"的,同时也是嵌入在人际互动网络之中的,受到个体社会关系的影响(Granovetter,1985)。尤其在顾客结构社区化和网络化背景下,顾客的购买意愿、购买体验和满意水平也会受到其他顾客的影响(Grönroos,2012)。已有的旅游体验价值共创相关研究对此缺乏足够的重视,大多基于"顾—企"二元视角在孤离假设下探讨旅游体验价值共创活动,或关注焦点集中于同行游客之间的互动这一特殊的游客体验价值共创行为及其效应。本研究首先明确了游客在旅游体验价值共创中的核心地位,提出旅游体验价值共创是多元价值创造主体在旅游活动的各个阶段,通过互动与合作来实现资源交换、整合与利用,共同创造旅游体验价值的动态过程。其中,旅游体验价值共创的参与者包含三类主体,即游客以及旅游体验价值共创的原生支持力量和衍生支持力量。这一发现丰富了相关理论成果,同时为旅游体验价值相关研究提供了有益的启示。

第二,识别了游客体验价值共创行为的维度结构,并对其稳定性与合理性进行了实证检验。以往文献中,对顾客价值创造行为维度的认识尚不统一,单维论和多维论都得到了众多研究者的支持。学界对游客体验价值共创行为维度的认知更是如此,许多学者对游客体验价值共创行为进行单维度测量,也有学者则认为游客体验价值共创行为具有多个维度。事实上,旅游体验价值共创涉及旅游活动的全过程,在旅游前、旅游中和旅游后等不同阶段,游客体验价值共创行为呈现明显的多样性和动态性特征,这决定了该行为具有多维属性。本研究利用扎根理论,借助半结构式访谈所获取的文本资料,遵循开放式编码、主轴式编码、选择式编码三个核心步骤,提炼出游客体验价值共创行为的二维结构,更为深刻地反映移动互联网时代游客行为的现实特征与发展态势。同时,利用探索性因子分析和验证性因子分析对游客体验价值共创行为的二维结构进行了实证检验,最终形成的游客体验价值共创行为量表可为价值共创视角下的游客行为研究提供新的测量工具。

第三,实证检验了游客参与体验价值共创的内在机理,拓展了旅游体验价值共创研究的新视角。有研究表明,个体始终无法脱离社会而存在,旅游体验不但可以从个体的旅游者自身切入,还可从集体主义和关系主义视角进行解读(孙九霞,2019)。本研究基于社会网络视角,分别构建了游客参与体验价值共创的前因和结果理论模型,实证检验了社会支持对游客体验价值共创行为的影响,以及游客体验价值共创行为对旅游体验价值和游客满意度的影响,揭示了移动互联网时代游客参与体验价值共创的前因与行为、行为与结果之间的作用机理。同时,本研究进一步检验了旅游体验价值在游客体验价值共创行为和游客满意度之间的中介效应,为二者的作用关系提供了一个合理的解释。此外,本研究还检验了社会支持在游客体验价值共创行为与旅游体验价值关系中的调节作用,反映出源于个体所嵌入的社会网络的社会支持,不仅作为驱动因素对游客体验价值共创行为的产生构成影响,还在游客体验价值共创行为后效的形成中发挥作用,同时也得出游客体验价值共创行为与旅游满意度之间存在非线性关系的结论。

第三节　研究局限与展望

本研究是旅游学研究的热点问题"旅游体验"与营销学研究的前沿领域"价值共创"相结合的探索性研究,主要基于社会网络视角探讨了游客体验价值共创行为的前因、行为及结果之间的关系,不仅丰富了相关理论的研究,还进一步拓展了传统专注于孤离假设下游客体验的理论视角。由于价值共创是营销学研究的新领域,学界关于旅游体验价值共创方面的研究成果较少,尤其是游客体验价值共创行为的维度结构及其对旅游体验价值影响的研究有待深入,为此,本研究在相关理论的基础上进行了探索性的尝试。尽管本研究力求做到科学、严谨、规范,但受到作者知识水平、研究能力和研究条件的限制,无法做到尽善尽美,以至于本研究还存在一些不足之处,同时也是未来研究中需重点关注和解决的问题。

第一,数据收集存在一定的局限性。本研究主要通过问卷调查的方式收集样本数据,请调查对象回忆最近一次旅游经历,并据此填写问卷。但是,所收集的数据可能受到调查对象的记忆以及后期经历等因素的干扰,从而影响问卷调查的准确性。同时,受限于新冠疫情影响等因素,以及出于保证问卷填写质量和回收率的考虑,本研究参照 Hitt 等(2004)提出的建议,通过个人社会关系进行问卷调查。具体的操作方式是,将调查问卷在本研究作者朋友圈中扩散,并请朋友们在各自的朋友圈中进行宣传和邀请填写,依次递之,形成以本研究作者为中心,在其社会网络中不断向外延展的波纹式扩散方式,导致样本的代表性存在一定的局限。在未来的研究中,需要结合多种调查方式进行样本收集,并扩大样本的数量及覆盖面,以进一步提升样本的代表性和研究结果的科学性。

第二,量表开发与变量测量存在一定不足。由于学界对旅游体验价值共创的研究成果较少,缺乏得到一致性认可的成熟量表。为此,本研究基于文献分析和扎根理论,开发了游客体验价值共创行为量表,虽然本研究的检验结果表明其具有良好的可靠性和有效性,但仍需进行多方验证。同时,游客体验价值共创行为的前因以及旅游体验价值、游客满意度等变量的测量都参考了相关文献,对个别变量测量题项的确定上,根据本研究的内容和目的进行了改进,尽管进行了信度和效度检验,但仍有可能带来调查结果的偏差。因此,在未来的研究中,应进一步优化和完善测量工具,对游客体验价值共创行为及旅游体验价值等变量加以细化测量,或选用得到充分验证的成熟量表,以保证测量结果的准确性。

第三,理论模型有待进一步完善。本研究基于社会网络视角,探讨了社会支持对游客体验价值共创行为的影响,但在现实情况下,游客体验价值共创行为的驱动因素不止这些。例如,李丽娟(2012)认为,游客参与体验价值共创的前因影响要素包括游客的性格特征、领袖地位及信息交流意愿等内在因素;Malone 等(2018)发现,情感作为一种操作性资源对游客体验价值共创行为产生重要影响。但是,本研究中未对其他因素的影响作用进行有效控制。根据李丽娟(2012)的研究,不同年龄、职业和教育程度游客的体验价值共创行为存在显著差异。可以推理,游客参与体验价值共创的前因、行为及结果之间关系也可能受到这些因素的调节。由于时间和精力的限制,本研究未考虑游客性别、年龄、职业和教育程度等个体特征对游客参与体验价值共创的前因、行为及结果之间关系的影响。在未来的研究中,需对游客体验价值共创行为的前因进行全面系统的研究,并探寻游客个体特征及外在环境因素对游客参与体验价值共创的前因、行为及结果之间关系的调节机制。

第四,本研究对游客参与体验价值共创的机理进行了一般性的探索,并未重点关注在不同类型的旅游活动中,游客参与体验价值共创的前因、行为及其对旅游体验价值影响的差异。但事实上,这种差异是可能存在的。目前,观光和休闲度假旅游仍是大众旅游活动的主要形式,并居于绝对的主体地位。本研究的调查对象中,观光和度假游客占绝大多数,基于这些样本的实证结论主要反映了观光和休闲度假旅游活动中游客参与体验价值共创的现实特征,但在以探险旅游、康养旅游为代表的其他类型旅游活动中,游客参与体验价值共创的前因、行为和结果有何特殊性,还需作进一步的研究。因此,在未来的研究中,将针对不同类型的旅游活动以及游客参与旅游活动的形式,对游客参与体验价值共创的前因、行为及结果之间关系的进行针对性和具体化的研究,更为深入地诠释游客参与体验价值共创的内在机理。

附录一　游客参与体验价值共创前因调查问卷

尊敬的女士/先生：

您好！感谢您百忙之中抽出时间回答问卷！我是盐城工学院的一名教师，正在进行游客参与体验价值共创机理的研究，调查对象为最近1个月内有出游意向的人。本问卷采用匿名调查的形式，您的回答将被完全保密，请您放心作答。所有题目没有对错之分，请您按照您的实际情况作答即可。再次感谢您的鼎力支持！

请您根据实际情况对以下问题的做出判断，在"1：非常不同意；2：不同意；3：有点不同意；4：不确定；5：有点同意；6：同意；7：非常同意"中选择您认为合适的答案，并在所选项的"□"里面打"√"。

第一部分：游客体验价值共创行为意向问项

概念注释：游客参与体验价值共创是指游客在旅游活动的各个阶段，通过互动与合作来实现资源交换、整合与利用，协同其他行动者共同创造旅游体验价值的动态过程。游客体验价值共创行为包含游客参与行为和游客公民行为，前者表现为旅游前和旅游中的信息搜集、信息传递、产品设计、责任行为及服务监督等；后者则表现为旅游中和旅游后的意见反馈、体验分享、帮助行为以及推荐行为等。

在旅游前、旅游中和旅游后的各个阶段，您将（或已经）有哪些体验价值共创行为？

1. 搜集有关旅游地或服务提供者的信息	□1	□2	□3	□4	□5	□6	□7
2. 关注他人开展的旅游活动	□1	□2	□3	□4	□5	□6	□7
3. 向服务提供者表达需求	□1	□2	□3	□4	□5	□6	□7
4. 参与设计旅游活动的行程或内容	□1	□2	□3	□4	□5	□6	□7
5. 配合服务提供者完成各项服务	□1	□2	□3	□4	□5	□6	□7

续表

6. 在网络平台分享旅游经历	□1	□2	□3	□4	□5	□6	□7
7. 向他人分享旅游感受	□1	□2	□3	□4	□5	□6	□7
8. 帮助他人解决旅游方面的困难	□1	□2	□3	□4	□5	□6	□7
9. 解答他人有关旅游的问题	□1	□2	□3	□4	□5	□6	□7
10. 向社交圈推荐旅游活动或服务提供者	□1	□2	□3	□4	□5	□6	□7
11. 向有关人员反馈意见或建议	□1	□2	□3	□4	□5	□6	□7

第二部分：游客感知社会支持问项

12. 当旅游前/中/后遇到困难时，一些人给我提供帮助	□1	□2	□3	□4	□5	□6	□7
13. 当旅游前/中/后遇到问题时，一些人提供信息帮我解决问题	□1	□2	□3	□4	□5	□6	□7
14. 当旅游前/中/后遇到困难时，一些人给我提供建议	□1	□2	□3	□4	□5	□6	□7
15. 当旅游前/中/后遇到困难时，一些人在情感上支持我	□1	□2	□3	□4	□5	□6	□7
16. 当旅游前/中/后遇到困难时，一些人鼓励和安慰我	□1	□2	□3	□4	□5	□6	□7
17. 当旅游前/中/后遇到困难时，一些人倾听我的感受	□1	□2	□3	□4	□5	□6	□7
18. 当旅游前/中/后遇到困难时，一些人对我表示关心	□1	□2	□3	□4	□5	□6	□7

第三部分：计划行为理论相关问项

19. 参与体验价值共创是一种积极的行为	□1	□2	□3	□4	□5	□6	□7
20. 参与体验价值共创是一种有价值的行为	□1	□2	□3	□4	□5	□6	□7
21. 参与体验价值共创是一种有必要的行为	□1	□2	□3	□4	□5	□6	□7
22. 参与体验价值共创是一种有意义的行为	□1	□2	□3	□4	□5	□6	□7
23. 对我重要的人认为我应该参与体验价值共创	□1	□2	□3	□4	□5	□6	□7
24. 对我重要的人希望我参与体验价值共创	□1	□2	□3	□4	□5	□6	□7
25. 我重视他们意见的人希望我参与体验价值共创	□1	□2	□3	□4	□5	□6	□7
26. 是否参与体验价值共创取决于我	□1	□2	□3	□4	□5	□6	□7

续表

27. 只要我愿意,我可以参与体验价值共创	□1 □2 □3 □4 □5 □6 □7
28. 我有金钱、时间或机会参与体验价值共创	□1 □2 □3 □4 □5 □6 □7
29. 对我来说,参与体验价值共创很容易	□1 □2 □3 □4 □5 □6 □7

第四部分:个人基本信息

1. 您的性别:□男　　　　□女
2. 您的年龄:□18～20岁　□21～40岁　□41～60岁　□60岁以上
3. 您的学历:□初中及以下　□高中/中专　□大专　　　□本科
   □硕士及以上
4. 您的职业:□学生　　　□政府部门或事业单位人员　□公司职员
   □农民　　　□个体经营者　□自由职业者　□其他
5. 您的月收入:□3 000元以下　□3 001～5 000元　□5 001～8 000元
   □8 001～10 000元 □10 000元以上

本次问卷调查结束,感谢您的积极参与!

附录二　游客参与体验价值共创结果调查问卷

尊敬的女士/先生：

您好！感谢您百忙之中抽出时间回答问卷！我是盐城工学院的一名教师，正在进行游客参与体验价值共创机理的研究，调查对象为最近6个月内有出游经历的人。本问卷采用匿名调查的形式，您的回答将被完全保密，请您放心作答。所有题目没有对错之分，请您按照您的实际情况作答即可。再次感谢您的鼎力支持！

请您回忆最近一次旅游经历，并据此对以下问题的做出判断，在"1：非常不同意；2：不同意；3：有点不同意；4：不确定；5：有点同意；6：同意；7：非常同意"之间选择您认为合适的答案，并在所选项的"□"里面打"√"。

第一部分：游客体验价值共创行为调查

	1	2	3	4	5	6	7
1. 搜集有关旅游地或服务提供者的信息	□	□	□	□	□	□	□
2. 关注他人开展的旅游活动	□	□	□	□	□	□	□
3. 向服务提供者表达需求	□	□	□	□	□	□	□
4. 参与设计旅游活动的行程或内容	□	□	□	□	□	□	□
5. 配合服务提供者完成各项服务	□	□	□	□	□	□	□
6. 在网络平台分享旅游经历	□	□	□	□	□	□	□
7. 向他人分享旅游感受	□	□	□	□	□	□	□
8. 帮助他人解决旅游方面的困难	□	□	□	□	□	□	□
9. 解答他人有关旅游的问题	□	□	□	□	□	□	□
10. 向社交圈推荐旅游活动或服务提供者	□	□	□	□	□	□	□
11. 向有关人员反馈意见或建议	□	□	□	□	□	□	□

第二部分:游客体验价值共创行为结果调查

12. 此次旅游行程安排合理	□1	□2	□3	□4	□5	□6	□7
13. 此次旅游活动质量很高	□1	□2	□3	□4	□5	□6	□7
14. 此次旅游活动的花费合理	□1	□2	□3	□4	□5	□6	□7
15. 此次旅游我感觉很快乐	□1	□2	□3	□4	□5	□6	□7
16. 此次旅游我感觉很舒适	□1	□2	□3	□4	□5	□6	□7
17. 此次旅游给我留下了美好的记忆	□1	□2	□3	□4	□5	□6	□7
18. 此次旅游使我改善了与他人的关系	□1	□2	□3	□4	□5	□6	□7
19. 此次旅游改善了他人对我的看法	□1	□2	□3	□4	□5	□6	□7
20. 此次旅游使我获得他人的认可	□1	□2	□3	□4	□5	□6	□7
21. 总体而言,我对此次旅游活动感到满意	□1	□2	□3	□4	□5	□6	□7
22. 我认为参与此次旅游活动是明智的	□1	□2	□3	□4	□5	□6	□7
23. 我会记住此次旅游经历	□1	□2	□3	□4	□5	□6	□7
24. 我乐于和他人谈起此次旅游经历	□1	□2	□3	□4	□5	□6	□7

第三部分:游客感知社会支持调查

25. 当旅游前/中/后遇到困难时,一些人给我提供帮助	□1	□2	□3	□4	□5	□6	□7
26. 当旅游前/中/后遇到问题时,一些人提供信息帮我解决问题	□1	□2	□3	□4	□5	□6	□7
27. 当旅游前/中/后遇到困难时,一些人给我提供建议	□1	□2	□3	□4	□5	□6	□7
28. 当旅游前/中/后遇到困难时,一些人在情感上支持我	□1	□2	□3	□4	□5	□6	□7
29. 当旅游前/中/后遇到困难时,一些人安慰和鼓励我	□1	□2	□3	□4	□5	□6	□7
30. 当旅游前/中/后遇到困难时,一些人倾听我的感受	□1	□2	□3	□4	□5	□6	□7
31. 当旅游前/中/后遇到困难时,一些人对我表示关心	□1	□2	□3	□4	□5	□6	□7

第四部分:个人基本信息

1. 您的性别:□男　　　　　□女
2. 您的年龄:□18～20岁　□21～40岁　□41～60岁　□60岁以上
3. 您的学历:□初中及以下　□高中/中专　□大专　　　□本科
　　　　　　□硕士及以上
4. 您的职业:□学生　　　□政府部门或事业单位人员　□公司职员
　　　　　　□农民　　　□个体经营者　□自由职业者　□其他
5. 您的月收入:□3 000元以下　□3 001～5 000元　□5 001～8 000元
　　　　　　　□8 001～10 000元　□10 000元以上

本次问卷调查结束,感谢您的积极参与!

参 考 文 献

白凯,符国群,2011.家庭旅游决策研究的中国化理论视角与分析思路[J].旅游学刊,26(12):49-56.

白凯,马耀峰,李天顺,2006.旅游目的地游客体验质量评价性研究:以北京入境游客为例[J].北京社会科学(5):54-57.

卜庆娟,金永生,李朝辉,2016.互动一定创造价值吗?:顾客价值共创互动行为对顾客价值的影响[J].外国经济与管理,38(9):21-37.

蔡礼彬,朱晓彤,2021.旅游者-环境契合度会影响环境责任行为吗?:以难忘的旅游体验、地方依恋为中介[J].旅游学刊,36(7):119-131.

蔡溢,殷红梅,杨洋,等,2018.遗产地旅游者 Flow 体验影响因素模型构建与机理:以斯里兰卡为例[J].旅游学刊,33(2):67-76.

常亚平,陆志愿,朱东红,2015.在线社会支持对顾客公民行为的影响研究:基于品牌社区的实证分析[J].管理学报,12(10):1536-1543.

陈爱辉,鲁耀斌,2014.SNS用户活跃行为研究:集成承诺、社会支持、沉没成本和社会影响理论的观点[J].南开管理评论,17(3):30-39.

陈才,卢昌崇,2011.认同:旅游体验研究的新视角[J].旅游学刊,26(3):37-42.

陈超,刘家明,马海涛,等,2013.中国农民跨省旅游网络空间结构研究[J].地理学报,68(4):547-558.

陈水源,1988.游客游憩需求与游憩体验之研讨[J].户外游憩研究,1(3):25-51.

陈向明,1999.扎根理论的思路和方法[J].教育研究与实验(4):58-63.

陈晓萍,徐淑英,樊景立,2008.组织与管理研究的实证方法[M].北京:北京大学出版社.

陈秀琼,黄福才,2006.基于社会网络理论的旅游系统空间结构优化研究[J].地理与地理信息科学,22(5):75-80.

迟铭,毕新华,徐永顺,2020.治理机制对顾客参与价值共创行为的影响:虚拟品牌社区的实证研究[J].经济管理,42(2):144-159.

丁金华,周莉,2021.基于社会网络模型的旅游型乡村公共空间微更新研究:以苏州明月湾村为例[J].现代城市研究(12):48-55.

樊友猛,谢彦君,2017."体验"的内涵与旅游体验属性新探[J].旅游学刊,32(11):16-25.

方杰,温忠麟,张敏强,等,2014.基于结构方程模型的多重中介效应分析[J].心理科学,37(3):735-741.

高军,马耀峰,吴必虎,2010.外国游客感知视角的我国入境旅游不足之处:基于扎根理论研究范式的分析[J].旅游科学,24(5):49-55.

龚金红,谢礼珊,2021.负面报道中遗产旅游景区的利益相关者网络分析[J].旅游学刊,36(7):67-80.

郭凌,王志章,2014.制度嵌入性与民族旅游社区参与:基于对泸沽湖民族旅游社区的案例研究[J].旅游科学,28(2):12-22.

郭倩倩,胡善风,朱红兵,2013.基于计划行为理论的乡村旅游意向研究[J].华东经济管理,27(12):167-172.

郭强,王秋娜,2022."双碳"目标与旅游价值共创[J].旅游学刊,37(5):3-5.

郭小弦,王建,2019.社会支持还是参照群体?:社会网络对主观幸福感影响机制的考察[J].社会科学战线(1):240-248.

韩春鲜,2015.旅游感知价值和满意度与行为意向的关系[J].人文地理(3):137-144.

何彪,谢灯明,吴超楠,等,2022.参展商价值共创行为对感知价值、满意度和未来行为意向的影响[J].旅游学刊,37(5):137-152.

贺寨平,2001.国外社会支持网研究综述[J].国外社会科学(1):79-85.

侯平平,姚延波,2021.城市老年人旅游制约结构维度及作用机理:基于扎根理论的研究[J].旅游科学,35(6):92-107.

胡兴报,苏勤,张影莎,2012.国内旅游者网络旅游信息搜寻动机与搜寻内容研究[J].旅游学刊,27(11):105-112.

华成钢,白长虹,张辉,2020.共创还是共毁:移动信息技术对旅游体验价值的影响研究述评[J].外国经济与管理,42(2):137-152.

黄杰,马继,谢霞,等,2017.旅游者体验价值感知的维度判别与模型研究:基于新疆游客网络文本的内容分析[J].消费经济(2):85-91.

黄骏,徐皞亮,2021."我晒故我在":移动传播时代的青年游客凝视与自我建构[J].当代青年研究(5):56-62.

黄映瑀,2005.体验营销、体验价值、顾客满意、品牌形象与行为意向关系之研究[D].彰化:台湾大叶大学.

戢晓峰,于淼,陈方,等,2022.新冠疫情前后自驾旅游流空间结构特征及影响:以云南省为例[J].干旱区资源与环境,36(12):184-190.

纪远,2007.台北地区连锁式运动用品店之商店环境、体验价值与顾客满意度的关系研究[D].新北:台湾辅仁大学.

贾薇,张明立,王宝,2009.顾客价值在顾客参与和顾客满意关系中的中介效应研究[J].中国工业经济(4):105-115.

贾薇,张明立,王宝,2011.服务业中顾客参与对顾客价值创造影响的实证研究[J].管理评论,23(5):61-69.

贾旭东,衡量,2016.基于"扎根精神"的中国本土管理理论构建范式初探[J].管理学报,13(3):336-346.

简兆权,令狐克睿,李雷,2016.价值共创研究的演进与展望:从"顾客体验"到"服务生态系统"视角[J].外国经济与管理,38(9):3-20.

江光秀,李勇泉,阮文奇,等,2023.旅游学者合作网络地位对创新绩效的影响机制研究[J].旅游学刊,38(1):152-167.

蒋海萍,董晓宁,2021.消费者参与、服务主导逻辑和旅游体验价值:一项实证研究[J].安徽大学学报(哲学社会科学版),45(2):135-144.

蒋婷,2012.体验视角下顾客间互动对再惠顾意愿的影响研究[D].济南:山东大学.

靳代平,王新新,姚鹏,2016.品牌粉丝因何而狂热?:基于内部人视角的扎根研究[J].管理世界(9):102-119.

李静,Pearce P L,吴必虎,等,2015.雾霾对来京旅游者风险感知及旅游体验的影响:基于结构方程模型的中外旅游者对比研究[J].旅游学刊,30(10):48-59.

李丽娟,2012.旅游体验价值共创影响机理研究:以北京香山公园为例[J].地理与地理信息科学,28(3):96-100.

李淼,谢彦君,2012.以博客为舞台:后旅游体验行为的建构性诠释[J].旅游科学,26(6):21-31.

李琼,2016.基于游客参与的旅游景区价值共创研究[D].广州:暨南大学.

李巍,赵敏,严江平,等,2017.基于空间互动模型的兰州市乡村旅游网络中心性分析[J].地理科学,37(7):1059-1068.

李晓明,张辉,2017.顾客品牌契合行为的心理机制研究:自我决定理论视角[J].旅游学刊,32(7):57-68.

李晓琴,2006.旅游体验影响因素与动态模型的建立[J].桂林旅游高等专科学校学报(5):609-611.

李震,2019.谁创造了体验:体验创造的三种模式及其运行机制研究[J].南开管理评论,22(5):178-191.

李智慧,沈志锋,焦媛媛,2019.社交支持对早期用户的新产品采纳意愿影响研究:基于同侪影响和感知价值的多重中介效应[J].科学学与科学技术管理,40(11):82-97.

厉新建,2008.旅游体验研究:进展与思考[J].旅游学刊,23(6):90-95.

廉同辉,余菜花,宗乾进,等,2013.基于CSSCI的2000—2010年旅游学科研究知识图谱分析[J].旅游学刊,28(3):114-119.

梁茹,王媛,冯学钢,等,2021.文体旅上市企业社会关系网络结构特征分析:同行业与跨行业比较视角[J].旅游学刊,36(10):14-25.

林聚任,2009.社会网络分析:理论、方法与应用[M].北京:北京师范大学出版社.

林南,俞弘强,2003.社会网络与地位获得[J].马克思主义与现实(2):46-59.

林志慧,陈瑛,刘宪锋,等,2022.中国入境旅游城市合作网络时空格局及驱动因素[J].地理学报,77(8):2034-2049.

蔺国伟,白凯,2015.网络口碑对潜在赴藏旅游者从众行为的影响[J].人文地理(6):138-145.

凌欢,程励,赵晨月,等,2021.寓责于游:旅游者的遗产责任行为形成机制研究[J].旅游科学,35(2):30-51.

刘冰,姜晖,罗超亮,2020.民族地区旅游创业投资网络社群特征分析[J].广西民族大学学报(哲学社会科学版),42(2):59-65.

刘冰,曾国军,彭青,2013.社会网络视角下旅游线路研究:以新疆为例[J].旅游学刊,28(11):101-109.

刘春济,冯学钢,2013.我国出境游客旅行前的信息搜索行为意向研究:基于TAM、TPB与DTPB模型[J].旅游科学,27(2):59-72.

刘佳,李莹莹,2017.我国旅游环境承载力研究进展与展望:基于文献计量与社会网络分析[J].中国海洋大学学报(社会科学版)(4):34-43.

刘欣,谢礼珊,黎冬梅,2021.旅游服务机器人拟人化对顾客价值共创意愿影响研究[J].旅游学刊,36(6):13-26.

刘亚萍,潘柳榕,李丽,等,2015.旅游原真性的国际研究特征及发展脉络:基于科学计量学方法对SSCI刊物上的文献分析[J].外国经济与管理,37(4):84-96.

刘友金,李彬,刘天琦,2015.产业集群式转移行为的实证研究[J].中国软科学(4):131-141.

龙江智,2010.旅游体验理论:基于中国老年群体的本土化建构[M].北京:中国旅游出版社.

龙潜颖,徐彤,2022.旅游同伴对个体旅游体验影响机制研究[J].旅游科学,36(5):38-58.

陆敏,殷樱,陶卓民,2019.基于计划行为理论的游客不文明行为产生机理研究[J].干旱区资源与环境,33(4):196-202.

陆天华,于涛,2020.基于社会网络分析的旅游地乡村社会空间重构研究:以南京世凹美丽乡村示范村为例[J].地理科学,40(9):1522-1531.

罗家德,2010.社会网分析讲义[M].2版.北京:社会科学文献出版社.

罗胜强,姜嬿,2014.管理学问卷调查研究方法[M].重庆:重庆大学出版社.

骆紫薇,陈斯允,2018.营销领域的社会支持研究述评与展望[J].外国经济与管理,40(1):18-32.

马波,2014.对"新旅游者"的感知与相关思考[J].旅游学刊,29(8):3-5.

马丽君,龙云,2017.基于社会网络分析法的中国省际入境旅游经济增长空间关联性[J].地理科学,37(11):1705-1711.

马凌,2009.社会学视角下的旅游吸引物及其建构[J].旅游学刊,24(3):69-74.

马凌,2022.诗意地迁回:诠释现象学视角下的主体想象与旅游体验[J].旅游学刊,37(10):39-49.

马天,2019.旅游体验质量与满意度:内涵、关系与测量[J].旅游学刊,34(11):29-40.

马天,李想,谢彦君,2017.换汤不换药?游客满意度测量的迷思[J].旅游学刊,32(6):53-63.

马天,谢彦君,2015.旅游体验的社会建构:一个系统论的分析[J].旅游学刊,30(8):96-106.

梅洛-庞蒂,2001.知觉现象学[M].姜志辉,译.北京:商务印书馆.

潘海颖,2012.旅游体验审美精神论[J].旅游学刊,27(5):88-93.

潘秋玲,丁蕾,2007.后现代社会下的旅游新趋势[J].人文地理(5):24-28.

彭丹,2013.旅游体验研究新视角:旅游者互动的社会关系研究[J].旅游学刊,28(10):89-96.

彭红松,陆林,路幸福,等,2014.基于社会网络方法的跨界旅游客流网络结构研究:以泸沽湖为例[J].地理科学,34(9):1041-1050.

彭晓东,申光龙,2016.虚拟社区感对顾客参与价值共创的影响研究:基于虚拟品牌社区的实证研究[J].管理评论,28(11):106-115.

皮平凡,2016.基于顾客体验价值的旅游目的地品牌管理研究[J].开发研究(2):168-172.

奇达夫,蔡文彬,2007.社会网络与组织[M].王凤彬,朱超威,译.北京:中国人民大学出版社.

邱扶东,吴明证,2004.旅游决策影响因素研究[J].心理科学,27(5):1214-1217.

沈鹏熠,万德敏,2019.全渠道零售体验价值共创行为对顾客忠诚的影响:基于服务主导逻辑视角[J].北京工商大学学报(社会科学版),34(3):15-27.

沈鹏熠,万德敏,陆淳鸿,2021.全渠道零售体验价值共创行为对品牌资产影响机理研究[J].中央财经大学学报(6):104-117.

时少华,孙业红,2016.社会网络分析视角下世界文化遗产地旅游发展中的利益协调研究:以云南元阳哈尼梯田为例[J].旅游学刊,31(7):52-64.

宋佳萌,范会勇,2013.社会支持与主观幸福感关系的元分析[J].心理科学进展,21(8):1357-1370.

宋晓,梁学成,张新成,等,2022.旅游价值共创:研究回顾与未来展望[J].旅游科学,36(3):36-57.

苏勤,2004.旅游者类型及其体验质量研究:以周庄为例[J].地理科学,24(4):506-511.

孙九霞,2019.共同体视角下的旅游体验新论[J].旅游学刊,34(9):10-12.

孙乃娟,李辉,2011.感知互动一定能产生顾客满意吗?:基于体验价值、消费者涉入度、任务类型作用机制的实证研究[J].经济管理(12):107-118.

孙晓东,林冰洁,2020.谁主沉浮?全球邮轮航线网络结构及区域差异研究[J].旅游学刊,35(11):115-128.

唐方成,蒋沂桐,2018.虚拟品牌社区中顾客价值共创行为研究[J].管理评论,30(12):131-141.

田晓霞,肖婷婷,张金凤,等,2013.喀什旅游产业集群社会网络结构分析[J].干旱区资源与环境,27(7):197-202.

涂红伟,陈晔,江梓铭.居民价值共创行为对游客公民行为的影响:游客感恩的中介效应与特质犬儒主义的调节效应[J/OL].南开管理评论:1-27[2023-04-09].

涂科,杨学成,苏欣,等,2020.共享经济中供应用户角色压力对持续价值共创行为的影响[J].南开管理评论,23(6):88-98.

万文海,王新新,2010.消费领域共同创造价值的形成机理研究[J].经济管理(7):104-111.

万文海,王新新,2011.顾客与企业共同创造价值的理论演化、研究范式及管理启示:兼谈消费创造价值观点对传统价值理论的挑战[J].技术经济,30(12):101-110.

汪德根,钱佳,2014."创意旅游"时代的旅游规划体系创新思考[J].旅游学刊,29

(5):13-15.

王迪云,2018.旅游环境感知:机理、过程与案例应用[J].经济地理,38(12):203-210.

王建芹,2021.高质量发展视阈下乡村旅游主客互动对游客公民行为的影响[J].地域研究与开发,40(4):85-90.

王俊,徐金海,夏杰长,2017.中国区域旅游经济空间关联结构及其效应研究:基于社会网络分析[J].旅游学刊,32(7):15-26.

王宁,1999.旅游、现代性与"好恶交织":旅游社会学的理论探索[J].社会学研究(6):93-102.

王宁,2001.消费社会学:一个分析的视角[M].北京:社会科学文献出版社.

王松,丁霞,李芳,2019.网络嵌入对虚拟品牌社区顾客参与价值共创的影响研究:自我决定感的中介和社区支持的调节[J].软科学,33(11):107-112.

王素洁,2012.旅游目的地利益相关者管理战略研究:基于社会网络视角[J].山东大学学报(哲学社会科学版)(1):59-64.

王素洁,李想,2011.基于社会网络视角的可持续乡村旅游决策探究:以山东省潍坊市杨家埠村为例[J].中国农村经济(3):59-69.

王晓蓉,彭丽芳,李歆宇,2017.社会化媒体中分享旅游体验的行为研究[J].管理评论,29(2):97-105.

王新新,潘洪涛,2011.社会网络环境下的体验价值共创:消费体验研究最新动态[J].外国经济与管理,33(5):17-24.

王永贵,马双,孙彬,2012.自我决定感在顾客互动与社区满意间的中介作用:基于S-O-R理论和自我决定理论的实证研究[J].山西财经大学学报,34(8):99-107.

王永明,马耀峰,壬美霞,2012.中国入境游客多城市旅游空间网络结构[J].地理科学进展,31(4):518-526.

王跃伟,陈航,黄杰,等,2016.旅游虚拟品牌社群影响网络品牌行为忠诚的作用机理研究:基于心流体验的分析视角[J].旅游科学,30(2):54-67.

魏遐,潘益听,2010.中国旅游体验研究十年(2000—2009)综述[J].旅游论坛,3(6):645-651.

魏遐,潘益听,2012.湿地公园游客体验价值量表的开发方法:以杭州西溪湿地公园为例[J].地理研究,31(6):1121-1131.

温韬,侯铁珊,2006.大型百货商场顾客体验影响因素的实证研究[J].商业经济与管理(12):54-59.

温忠麟,叶宝娟,2014.中介效应分析:方法和模型发展[J].心理科学进展,22

(5):731-745.

文彤,苏晓波,2017.关系与制度:地方嵌入中的旅游小企业[J].旅游学刊,32(10):39-46.

吴俊,唐代剑,2018.旅游体验研究的新视角:具身理论[J].旅游学刊,33(1):118-125.

吴明隆,2009.结构方程模型:AMOS 的操作与应用[M].重庆:重庆大学出版社.

武文珍,陈启杰,2012.价值共创理论形成路径探析与未来研究展望[J].外国经济与管理,34(6):66-73.

武文珍,陈启杰,2017.基于共创价值视角的顾客参与行为对其满意和行为意向的影响[J].管理评论,29(9):167-180.

向坚持,2017.O2O 模式体验价值与顾客满意度、行为意向关系研究与实证分析:以酒店业为例[J].湖南师范大学社会科学学报,46(4):124-129.

向玉琼,张健培,2020.重建社会资本:农村垃圾分类政策执行的有效路径[J].长白学刊(1):59-67.

谢礼珊,赵强生,马康,2019.旅游虚拟社区成员互动、感知利益和公民行为关系:基于价值共创的视角[J].旅游学刊,34(3):28-40.

谢彦君,2005a.旅游体验研究:一种现象学视角的探讨[D].大连:东北财经大学.

谢彦君,2005b.旅游体验:旅游世界的硬核[J].桂林旅游高等专科学校学报,16(6):5-9.

谢彦君,等,2010.旅游体验研究:走向实证科学[M].北京:中国旅游出版社.

谢彦君,樊友猛,2017.身体视角下的旅游体验——基于徒步游记与访谈的扎根理论分析[J].人文地理(4):129-137.

谢彦君,吴凯,2000.期望与感受:旅游体验质量的交互模型[J].旅游科学(2):1-4.

谢彦君,谢中田,2006.现象世界的旅游体验:旅游世界与生活世界[J].旅游学刊,21(4):13-18.

谢彦君,徐英,2016.旅游体验共睦态:一个情境机制的多维类属分析[J].经济管理(8):149-159.

徐虹,李秋云,2016.顾客是如何评价体验质量的?:基于在线评论的事件-属性分析[J].旅游科学,30(3):44-56.

徐岚,2007.顾客为什么参与创造?:消费者参与创造的动机研究[J].心理学报,39(2):343-354.

徐彤,白长虹,陈晔,等,2021.中国文化背景下居民地方情感对价值共创意愿的影响研究[J].旅游学刊,36(5):29-41.

徐万里,2008.结构方程模式在信度检验中的应用[J].统计与信息论坛,23(7):9-13.

徐选华,余紫昕,2022.社会网络环境下基于公众行为大数据属性挖掘的大群体应急决策方法及应用[J].控制与决策,37(1):175-184.

许峰,2006.转型视角下我国自助旅游发展研究[J].旅游科学,20(4):12-18.

许庆瑞,吴志岩,陈力田,2013.转型经济中企业自主创新能力演化路径及驱动因素分析——海尔集团1984～2013年的纵向案例研究[J].管理世界(4):121-134.

杨效忠,张捷,叶舒娟,2010.基于社会网络的跨界旅游区边界效应测度及转化[J].地理科学,30(6):826-832.

杨学成,涂科,2018.信任氛围对用户契合的影响:基于共享经济背景下的价值共创视角[J].管理评论,30(12):164-174.

杨勇,马钦海,陈盼,等,2017.情绪劳动对顾客价值共创行为的作用机制研究[J].管理工程学报,31(2):29-39.

姚小涛,张田,席酉民,2008.强关系与弱关系:企业成长的社会关系依赖研究[J].管理科学学报,11(1):143-152.

叶乃沂,周蝶,2014.消费者网络购物感知风险概念及测量模型研究[J].管理工程学报,28(4):88-94.

尹志超,严雨,蒋佳伶,2021.收入波动、社会网络与家庭商业保险需求[J].财经问题研究(8):52-61.

袁婷,齐二石,2015.价值共创活动对顾客价值的影响研究:基于顾客体验的中介作用[J].财经问题研究(6):100-105.

袁新华,2006.旅游目的地营销应注重发挥好三个"效应"[J].旅游学刊,21(7):8-9.

曾国军,李浩铭,杨学儒,2020.烙印效应:酒店如何通过师徒制发展组织操作常规[J].南开管理评论,23(2):75-84.

张宝建,裴梦丹,陈劲,等,2021.价值共创行为、网络嵌入与创新绩效:组织距离的调节效应[J].经济管理,43(5):109-124.

张成杰,2006.旅游景区游客体验价值评价研究[D].广州:暨南大学.

张凤超,尤树洋,2009a.顾客体验价值结构维度:DIY业态视角[J].华南师范大学学报(社会科学版)(4):108-113.

张凤超,尤树洋,2009b.体验价值结构维度理论模型评介[J].外国经济与管理,

31(8):46-52.

张婧,何勇,2014.服务主导逻辑导向与资源互动对价值共创的影响研究[J].科研管理,35(1):115-122.

张凌云,2008.旅游学研究的新框架:对非惯常环境下消费者行为和现象的研究[J].旅游学刊,23(10):12-16.

赵建彬,景奉杰,2016.在线品牌社群氛围对顾客创新行为的影响研究[J].管理科学,29(4):125-138.

赵磊,2011.网络:旅游系统研究的新经济社会学转向[J].旅游学刊,26(2):20-27.

赵刘,程琦,周武忠,2013.现象学视角下旅游体验的本体描述与意向构造[J].旅游学刊,28(10):97-106.

赵云云,赵晓煜,田长斌,2019.服务交互界面和服务类型对顾客体验价值的交互效应[J].技术经济,38(8):55-63.

郑秋莹,姚唐,曹花蕊,等,2017.是单纯享乐还是自我实现?顾客参与生产性消费的体验价值[J].心理科学进展,25(2):191-200.

钟赛香,袁甜,苏香燕,等,2015.百年SSCI看国际人文地理学的发展特点与规律:基于73种人文地理类期刊的文献计量分析[J].地理学报,70(4):678-688.

周玲强,李秋成,朱琳,2014.行为效能、人地情感与旅游者环境负责行为意愿:一个基于计划行为理论的改进模型[J].浙江大学学报(人文社会科学版),44(2):88-98.

周小虎,孙俊华,2014.社会网络的力量:资源、规范还是社会心理[J].现代财经(天津财经大学学报),34(4):3-9.

周鑫雪,王天梅,汤健,2022.任务导向还是社交导向?在线定制信息交互内容特征对顾客参与表现的影响研究[J].管理评论,34(2):76-88.

周媛,梅强,侯兵,2020.基于扎根理论的旅游志愿服务行为影响因素研究[J].旅游学刊,35(9):74-89.

朱竑,蔡晓梅,苏晓波,等,2020."晒"与"赞":微信时代旅游体验的互动建构[J].旅游学刊,35(10):96-108.

邹蓉,王澳,郭朴,等,2022.何以触发旅游虚拟社区用户价值共创行为?:基于SEM和fsQCA的混合分析[J].旅游导刊,6(6):53-75.

左文明,黄枫璇,毕凌燕,2020.分享经济背景下价值共创行为的影响因素:以网约车为例[J].南开管理评论,23(5):183-193.

ADAM I, 2021. Negative tourist-to-tourist interactions, value destruction, satisfaction, and post consumption behavioral intention[J]. Journal of destination marketing & management, 20:100557.

AGAPITO D, VALLE P, MENDES J, 2014. The sensory dimension of tourist experiences:Capturing meaningful sensory-informed themes in Southwest Portugal[J]. Tourism management, 42:224-237.

AJZEN I, 1991. The theory of planned behavior[J]. Organizational behavior and human decision processes, 50(2):179-211.

ALBRECHT T L, ADELMAN M B, 1987. Communicating Social Support [M]. London:Sage.

ALI I, MANDURAH S, 2016. The role of personal values and perceived social support in developing socially responsible consumer behavior[J]. Asian social science, 12(10):180-189.

ALVES H, FERREIRA J J, FERNANDES C I, 2016. Customer's operant resources effects on co-creation activities[J]. Journal of innovation & knowledge, 1(2):69-80.

ANDERSON J C, NARUS J A, VAN ROSSUM W, 2006. Customer value propositions in business markets[J]. Harvard business review, 84(3):91-99.

ANDERSSON T D, 2007. The tourist in the experience economy[J]. Scandinavian journal of hospitality and tourism, 7(1):46-58.

ANDRADES L, DIMANCHE F, 2018. Co-creation of experience value: A tourist behaviour approach[M]// PREBENSEN N K, CHEN J S, UYSAL M. Creating Experience Value in Tourism. Wallingford UK:CAB International, 83-97.

ANDREU L, SÁNCHEZ I, MELE C, 2010. Value co-creation among retailers and consumers:New insights into the furniture market[J]. Journal of retailing and consumer services, 17(4):241-250.

ANKER T B, SPARKS L, MOUTINHO L, et al., 2015. Consumer dominant value creation:A theoretical response to the recent call for a consumer dominant logic for marketing[J]. European Journal of marketing, 49(3/4):532-560.

ARICA R, KODAS B, COBANOGLU C, et al., 2023. The role of trust in tourists' motivation to participate in co-creation[J]. Tourism review,78(4):1182-1202.

参 考 文 献

ARICA R, ÇORBACI A, 2020. The mediating role of the tourists' citizenship behavior between the value co-creation and satisfaction[J]. Advances in hospitality and tourism research, 8(1):125-150.

ASSAKER G, VINZI V E, O'CONNOR P, 2011. Examining the effect of novelty seeking, satisfaction, and destination image on tourists' return pattern: A two factor, non-linear latent growth model[J]. Tourism management, 32(4):890-901.

ATAKAN S S, BAGOZZI R P, YOON C, 2014. Make it your own: How process valence and self-construal affect evaluation of self-made products[J]. Psychology & marketing, 31(6):451-468.

BANDYOPADHYAY R, 2012. "To be an Englishman for a day": Marketing colonial nostalgia in India[J]. Annals of tourism research, 39(2):1245-1248.

BARON R M, KENNY D A, 1986. The moderator-mediator variable distinction in social psychological research: Conceptual, strategic, and statistical considerations[J]. Journal of personality and social psychology, 51(6):1173-1182.

BASOLE R C, ROUSE W B, 2008. Complexity of service value networks: Conceptualization and empirical investigation[J]. IBM systems journal, 47(1):53-70.

BAUMEISTER R F, DEWALL C N, CIAROCCO N J, et al., 2005. Social exclusion impairs self-regulation[J]. Journal of personality and social psychology, 88(4):589-604.

BELLIVEAU M A, O'REILLY C A, WADE J B, 1996. Social capital at the top: Effects of social similarity and status on CEO compensation[J]. Academy of management journal, 39(6):1568-1593.

BENCKENDORFF P, 2009. Themes and trends in Australian and New Zealand tourism research: A social networkanalysis of citations in two leading journals (1994—2007)[J]. Journal of hospitality and tourism management, 16(1):1-15.

BERTELLA G, 2014. The co-creation of animal-based tourism experience[J]. Tourism recreation research, 39(1):115-125.

BERTELLA G, CAVICCHI A, BENTINI T, 2018. The reciprocal aspect of the experience value: Tourists and residents celebrating weddings in the rural village of Petritoli (Italy)[J]. Anatolia, 29(1):52-62.

BIAN Y, 1997. Bring strong ties back in: Indirect ties, network bridges, and job searches in China[J]. American sociological review, 62(3):366-385.

BINKHORST E, DEKKER T D, 2009. Agenda for co-creation tourism experience research[J]. Journal of hospitality marketing & management, 18(2-3):311-327.

BJÖRK P, PREBENSEN N, RÄIKKÖNEN J, et al., 2021. 20 years of Nordic tourism experience research: A review and future research agenda[J]. Scandinavian journal of hospitality and tourism, 21(1):26-36.

BJÖRK P, SFANDLA C, 2009. A tripartite model of tourist experience[J]. Matkailututkimus, 5(2):5-18.

BLAZQUEZ-RESINO J J, MOLINA A, Esteban-Talaya A, 2015. Service-dominant logic in tourism: The way to loyalty[J]. Current issues in tourism, 18(8):706-724.

BOORSTIN D J, 1964. The Image: A guide to pseudo-events in America[M]. New York: Vintage Books.

BRANDÃO F, BREDA Z, COSTA C, 2019. Innovation and internationalization as development strategies for coastal tourism destinations: The role of organizational networks[J]. Journal of hospitality and tourism management, 41:219-230.

BRASS D J, BURKHARDT M E, 1993. Potential power and power use: An investigation of structure and behavior[J]. Academy of management journal, 36(3):441-470.

BRASS D J, BUTTERFIELD K D, SKAGGS B C, 1998. Relationships and unethical behavior: A social network perspective[J]. Academy of management review, 23(1):14-31.

BRASS D J, GALASKIEWICZ J, GREVE H R, et al., 2004. Taking stock of networks and organizations: A multilevel perspective[J]. Academy of management journal, 47(6):795-817.

BREJLA P, GILBERT D, 2014. An exploratory use of web content analysis to understand cruise tourism services[J]. International journal of tourism research, 16(2):157-168.

BROWN T J, CHURCHILL G A, PETER J P, et al., 1993. Improving the measurement of service quality[J]. Journal of retailing, 69(1):127-139.

BUONINCONTRI P, MORVILLO A, OKUMUS F, et al., 2017. Managing the experience co-creation process in tourism destinations: Empirical findings from Naples[J]. Tourism management, 62:264-277.

BURT R S, 1992. Structural Holes: The Social Structure of Competition[M]. Cambridge: Harvard University Press.

BUSSER J A, SHULGA L V, 2018. Co-created value: Multidimensional scale and nomological network[J]. Tourism management, 65:69-86.

CAMPOS A C, MENDES J, VALLE P O, et al., 2017. Co-creating animal-based tourist experiences: Attention, involvement and memorability[J]. Tourism management, 63:100-114.

CAMPOS A C, MENDES J, VALLE P O, et al., 2018. Co-creation of tourist experiences: A literature review[J]. Current issues in tourism, 21(4): 369-400.

CAO L, XIE D, QU Y, 2023. A process perspective on experience co-creation: How pre-trip involvement prompts destination loyalty[J]. Tourism management, 96:104711.

CARVALHO P, ALVES H, 2023. Customer value co-creation in the hospitality and tourism industry: A systematic literature review[J]. International journal of contemporary hospitality management, 35(1):250-273.

CAVAGNARO E, MICHOPOULOU E, PAPPAS N, 2021. Revisiting value co-creation and co-destruction in tourism[J]. Tourism planning & development, 18(2):121-124.

CHAN K W, YIM C K, LAM S S K, 2010. Is customer participation in value creation a double-edged sword? Evidence from professional financial services across cultures[J]. Journal of marketing, 74(3):48-64.

CHANDLER J D, VARGO S L, 2011. Contextualization and value-in-context: How context frames exchange[J]. Marketing theory, 11(1):35-49.

CHATHOTH P K, UNGSON G R, ALTINAY L, et al., 2014. Barriers affecting organisational adoption of higher order customer engagement in tourism service interactions[J]. Tourism management, 42:181-193.

CHEN C F, WANG J P, 2016. Customer participation, value co-creation and customer loyalty: A case of airline online check-in system[J]. Computers in human behavior, 62:346-352.

CHEN J S, PREBENSEN N K, UYSAL M, 2014. Dynamic drivers of tourist experiences[M]// PREBENSEN N K, CHEN J S, UYSAL M. Creating

Experience Value in Tourism. Wallingford UK:CAB International, 11-21.

CHEN J S, TRAN-THIEN-Y L, FLORENCE D, 2021. Usability and responsiveness of artificial intelligence chatbot on online customer experience in e-retailing[J]. International journal of retail & distribution management, 49(11):1512-1531.

CHEN W, WU Z, XU J, 2018. Value co-destruction research:Origin, present and prospect[J]. Foreign economics & management, 40(6):44-58.

CHENG T M, LU C C, 2013. Destination image, novelty, hedonics, perceived value, and revisiting behavioral intention for island tourism[J]. Asia pacific journal of tourism research, 18(7):766-783.

CHEUNG M F Y, TO W M, 2016. Service co-creation in social media: An extension of the theory of planned behavior[J]. Computers in human behavior, 65:260-266.

CHON K S, 1989. Understanding recreational traveler's motivation, attitude and satisfaction[J]. The tourist review, 44(1):3-7.

CHOU E Y, LIN C Y, HUANG H C, 2016. Fairness and devotion go far: Integrating online justice and value co-creation in virtual communities[J]. International journal of information management, 36(1):60-72.

CHRONIS A, 2015. Moving bodies and the staging of the tourist experience[J]. Annals of tourism research, 55:124-140.

CHU R K S, CHOI T, 2000. An importance-performance analysis of hotel selection factors in the Hong Kong hotel industry:A comparison of business and leisure travellers[J]. Tourism management, 21(4):363-377.

CHURCHILL G A, 1979. A Paradigm for developing better measures of marketing constructs[J]. Journal of marketing research, 16(1):64-73.

COBB S, 1976. Social support as a moderator of life stress[J]. Psychosomatic medicine, 38(5):300-314.

COHEN E, 1979. Rethinking the sociology of tourism[J]. Annals of tourism research, 6(1):18-35.

COHEN E, 1984. The sociology of tourism:Approaches, issues, and findings[J]. Sociology, 10(10):373-392.

COHEN S, WILLS T A, 1985. Stress, social support, and the buffering hypothesis[J]. Psychological bulletin, 98(2):310-357.

COOK K S, YAMAGISHI T, 1983. The distribution of power in exchange networks: Theory and experimental results[J]. American journal of sociology, 89(2):275-305.

CROCKER J, CANEVELLO A, 2008. Creating and undermining social support in communal relationships: The role of compassionate and self-image goals[J]. Journal of personality and social psychology, 95(3):555-575.

CROMPTON J L, LOVE L L, 1995. The predictive validity of alternative approaches to evaluating quality of a festival[J]. Journal of travel research, 34(1):11-24.

CRONIN J J, TAYLOR S A, 1992. Measuring service quality: Are examination and extension[J]. Journal of marketing, 56(3):55-68.

CSIKSZENTMIHALYI M, 1975. Beyond Boredom and Anxiety[M]. San Francisco:Jossey-Bass.

CSIKSZENTMIHALYI M, CSIKSZENTMIHALYI I S, 1992. Optimal experience:Psychological studies of flow in consciousness[M]. Oxford city:Cambridge University Press.

CUTLER S Q, CARMICHAEL B, 2010. The Dimensions of the Tourist Experience[M]// MORGAN M, LUGOSI P, RITCHIE J R B. The Experience of Tourism and Leisure:Consumer and Managerial Perspectives. Bristol:Channel View Publications, 3-26.

DENG W, LU C, LIN Y, et al., 2021. A study on the effect of tourists value co-creation on the perceived value of souvenirs:Mediating role of psychological ownership and authenticity[J]. Asia pacific journal of tourism research, 26(2):200-214.

DEVELLIS R F, BLALOCK S J, HOLT K, et al., 1991. Arthritis patients' reactions to unavoidable social comparisons[J]. Personality & social psychology bulletin, 17(4):392-399.

DRIVER B L, KNOPH R C, 1977. Personality, outdoor recreation, and expected consequences[J]. Environment & behavior, 9(2):169-193.

EARLS M, 2003. Advertising to the herd:How understanding our true nature challenges the ways we think about advertising and market research[J]. International journal of market research, 45(3):311-336.

ECHEVERRI P, SKÅLÉN P, 2011. Co-creation and co-destruction:A practice-theory based study of interactive value formation[J]. Marketing theory, 11(3):351-373.

EID R, ELGOHARY H, 2015. The role of Islamic religiosity on the relationship between perceived value and tourist satisfaction[J]. Tourism management, 46:477-488.

EK R, LARSEN J, HORNSKOV S B, et al., 2008. A dynamic framework of tourist experiences:Space-time and performances in the experience economy[J]. Scandinavian journal of hospitality and tourism, 8(2):122-140.

ELETXIGERRA A, BARRUTIA J M, ECHEBARRIA C, 2018. Place marketing examined through a service-dominant logic lens:A review[J]. Journal of destination marketing & management, 9:72-84.

ELETXIGERRA A, BARRUTIA J M, ECHEBARRIA C, 2021. Tourist expertise and pre-travel value co-creation:Task-related processes and beyond[J]. Tourism management perspectives, 37:100772.

EMIRBAYER M, GOODWIN J, 1994. Network analysis, culture, and the problem of agency[J]. American journal of sociology, 99(6):1411-1454.

EUN-JU L, OVERBY J W, 2004. Creating value for online shoppers:Implications for satisfaction and loyalty[J]. Journal of consumer satisfaction, dissatisfaction and complaining behavior, 17:54-65.

FAULLANT R, MATZLER K, MOORADIAN T A, 2011. Personality, basic emotions, and satisfaction:Primary emotions in the mountaineering experience[J]. Tourism management, 32(6):1423-1430.

FEATHERMAN M S, SPROTT D E, MIYAZAKI A D, 2010. Reducing online privacy risk to facilitate e-service adoption:The influence of perceived ease of use and corporate credibility[J]. Journal of services marketing, 24(3):219-229.

FORD R C, HEATON C P, 2000. Managing the Guest Experience in Hospitality[M]. New Jersey:Delmar.

FORNELL C, DAVID F. LARCKER, 1981. Evaluating structural equation models with unobservable variables and measurement error[J]. Journal of marketing research, 18(1):39-50.

FREEMAN L C, 1979. Centrality in social networks:I. Conceptual clarification[J]. Social networks, 1(3):215-239.

FRIAS JAMILENA D M, POLO PENA A I, RODRIGUEZ MOLINA M A, 2017. The effect of value-creation on consumer-based destination brand equity[J]. Journal of travel research, 56(8):1011-1031.

FÜLLER J, HUTTER K, FAULLANT R, 2011. Why co-creation experience matters? Creative experience and its impact on the quantity and quality of creative contributions[J]. R&D management, 41(3):259-273.

GALLARZA M G, GIL I, 2008. The concept of value and its dimensions: A tool for analysing tourism experiences[J]. Tourism review, 63(3):4-20.

GAN C, VODA M, WANG K, et al., 2021. Spatial network structure of the tourism economy in urban agglomeration: A social network analysis[J]. Journal of hospitality and tourism management, 47:124-133.

GARCÍA-PALOMARES J C, GUTIÉRREZ J, MÍNGUEZ C, 2015. Identification of tourist hot spots based on social networks: A comparative analysis of European metropolises using photo-sharing services and GIS[J]. Applied geography, 63:408-417.

GINER G R, RILLO A P, 2016. Structural equation modeling of co-creation and its influence on the student's satisfaction and loyalty towards university [J]. Journal of computational & applied mathematics, 291(1):257-263.

GLASER B G, 1998. Doing grounded theory: Issues and discussions[M]. Mill Valley, CA: Sociology Press.

GLIGOR D M, MALONI M J, 2022. More is not always better: The impact of value co-creation fit on B2B and B2C customer satisfaction[J]. Journal of business logistics, 43(2):209-237.

GODOVYKH M, TASCI A D A, 2020. Customer experience in tourism: A review of definitions, components, and measurements[J]. Tourism management perspectives, 35:100694.

GRANOVETTER M, 1973. The strength of weak ties[J]. American Journal of sociology, 78(6):1360-1380.

GRANOVETTER M, 1983. The strength of weak ties: A network theory revisited[J]. Sociological theory, 1(6):201-233.

GRANOVETTER M, 1985. Economic action and social structure: The problem of embeddedness[J]. American journal of sociology, 91(3):481-510.

GRETZEL U, JAMAL T, 2009. Conceptualizing the creative tourist class: Technology, mobility, and tourism experiences[J]. Tourism analysis, 14 (4):471-481.

GRISSEMANN U S, STOKBURGER-SAUER N E, 2012. Customer co-creation of travel services: The role of company support and customer satisfaction with the co-creation performance[J]. Tourism management, 33(6): 1483-1492.

GRÖNROOS C, 2008. Service logic revisited: Who creates value? And who co-creates?[J]. European business review, 20(4):298-314.

GRÖNROOS C, 2011. Value co-creation in service logic: A critical analysis[J]. Marketing theory, 11(3):279-301.

GRÖNROOS C, 2012. Conceptualising value co-creation: A journey to the 1970s and back to the future[J]. Journal of marketing management, 28(13-14):1520-1534.

GRÖNROOS C, 2017. On value and value creation in service: A management perspective[J]. Journal of creating value, 3(2):125-141.

GRÖNROOS C, RAVALD A, 2011. Service as business logic: Implications for value creation and marketing[J]. Journal of service management, 22(1):5-22.

GRÖNROOS C, STRANDVIK T, HEINONEN K, 2015. Value Co-Creation: Critical Reflections[M]// GUMMERUS J, VON KOSKULL C. The Nordic School: Service Marketing and Management for the Future. Helsinki: Hanken School of Economics, 69-81.

GRÖNROOS C, VOIMA P, 2013. Critical service logic: Making sense of value creation and co-creation[J]. Journal of the academy of marketing science, 41(2):133-150.

GUAN X, GONG J, XIE L, et al., 2020. Scale development of value co-destruction behavior in tourism[J]. Tourism management perspectives, 36: 1-9.

GURSOY D, UMBREIT W T, 2004. Tourist information search behavior: Cross-cultural comparison of European union member states[J]. International journal of hospitality management, 23(1):55-70.

GYIMÓTHY S, 2000. Service quality: A self-perpetuating concept?[J]. Journal of quality assurance in hospitality & tourism, 1(2):31-57.

HAEMOON O, 2001. Revisiting importance-performance analysis[J]. Tourism management, 22(6):617-627.

HAJLI M N, 2014. The role of social support on relationship quality and social commerce[J]. Technological forecasting and social change, 87:17-27.

HAN X, PRAET C, WANG L, 2021. Tourist-tourist social interaction in the co-creation and co-destruction of tourism experiences among Chinese outbound tourists[J]. Tourism planning and development, 18(2):189-209.

HANSEN A V, 2019. Value co-creation in service marketing: A critical (re)view[J]. International journal of innovation studies, 3(4):73-83.

HAYES A F, 2009. Beyond Baron and Kenny: Statistical mediation analysis in the New Millennium[J]. Communication monographs, 76(4):408-420.

HEINONEN K, STRANDVIK T, MICKELSSON K, et al., 2010. A customer-dominant logic of service[J]. Journal of service management, 21(4): 531-548.

HENNIG-THURAU T, GWINNER K P, GREMLER D D, 2002. Understanding relationship marketing outcomes: An integration of relational benefits and relationship quality[J]. Journal of service research, 4(3):230-247.

HITT M A, AHLSTROM D, DACIN M T, et al., 2004. The institutional effects on strategic alliance partner selection in transition economies, China Vs. Russia[J]. Organization science, 15(2):173-185.

HOGSTROM C, ROSNER M, GUSTAFSSON A, 2010. How to create attractive and unique customer experiences: An application of Kano's theory of attractive quality to recreational tourism[J]. Marketing intelligence & planning, 28(4):263-4503

HOLBROOK M B, 1982. The experiential aspects of consumption: Consumer fantasies, feelings, and fun[J]. Journal of consumer research, 9(2): 132-140.

HOLBROOK M B, HIRSCHMAN E C, 1982. The experiential aspects of consumption: Consumer fantasies, feelings, and fun[J]. Journal of consumer research, 9(2):132-140.

HOLBROOK M B, KUWAHARA T, UNIVERSITYL K, 1999. Probing explorations, deep displays, virtual reality, and profound insights: The four faces of stereographic three-dimensional images in marketing and consumer research[J]. Advances in consumer research, 26:240-250.

HOUSE J S, 1985. Barriers to work stress: I. Social support[M]// GENTRY D W, BENSON H, DE WOLFF C J. Behavioral Medicine: Work, Stress and Health. Dordrecht: Springer, 157-180.

HSIAO C, LEE Y H, CHEN W J, 2015. The effect of servant leadership on customer value co-creation: A cross-level analysis of key mediating roles[J].

Tourism management, 49:45-57.

HSU M H, JU T L, YEN C H, et al. , 2007b. Knowledge sharing behavior in virtual communities: The relationship between trust, self-efficacy, and outcome expectations[J]. International journal of human-computer studies, 65 (2):153-169.

HSU M K, HUANG T, KENG C, et al. , 2007a. Modeling service encounters and customer experiential value in retailing: An empirical investigation of shopping mall customers in Taiwan[J]. International journal of service industry management, 18(4):349-367.

HUANG J, HSU C H C, 2010. The impact of customer-to-customer interaction on cruise experience and vacation satisfaction[J]. Journal of travel research, 49(1):79-92.

HWANG Y H, GRETZEL U, FESENMAIER D R, 2006. Multicity trip patterns: Tourists to the United States[J]. Annals of tourism research, 33(4): 1057-1078.

JAAKKOLA E, ALEXANDER M, 2014. The role of customer engagement behavior in value co-creation: A service system perspective[J]. Journal of service research, 17(3):247-261.

JAAKKOLA E, HELKKULA A, AARIKKA-STENROOS L, 2015. Service experience co-creation: Conceptualization, implications, and future research directions[J]. Journal of service management, 26(2):182-205.

JAVED M, AWAN T M, 2023. The young tourist's co-creation nexus: Market mavens and existential authenticity as driving forces of intentions to revisit and recommend[J]. Journal of hospitality and tourism insights, 6(2): 716-734.

JEON C Y, YANG H W, 2021. The structural changes of a local tourism network: Comparison of before and after COVID-19[J]. Current issues in tourism, 24(23):3324-3338.

JOHANSON J, MATTSSON L G, 1987. Interorganizational relations in industrial systems: A network approach compared with the transaction-cost approach[J]. International studies of management & organization, 17(1): 34-48.

JU Y, 2022. Complexity analysis about formation mechanism of residents' value co-creation behavior in tourism communities: Based on the social embeddedness perspective[J]. Journal of hospitality and tourism management, 53:100-109.

KALLMUENZER A, PETERS M, BUHALIS D, 2020. The role of family firm image perception in host-guest value co-creation of hospitality firms[J]. Current issues in tourism, 23(19):2410-2427.

KANG M, SCHUETT M A, 2013. Determinants of sharing travel experiences in social media[J]. Journal of travel & tourism marketing, 30(1-2):93-107.

KANG S, LEE G, KIM J, et al., 2018. Identifying the spatial structure of the tourist attraction system in South Korea using GIS and network analysis: An application of anchor-point theory[J]. Journal of destination marketing & management, 9:358-370.

KELLOGG D L, YOUNGDAHL W E, BOWEN D E, 1997. On the relationship between customer participation and satisfaction: Two frameworks[J]. International journal of service industry management, 8(3):206-219.

KILDUFF M, 1990. The interpersonal structure of decision making: A social comparison approach to organizational choice[J]. Organizational behavior & human decision processes, 47(2):270-288.

KIM J, TUSSYADIAH I, 2013. Social networking and social support in tourism experience: The moderating role of online self-presentation strategies [J]. Journal of travel & tourism marketing, 30(1-2):78-92.

KIM K H, PARK D B, 2016. Relationships among perceived value, satisfaction, and loyalty: Community-based ecotourism in Korea[J]. Journal of travel & tourism marketing, 34(2):1-21.

KIMBU A N, NGOASONG M Z, 2013. Centralised decentralisation of tourism development: A network perspective[J]. Annals of tourism research, 40:235-259.

KONG F, YOU X, 2013. Loneliness and self-esteem as mediators between social support and life satisfaction in late adolescence[J]. Social indicators research, 110:271-279.

KOTLER P, BOWEN J, MAKENS J, et al., 2017. Marketing for Hospitality and Tourism[M]. Upper Saddle River, NJ:Pearson Education Limited.

KÖHLER C F, ROHM A J, DE RUYTER K, et al., 2011. Return on interactivity: The impact of online agents on newcomer adjustment[J]. Journal of marketing, 75(2):93-108.

LARSEN S, 2007. Aspects of a psychology of the tourist experience[J]. Scandinavian journal of hospitality and tourism, 7(1):7-18.

LAU R S, CHEUNG G W, 2012. Estimating and comparing specific mediation effects in complex latent variable models[J]. Organizational research methods, 15(1):3-16.

LAWS E. Tourism Marketing: Service and Quality Management Perspectives [M]. London: Stanley Thornes, 1991.

LEE J S, LEE C K, CHOI Y J, 2011. Examining the role of emotional and functional values in festival evaluation[J]. Journal of travel research, 50(6): 685-696.

LEE L W, BOON E, MCCARTHY I P, 2021. Does getting along matter? Tourist-tourist rapport in guided group activities[J]. Tourism management, 87:104381.

LEE W, GRETZEL U, 2012. Designing persuasive destination websites: A mental imagery processing perspective[J]. Tourism management, 33(5): 1270-1280.

LI Y M, LEE Y L, 2012. Designing a social support mechanism for online consumer purchase decision making[A]. Pacific Asia Conference on Information Systems[C]. Ho Chi Minh City, Vietnam: Association for Information Systems, 162-176.

LI Y P, 2000. Geographical consciousness and tourism experience[J]. Annals of tourism research, 27(4):863-883.

LIANG T P, HO Y T, LI Y W, et al., 2011. What drives social commerce: The role of social support and relationship quality[J]. International journal of electronic commerce, 16(2):69-90.

LIDEN R C, MASLYN J M, 1998. Multidimensionality of leader-member exchange: An empirical assessment through scale development[J]. Journal of management official journal of the southern management association, 24(1): 43-72.

LIN H, GAO J, TIAN J, 2022. Impact of tourist-to-tourist interaction on responsible tourist behaviour: Evidence from China[J]. Journal of destination marketing & management, 24:100709.

LIN L, YEH H, WANG M, 2015. Integration of Kano's model into FQFD for Taiwanese Ban-Doh banquet culture[J]. Tourism management, 46:

245-262.

LIN N, 1999. Building a network theory of social capital[J] Connections, 22(1):28-51.

LIN N, 2001. Social capital: A theory of social structure and action[M]. Oxford city:Cambridge University Press.

LIN N, ENSEL W M, VAUGHN J C, 1981. Social resources and strength of ties:Structural factors in occupational status attainment[J]. American sociological review, 46(4):393-405.

LIU J S, TSAUR S H, 2014. We are in the same boat: Tourist citizenship behaviors[J]. Tourism management, 42:88-100.

LIU X, ZENG Y, HE J, et al., 2022. Value cocreation research in tourism and hospitality:A comparative bibliometric analysis[J]. International journal of contemporary hospitality management, 34(2):663-686.

LOANE S S, WEBSTER C M, D'ALESSANDRO S, 2015. Identifying consumer value co-created through social support within online health communities[J]. Journal of macromarketing, 35(3):353-367.

LUGOSI P, 2014. Mobilising identity and culture in experience co-creation and venue operation[J]. Tourism management, 40(40):165-179.

LUGOSI P, WALLS A R, 2013. Researching destination experiences: Themes, perspectives and challenges[J]. Journal of destination marketing & management, 2(2):51-58.

LUSCH R F, NAMBISAN S, 2015. Service innovation: A Service-Dominant Logic perspective[J]. MIS Quarterly, 39(1):155-175.

LUSCH R F, VARGO S L, 2014. Service-dominant Logic: Premises, Perspectives, Possibilities[M]. Oxford city:Cambridge University Press.

LYOTARD J, 1984. The Postmodern Condition: A Report on Knowledge[M]. University of Minnesota Press.

MAC CANNELL D, 1973. Staged authenticity:Arrangements of social space in tourist settings[J]. American journal of sociology, 79(3):589-603.

MAC CANNELL D, 1976. The Tourist: A New Theory of the Leisure Class[M]. University of California Press.

MADHAVARAM S, HUNT S D, 2008. The service-dominant logic and a hierarchy of operant resources:Developing masterful operant resources and implications for marketing strategy[J]. Journal of the academy of marketing science, 36(1):67-82.

MADJAR N, 2010. Emotional and informational support from different sources and employee creativity[J]. Journal of occupational & organizational psychology, 81(1):83-100.

MAGLIO P P, SPOHRER J, 2008. Fundamentals of service science[J]. Journal of the academy of marketing science, 36(1):18-20.

MAGLIO P P, VARGO S L, CASWELL N, et al., 2009. The service system is the basic abstraction of service science[J]. Information systems and e-business management, 7(4):395-406.

MAJDOUB W, 2014. Co-creation of value or co-creation of experience? Interrogations in the field of cultural tourism[J]. International journal of safety and security in tourism and hospitality, 1(7):12-31.

MALONE S, MCKECHNIE S, TYNAN C, 2018. Tourists' emotions as a resource for customer value creation, cocreation, and destruction: A customer-grounded understanding[J]. Journal of travel research, 57(7):843-855.

MANNELL R C, ISO-AHOLA S E, 1987. Psychological nature of leisure and tourism experience[J]. Annals of tourism research, 14(3):314-331.

MARTILLA J A, JAMES J C, 1977. Importance-performance analysis[J]. Journal of marketing, 41(1):77-79.

MASSIMINI F, CARLI M, 1988. The Systematic Assessment of Flow in Daily Experience[M]// CSIKSZENTMIHALYI. Optimal Experience: Psychological Studies of Flow in Consciousness. Oxford city:Cambridge University Press, 288-306.

MATHIS E F, KIM H L, UYSAL M, et al., 2016. The effect of co-creation experience on outcome variable[J]. Annals of tourism research, 57:62-75.

MATHISEN L, 2018. Storytelling in a co-creation perspective [M]// PREBENSEN N K, CHEN J S, UYSAL M. Creating experience value in tourism. Wallingford UK:CAB International, 137-147.

MATHWICK C, MALHOTRA N K, RIGDON E, 2002. The effect of dynamic retail experiences on experiential perceptions of value: An internet and catalog comparison[J]. Journal of retailing, 78(1):51-60.

MATHWICK C, MALHOTRA N, RIGDON E, 2001. Experiential value: Conceptualization, measurement and application in the catalog and Internet shopping environment[J]. Journal of retailing, 77(1):39-56.

MCCABE S, SHARPLES M, FOSTER C, 2012. Stakeholder engagement in the design of scenarios of technology-enhanced tourism services[J]. Tourism management perspectives, 4:36-44.

Mccabe S,李春晓,2015. 此"新"游客非彼新游客:满足中国出境游客需求所面临的挑战[J]. 旅游学刊,30(12):5-8.

MCCARTNEY G, CHEN Y, 2020. Co-creation tourism in an ancient Chinese town[J]. Journal of China tourism research, 16(2):159-182.

MCINTYRE C, 2010. Designing museum and gallery shops as integral, co-creative retail spaces within the overall visitor experience[J]. Museum management & curatorship, 25(2):181-198.

MCLEAY F, LICHY J, MAJOR B, 2019. Co-creation of the ski-chalet community experiences cape[J]. Tourism management, 74:413-424.

MICHIE S, GOOTY J, 2005. Values, emotions, and authenticity: Will the real leader please stand up?[J]. Leadership quarterly, 16(3):441-457.

MILES M B, HUBERMAN A M, 1994. Qualitative data analysis: An expanded sourcebook[M]. London: Sage.

MILMAN A, 1998. The impact of tourism and travel experience on senior travelers' psychological well-being[J]. Journal of travel research, 37(2):166-170.

MINKIEWICZ J, EVANS J, BRIDSON K, 2014. How do consumers co-create their experiences? An exploration in the heritage sector[J]. Journal of marketing management, 30(1-2):30-59.

MITCHELL J C, 1969. The concept and use of social networks[M]// MITCHELL J C. Social Networks in Urban Situations: Analyses of Personal Relationships in Central African Towns. Manchester University Press, 1-50.

MORGAN M, XU F, 2009. Student travel experiences: Memories and dreams [J]. Journal of hospitality marketing & management, 18(2-3):216-236.

MOROSAN C, DEFRANCO A, 2016. Co-creating value in hotels using mobile devices: A conceptual model with empirical validation[J]. International journal of hospitality management, 52:131-142.

MVONDO G F N, JING F, HUSSAIN K, et al., 2022. Converting tourists into evangelists: Exploring the role of tourists' participation in value co-creation in enhancing brand evangelism, empowerment, and commitment[J]. Journal of hospitality and tourism management, 52:1-12.

NADEEM W, JUNTUNEN M, SHIRAZI F, et al. , 2020. Consumers' value co-creation in sharing economy: The role of social support, consumers' ethical perceptions and relationship quality[J]. Technological forecasting and social change, 151:119786.

NAMKUNG Y, JANG S C, 2010. Effects of perceived service fairness on emotions, and behavioral intentions inrestaurants[J]. European journal of marketing, 44(9-10):1233-1259.

NEAL J D, SIRGY M J, UYSAL M, 1999. The role of satisfaction with leisure travel/tourism services and experience in satisfaction with leisure life and overall life[J]. Journal of business research, 44(3):153-163.

NEUHOFER B, BUHALIS D, LADKIN A, 2012. Conceptualising technology enhanced destination experiences[J]. Journal of destination marketing & management, 1(1-2):36-46.

NEUHOFER B, BUHALIS D, LADKIN A, 2013. High Tech for High Touch Experiences: A Case Study from the Hospitality Industry[M]// CANTONI L, XIANG Z. Information and Communication Technologies in Tourism 2013. Heidelberg: Springer, 290-301.

NEUHOFER B, BUHALIS D, LADKIN A, 2014. A typology of technology-enhanced tourism experiences[J]. International journal of tourism research, 16(4):340-350.

NUNNALLY J C, BERNSTEIN I H, 1994. Psychometric Theory[M]. New York: McGraw-Hill Book Company.

OLSSON A K, 2012. Spatial aspects of member retention, participation and co-creation in tourism settings[J]. International journal of nonprofit & voluntary sector marketing, 17(3):231-247.

O'DELL T, 2007. Tourist experiences and academic junctures[J]. Scandinavian journal of hospitality and tourism, 7(1):34-45.

PACKER J, BALLANTYNE R, 2016. Conceptualizing the visitor experience: A review of literature and development of a multifaceted model[J]. Visitor studies, 19(2):128-143.

PARASURAMAN A, ZEITHAML V A, BERRY L L, 1985. A conceptual model of service quality and its implications for future research[J]. Journal of marketing, 49(4):41-50.

PARK S, NICOLAU J L, 2017. Effects of general and particular online hotel ratings[J]. Annals of tourism research, 62:114-116.

PARTELOW S, NELSON K, 2020. Social networks, collective action and the evolution of governance for sustainable tourism on the Gili Islands, Indonesia [J]. Marine policy, 112:103220.

PAVLOVICH K, 2003. The evolution and transformation of a tourism destination network: The Waitomo Caves, New Zealand[J]. Tourism management, 24(2):203-216.

PAYNE A F, STORBACKA K, FROW P, 2008. Managing the co-creation of value[J]. Journal of the academy of marketing science, 36(1):83-96.

PEARCE P L, 2005. Tourist Behaviour: Themes and Conceptual Schemes [M]. Bristol:Channel View Publications.

PFEFFER M J, PARRA P A, 2009. Strong ties, weak ties, and human capital:Latino immigrant employment outside the enclave[J]. Rural sociology, 74(2):241-269.

PINE B J, GILMORE J H, 1998. Welcome to the experience economy[J]. Harvard business review, 76:97-105.

PIZAM A, NEUMANN Y, REICHEL A, 1978. Dimensions of tourist satisfaction with a destination area[J]. Annals of tourism research, 5(3):314-322.

PLÉ L, 2016. Studying customers' resource integration by service employees in interactional value co-creation[J]. Journal of services marketing, 30(2):152-164.

POON A, 1993. Tourism, technology and competitive strategies[M]. Wallingford, UK:CAB international:3-12.

PRAHALAD C K, RAMASWAMY V, 2000. Co-opting customer competence [J]. Harvard business review, 78(1):79-90.

PRAHALAD C K, RAMASWAMY V, 2004. Co-creation experiences: The next practice in value creation[J]. Journal of interactive marketing, 18(3):5-14.

PRAYAG G, GANNON M J, MUSKAT B, et al., 2020. A serious leisure perspective of culinary tourism co-creation: The influence of prior knowledge, physical environment and service quality[J]. International journal of contemporary hospitality management, 32(7):2453-2472.

PRAZERES L, DONOHOE H, 2014. The visitor sensescape in Kluane National Park and Reserve, Canada[J]. Journal of unconventional parks, tourism & recreation research, 5(2):2-9.

PREACHER K J, HAYES A F, 2004. SPSS and SAS procedures for estimating indirect effects in simple mediation models[J]. Behavior research methods instruments & computers, 36(4):717-731.

PREACHER K J, HAYES A F, 2008. Asymptotic and resampling strategies for assessing and comparing indirect effects in multiple mediator models[J]. Behavior research methods, 40(3):879-891.

PREBENSEN N K, CHEN J S, UYSAL M, et al., 2014. Co-creation of Tourist Experience:Scope, Definition and Structure[M]// PREBENSEN N K, CHEN J S, UYSAL M. Creating Experience Value in Tourism. Wallingford:CABI Publishing, 1-10.

PREBENSEN N K, CHEN J S, UYSAL M, et al., 2017b. Tourist Experience Creation:An Overview[M]// PREBENSEN N K, CHEN J S, UYSAL M. Co-Creation in Tourist Experiences. New York:Routledge, 1-9.

PREBENSEN N K, FOSS L, 2011. Coping and co-creating in tourist experiences[J]. International journal of tourism research, 13(1):54-67.

PREBENSEN N K, KIM H, UYSAL M, 2016. Cocreation as moderator between the experience value and satisfaction relationship[J]. Journal of travel research, 55(7):934-945.

PREBENSEN N K, VITTERSØ J, DAHL T I, 2013b. Value co-creation significance of tourist resources[J]. Annals of tourism research, 42(6):240-261.

PREBENSEN N K, WOO E J, CHEN J S, et al., 2013a. Motivation and involvement as antecedents of the perceived value of the destination experience[J]. Journal of travel research, 52(2):253-264.

PREBENSEN N K, WOO E J, UYSAL M, 2014. Experience value:Antecedents and consequences[J]. Current issues in tourism, 17(10):910-928.

PREBENSEN N K, XIE J, 2017a. Efficacy of co-creation and mastering on perceived value and satisfaction in tourists' consumption[J]. Tourism management, 60:166-176.

RACHERLA P, HU C, 2010. A social network perspective of tourism research collaborations[J]. Annals of tourism research, 37(4):1012-1034.

RADCLIFFE-BROWN A R, 1940. On social structure[J]. The journal of the royal anthropological institute of Great Britain and Ireland, 70(1):1-12.

RAINIE H, WELLMAN B, 2012. Networked: The New Social Operating System[M]. Cambridge, MA:Mit Press.

RAMASWAMY V, 2011. It's about human experiences… and beyond, to co-creation[J]. Industrial marketing management, 40(2):195-196.

REICHENBERGER I, 2017. C2C value co-creation through social interactions in tourism[J]. International journal of tourism research, 19(6):629-638.

RICHARDS G, 2010. Tourism development trajectories:From culture to creativity? [J]. Tourism & management studies, 6:9-15.

RICHARDS G, 2011. Creativity and tourism:The state of the art[J]. Annals of tourism research, 38(4):1225-1253.

RICHARDS G, MARQUES L, 2012. Exploring creative tourism:Introduction [J]. Journal of tourism consumption & practice, 4(2):1-11.

RIHOVA I, BUHALIS D, MOITAL M, et al., 2013. Social layers of customer-to-customer value co-creation[J]. Journal of service management, 24(5):553-566.

RIHOVA I, BUHALIS D, MOITAL M, et al., 2015. Conceptualising customer-to-customer value co-creation in tourism[J]. International journal of tourism research, 17(4):356-363.

ROEFFEN D, SCHOLL-GRISSEMANN U, 2016. The importance of customer co-creation of value for the tourism and hospitality industry[M]// EGGER R, GULA I, WALCHER D. Open Tourism. Berlin, Heidelberg: Springer, 35-46.

ROMERO J, 2017. Customer engagement behaviors in hospitality:Customer-based antecedents[J]. Journal of hospitality marketing & management, 26(6):565-584.

ROSENBAUM M S, MASSIAH C A, 2007. When customers receive support from other customers:Exploring the influence of intercustomer social support on customer voluntary performance[J]. Journal of service research, 9(3):257-270.

ROSS G F, 1991. Tourist destination images of the wet tropical rainforests of North Queensland[J]. Australian psychologist, 26(3):153-157.

ROY S K, BALAJI M S, SOUTAR G, et al., 2020. The antecedents and consequences of value co-creation behaviors in a hotel setting:A two-country study[J]. Cornell hospitality quarterly, 61(3):353-368.

RUEF M, CARTER N M, 2004. The structure of founding teams:Homophily, strong ties and isolation among U. S. entrepreneurs[J]. American sociological review, 68(2):297-297.

RYAN C, 1993. Recreational Tourism:A Social Science Perspective[M]. London:Routledge.

RYAN C, 1997. The Tourist Experience:A New Introduction[M]. London:Cassell.

RYAN R M, SOLKY J A, 1996. What is supportive about social support? On the psychological needs for autonomy and relatedness[M]// PIERCE G R, SARASON B R, SARASON I G. Handbook of Social Support and the Family, 249-267.

RYU K S, HAN H S, TAEHEE K, 2008. The relationships among overall quick-casual restaurant image, perceived value, customer satisfaction, and behavioral intentions[J]. International journal of hospitality management, 27(3):459-469.

SARMAH B, RAHMAN Z, 2018. Customer co-creation in hotel service innovation:An interpretive structural modeling and MICMAC analysis approach [J]. Benchmarking:An international journal, 25(1):297-318.

SCHAEFER C, COYNE J C, LAZARUS R S, 1981. The health-related functions of social support[J]. Journal of behavioral medicine, 4(4):381-406.

SCOTT J P, CARRINGTON P J, 2011. The SAGE Handbook of Social Network Analysis[M]. London:Sage.

SCOTT N, BAGGIO R, COOPER C, 2008a. Network Analysis and Tourism:From Theory to Practice[M]. Bristol:Channel View Publications.

SCOTT N, COOPER C, BAGGIO R, 2008b. Destination networks:Four Australian cases[J]. Annals of tourism research, 35(1):169-188.

SCOTT N, LAWS E, BOKSBERGER P, 2009. The marketing of hospitality and leisure experiences[J]. Journal of hospitality marketing & management, 18(2-3):99-110.

SFANDLA C, BJÖRK P, 2013. Tourism experience network:Co-creation of experiences in interactive processes[J]. International journal of tourism research, 15(5):495-506.

SHAMIM A, GHAZALI Z, ALBINSSON P A, 2016. An integrated model of corporate brand experience and customer value co-creation behaviour[J]. International journal of retail & distribution management, 44(2), 139-158.

SHAW G, BAILEY A, WILLIAMS A, 2011. Aspects of service-dominant logic and its implications for tourism management: Examples from the hotel industry[J]. Tourism management, 32(2):207-214.

SHELDON P J, 2020. Designing tourism experiences for inner transformation [J]. Annals of tourism research, 83:102935.

SHI X, ADAMIC L A, STRAUSS M J, 2007. Networks of strong ties[J]. Physica a: Statistical mechanics and its applications, 378(1):33-47.

SHIH H Y, 2006. Network characteristics of drive tourism destinations: An application of network analysis in tourism[J]. Tourism management, 27(5):1029-1039.

SMALIUKIENE R, CHI-SHIUN L, SIZOVAITE I, 2015. Consumer value co-creation in online business: The case of global travel services[J]. Journal of business economics and management, 16(2):325-339.

SMITH J A, 1995. Semi-Structured Interviewing and Qualitative Analysis [M]// SMITH J A, HARRE R, VAN LANGENHOVE L. Rethinking Methods in Psychology. London: Sage, 9-26.

SMITH V L, 1977. Hosts and guests: The anthropology of tourism[M]. Philadelphia: University of Pennsylvania Press.

SOLAKIS K, PEÑA-VINCES J, LOPEZ-BONILLA J M, et al., 2021. From value co-creation to positive experiences and customer satisfaction. A customer perspective in the hotel industry[J]. Technological and economic development of economy, 27(4):948-969.

SONG H J, LEE C K, PARK J A, et al., 2015. The influence of tourist experience on perceived value and satisfaction with temple stays: The experience economy theory[J]. Journal of travel & tourism marketing, 32(4):401-415.

SONG H, GANG L, VEEN R, et al., 2011. Assessing mainland Chinese tourists' satisfaction with Hong Kong using tourist satisfaction index[J]. International journal of tourism research, 13(1):82-96.

SPOHRER J, MAGLIO P P, BAILEY J, et al., 2007. Steps toward a science of service systems[J]. Computer, 40(1):71-77.

STHAPIT E, 2019. Exploring the antecedents of value co-creation: Guests' perspectives on Finnish hotels[J]. Anatolia, 30(1):140-142.

STRAUSS A L, CORBIN J M, 1998. Basics of Qualitative Research: Techniques and Procedures for Developing Grounded Theory (2nd ed.) [M]. Thousand Oaks: Sage.

SUGATHAN P, RANJAN K R, 2019. Co-creating the tourism experience [J]. Journal of business research, 100:207-217.

SÁNCHEZ J, CALLARISA L, RODRÍGUEZ R M, et al., 2006. Perceived value of the purchase of a tourism product[J]. Tourism management, 27(3):394-409.

TAKATALO J, NYMAN G, LAAKSONEN L, 2008. Components of human experience in virtual environments[J]. Computers in human behavior, 24(1):1-15.

TAN S K, LUH D B, KUNG S F, 2014. A taxonomy of creative tourists in creative tourism[J]. Tourism management, 42(42):248-259.

TAX S S, MCCUTCHEON D, WILKINSON I F, 2013. The service delivery network (SDN): A customer-centric perspective of the customer journey[J]. Journal of service research, 16(4):454-470.

TAYLOR S E, SHERMAN D K, KIM H S, et al., 2004. Culture and social support: Who seeks it and why? [J]. Journal of personality and social psychology, 87(3):354-362.

TENG H Y, TSAI C H, 2020. Can tour leader likability enhance tourist value co-creation behaviors? The role of attachment[J]. Journal of hospitality and tourism management, 45:285-294.

THOITS P A, 1995. Stress, coping, and social support processes: Where are we? what next? [J]. Journal of health & social behavior, 35:53-79.

TINSON J S, SAREN M A J, ROTH B E, 2015. Exploring the role of dark tourism in the creation of national identity of young Americans[J]. Journal of marketing management, 31(7-8):856-880.

TOMA C L, 2010. Affirming the self through online profiles: Beneficial effects of social networking sites[C]// Proceedings of the SIGCHI Conference on Human Factors in Computing Systems. Atlanta Georgia, USA: Association for Computing Machinery, 1749-1752.

TORRES-MORAGA E, RODRIGUEZ-SANCHEZ C, SANCHO-ESPER F, 2021. Understanding tourist citizenship behavior at the destination level[J].

Journal of hospitality and tourism management, 49:592-600.

TRAN M T T, JEEVA A S, POURABEDIN Z, 2016. Social network analysis in tourism services distribution channels[J]. Tourism management perspectives, 18:59-67.

TRAN T B H, VU A D, 2021. From customer value co-creation behaviour to customer perceived value[J]. Journal of marketing management, 37(9-10):993-1026.

TROYE S V, SUPPHELLEN M, 2012. Consumer participation incoproduction: 'I made it myself' effects on consumers' sensory perceptions and evaluations of outcome and input product[J]. Journal of marketing, 76(2):33-46.

TRUNFIO M, LUCIA M D, CAMPANA S, et al., 2022. Innovating the cultural heritage museum service model through virtual reality and augmented reality:The effects on the overall visitor experience and satisfaction[J]. Journal of heritage tourism, 17(1):1-19.

TSENG F M, CHIANG L L, 2016. Why does customer co-creation improve new travel product performance? [J]. Journal of business research, 69(6):2309-2317.

TU H W, MA J F, 2022. Does positive contact between residents and tourists stimulate tourists' environmentally responsible behavior? The role of gratitude and boundary conditions [J]. Journal of travel research, 61(8):1774-1790.

TU Y J, NEUHOFER B, VIGLIA G, 2018. When co-creation pays:Stimulating engagement to increase revenues[J]. International journal of contemporary hospitality management, 30(4):2093-2111.

TUNG V W S, RITCHIE J R B, 2011. Exploring the essence of memorable tourism experiences[J]. Annals of tourism research, 38(4):1367-1386.

TURNER V, 1973. The center out there:Pilgrim's goal[J]. History of religions, 12(3):191-230.

TUSSYADIAH I P, FESENMAIER D R, 2009. Mediating tourist experiences:Access to places via shared videos[J]. Annals of tourism research, 36(1):24-40.

ULAGA W, 2003. Capturing value creation in business relationships:A customer perspective[J]. Industrial marketing management, 32(8):677-693.

UNRUH D R, 1980. The nature of social worlds[J]. Pacific sociological review, 23(3):271-296.

URRY J, 1990. Tourist Gaze: Leisure and Travel in Contemporary Societies [M]. London: Sage.

UZZI B, 1997. Social structure and competition in interfirm networks: The paradox of embeddedness[J]. Administrative science quarterly, 42(1): 35-67.

VALERI M, BAGGIO R, 2021. Italian tourism intermediaries: A social network analysis exploration[J]. Current issues in tourism, 24(9):1270-1283.

VAN DER POEL M, 1993. Delineating personal support networks[J]. Social networks, 15:49-70.

VARGO S L, LUSCH R F, 2004. Evolving to a new dominant logic for marketing[J]. Journal of marketing, 68(1):1-17.

VARGO S L, LUSCH R F, 2008a. Service-dominant logic: Continuing the evolution[J]. Journal of the academy of marketing science, 36(1):1-10.

VARGO S L, LUSCH R F, 2010. From repeat patronage to value co-creation in service ecosystems: A transcending conceptualization of relationship[J]. Journal of business market management, 4(4):169-179.

VARGO S L, LUSCH R F, 2011. It's all B2B… and beyond: Toward a systems perspective of the market[J]. Industrial marketing management, 40(2):181-187.

VARGO S L, LUSCH R F, 2016. Institutions and axioms: An extension and update of service-dominant logic[J]. Journal of the academy of marketing science, 44(1):5-23.

VARGO S L, MAGLIO P P, AKAKA M A, 2008b. On value and value co-creation: A service systems and service logic perspective[J]. European management journal, 26(3):145-152.

VIREN P P, VOGT C A, KLINE C, et al., 2015. Social network participation and coverage by tourism industry sector[J]. Journal of destination marketing & management, 4(2):110-119.

VITTERSØ J, VORKINN M, VISTAD O I, et al., 2000. Tourist experiences and attractions[J]. Annals of tourism research, 27(2):432-450.

WALLS A R, WANG Y, 2011. Experiential consumption and destination marketing[M]// WANG Y, PIZAM A. Destination Marketing and Management: Theories and Applications. Wallingford: CABI Publishing, 82-98.

WANG D, XIANG Z, FESENMAIER D R, 2014. Adapting to the mobile world: A model of smartphone use[J]. Annals of tourism research, 48: 11-26.

WEI W, QI R, ZHANG L, 2019. Effects of virtual reality on theme park visitors' experience and behaviors: A presence perspective[J]. Tourism management, 71: 282-293.

WELLMAN M P, 1988. Qualitative probabilistic networks for planning under uncertainty[J]. Machine intelligence & pattern recognition, 5: 197-208.

WÄSCHE H, 2015. Interorganizational cooperation in sport tourism: A social network analysis[J]. Sport management review, 18(4): 542-554.

XIAO M, MA Q, LI M, 2019. Research on value co-creation behaviour in service industry based on the theory of planned behaviour[J]. International journal of internet manufacturing and services, 6(2): 185-198.

XIE B, 2008. Multimodal computer-mediated communication and social support among older Chinese internet users[J]. Journal of computer-mediated communication, 13(3): 728-750.

XIE J, TKACZYNSKI A, PREBENSEN N K, 2020. Human value co-creation behavior in tourism: Insight from an Australian whale watching experience [J]. Tourism management perspectives, 35: 100709.

YANG Y, WANG S, CAI Y, et al., 2022. How and why does place identity affect residents' spontaneous culture conservation in ethnic tourism community? A value co-creation perspective[J]. Journal of sustainable tourism, 30 (6): 1344-1363.

YE Q, SONG H, LI T, 2012. Cross-institutional collaboration networks in tourism and hospitality research[J]. Tourism management perspectives, 2: 55-64.

YEH S S, FOTIADIS A K, CHIANG T Y, et al., 2020. Exploring the value co-destruction model for on-line deviant behaviors of hotel customers[J]. Tourism management perspectives, 33: 100622.

YEN C H, TENG H Y, 2015. Celebrity involvement, perceived value, and behavioral intentions in popular media-induced tourism[J]. Journal of hospitality & tourism research, 39(2): 225-244.

YI Y, GONG T, 2013. Customer value co-creation behavior: Scale development and validation[J]. Journal of business research, 66(9): 1279-1284.

YING T Y, XIAO H G, 2011. Knowledge linkage:A social network analysis of tourism dissertation subjects[J]. Journal of hospitality & tourism research, 36(4):450-477.

ZADEH A H, ZOLFAGHARIAN M, HOFACKER C F, 2019. Customer-customer value co-creation in social media:Conceptualization and antecedents [J]. Journal of strategic marketing, 27(4):283-302.

ZATORI A, SMITH M K, PUCZKO L, 2018. Experience-involvement, memorability and authenticity:The service provider's effect on tourist experience[J]. Tourism management, 67:111-126.

ZEITHAML V A, 1988. Consumer perceptions of price, quality, and value:A means-end model and synthesis of evidence[J]. Journal of marketing, 52(3):2-22.

ZHANG H, WU Y, BUHALIS D, 2018. A model of perceived image, memorable tourism experiences and revisit intention[J]. Journal of destination marketing & management, 8:326-336.

ZHAO X, LYNCH J G, CHEN Q, 2010. Reconsidering Baron and Kenny:Myths and truths about mediation analysis[J]. Social science electronic publishing, 37(2):197-206.

ZHU D H, SUN H, CHANG Y P, 2016. Effect of social support on customer satisfaction and citizenship behavior in online brand communities:The moderating role of support source[J]. Journal of retailing and consumer services, 31:287-293.

ZWASS V, 2010. Co-creation:Toward a taxonomy and an integrated research perspective[J]. International journal of electronic commerce, 15(1):11-48.